人口減少を
乗り越える
新成長戦略

価値循環が
日本を動かす

デロイト トーマツ グループ

日経BP

はじめに

「失われた30年」とは果たして本当だろうか？

１９９０年代初めの「バブル崩壊」以降、約30年間にわたり低成長が続く日本。潜在成長率は低迷し、賃金が諸外国と比べて上がらない。そして世界に類を見ないほど少子高齢化が進み、人口が減少しているのは事実だ。

特に人口減少は楽観視できない課題だ。国内需要を支えてきた人の数が減り、生産年齢人口も減っていく。今後さらに少子高齢化と人口減少が進む見通しの中で、もはや日本は成長できないと感じている人は多いだろう。しかし、日本の将来はそれほど悲観すべきなのか？　決してそんなことはないはずだ。

「失われた」という過去を振り返る言葉からは、日本が世界経済の成長から取り残されてしまったような印象を受ける。しかし、未来に目を向け、22世紀までの１００年の時間軸で考えると、この30年はあくまで第１段階にすぎない。過去30年間の経験をどう生かすのかは、これからの私たちの考え方と行動にかかっている。人口減少下でも、未来に向けて発想を転換すれば、成長できる道筋は必ず見いだせるはずだ。

本書は、人口減少を〝前提〟とした新たな成長戦略を提示する。

これからの日本にとって、少子化対策や外国人の受け入れなどの対策を進めることはもちろん重要だ。人口減少をできる限り食い止められるかどうかは、日本の将来に大きな影響を及ぼす。

しかし、日本経済の長期停滞という課題を打開するには、それだけでは不十分だ。この先も続く人口減少のトレンドが避けられない以上、むしろ人口減少を前提として受け入れつつ、その下でも成長を実現できる新たな戦略が必要になってくる。

本書で提唱する、人口に頼らない経済成長の考え方、それが「価値循環」だ。

価値循環は、すべてのリソースを〝循環〟させることで、付加価値を生み出し、それを増幅させる考え方だ。人の数が減っても、価値循環の「回転と蓄積」のメカニズムを用いて、1人当たりの付加価値を高めて成長できる、というシナリオだ。

価値循環は、単なる循環経済（サーキュラーエコノミー）ではない。それを包含する、新たな成長戦略の根幹を成す考え方だ。

それでは、本書の大まかな構成を紹介しよう。

第1章では、日本の過去の低成長の軌跡を分析し、長期停滞の原因は、人口減少自体というよりも「人口減少による将来の成長への期待の低下」にあることを示す。続く第2章では、人口減少下における成長戦略の鍵を握る「価値循環」の考え方と、そのメカニズムを解説する。

第3章では、価値循環を構成する「ヒト」「モノ」「データ」「カネ」の4つのリソースの循環について説明する。第4章では、人口が減少する一方で、日本で〝増えていく〟4つの機会を紹介する。この4つのリソースと4つの機会を掛け合わせて「新たな需要」をつくり出していくのが、価値循環の基本的な枠組み（フレームワーク）となる。

第5章では「環境・エネルギー」「モノづくり」「ヘルスケア」「観光」「地域創生」の5つの領域において、価値循環で新たな需要を生み出すと期待できる10のテーマに焦点を当てて、具体的な成長シナリオを提言としてまとめた。さらに、企業や自治体、省庁などが今後それぞれの立場から成長戦略を導き出すための実践ツールとして「価値循環マトリクス」を示し、成長シナリオに沿って活用方法を解説する。最後の第6章では「価値循環」による成長モデルが世界の多くの国々で必要とされる時代が訪れ、日本にはその先駆けとなるチャンスがあることを示す。

本書で提唱する「価値循環」は、世界に先駆けた「22世紀型」の成長モデルだ。未来に目を向けると、人口減少を経験するのは日本だけではないと分かる。近い将来、中国や欧州の多くの国が少子高齢化に向かう。さらに後を追うように、世界全体の人口も減少に転じる。国連(国際連合)の予測によれば、世界人口は2080年代に104億人でピークを迎える。つまり、22世紀には「人口減少下における経済成長」が、世界中の多くの場所で重要な戦略テーマになっているのだ。

「日本の底力はこんなものではない」と誰もが思っていても、現状維持に追われ、ダイナミズムを失ったまま、変われなかった日本。そんな時代は、もう終わりにしよう。私たちは、人口減少を乗り越える新たな成長戦略の姿を描き、未来に向けて期待を持って自らを変えていけるはずだ。

本書が、日本の将来を前向きに発想するきっかけとなり、閉塞感《へいそく》に苦しむ日本経済に風穴を開け、一人でも多くの方に一筋の希望をもたらすことができれば幸いだ。

「失われた30年」は、私たちの意思によって、22世紀に向けた「始まりの30年」にすることができる。

さあ、動き出そう。希望とともに迎えられる未来に向けて。

第3章

持続的成長を可能にする4つのリソースの循環

第4章

発想の転換が呼び込む4つの機会

第5章

日本を動かす10の需要創出シナリオ

第 1 章

変われなければ
日本は沈む
求められる
「発想の転換」

低成長の背後にある「人口減少」

日本経済が長期にわたって停滞している。「失われた30年」といわれるように、1990年代初めの「バブル崩壊」以降、約30年間にわたり低成長が続く。そして、はっきりした成長へのシナリオは今なお見えてこない。

それが端的に表れているのが潜在成長率だ。潜在成長率は好不況の波をならした実質GDP(国内総生産)の基調的な伸びを表すもので、国が本来持つ成長力を推定する指標である。

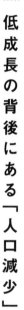

過去30年間、日本の潜在成長率は右肩下がりで推移している。日本銀行によれば、潜在成長率は90年代初頭に4%前後だったが、2000年代にはおおむね1%割れが定着。08年の「リーマン・ショック」後や新型コロナウイルス感染症の拡大直後の局面では0%前後まで落ち込んだ。

他の先進国の潜在成長率も長期的に見ると低下傾向にあるが、日本は落ち込みが相対的に大きい。米国は20年代に入ってからも2%近い水準を維持しているほか、欧州主要国も日本より高いところが多い。30年間にわたり成長力を落としてきた日本は、今や現在の経

日本の潜在成長率は落ち込み方が大きい

各国の潜在成長率の推移

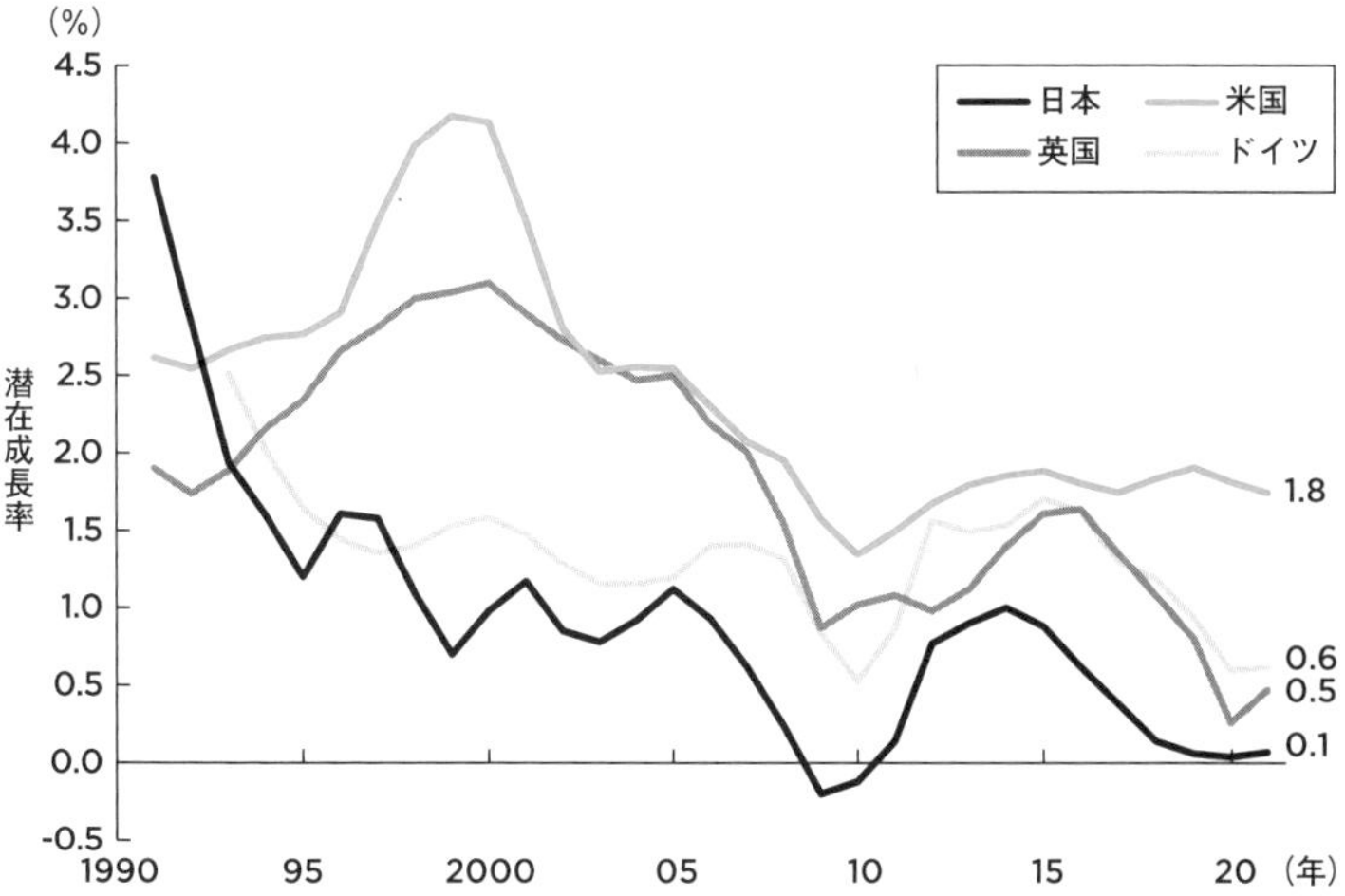

データソース：米議会予算局、欧州委員会、日本銀行

済規模を維持するのに精いっぱいという状況にある。

なぜ日本は海外に比べて潜在成長率が低いのか、なぜ日本経済だけが長期停滞から抜け出せないのか。日本経済が成長するためには、過去30年の停滞の原因をひもとき、それを乗り越える戦略を練らなければならない。

長期停滞の背景にある日本固有の要因として、人口減少の影響を見てみよう。日本は世界に先駆け、急激な人口減少という未経験の局面に突入している。

日本の総人口のピークは08年、1億2808万人だった。そこから年々減少し、22年8月時点では1億2508万

人口が急激に減り、高齢者の割合が上昇していく日本

日本の人口構成の推移

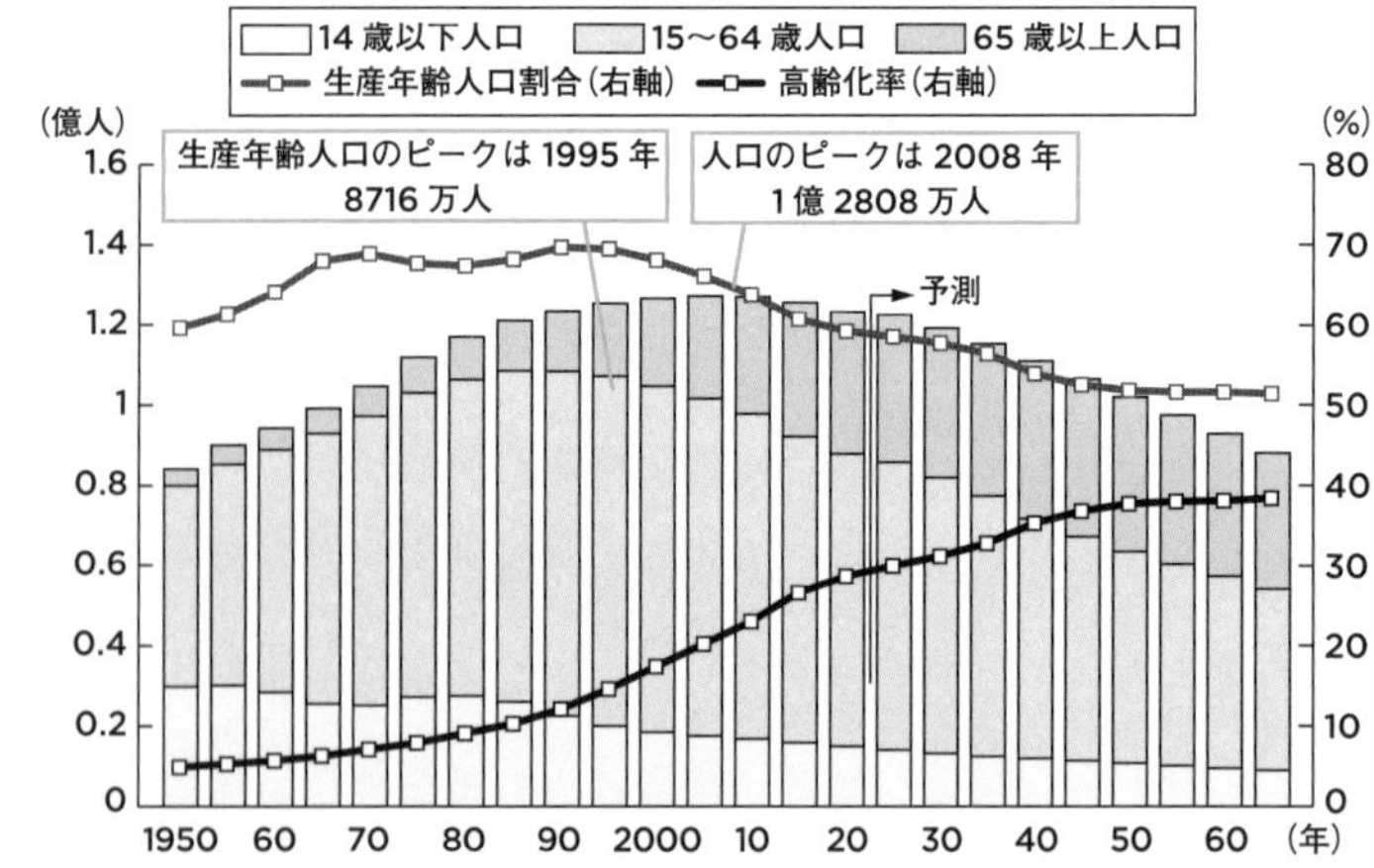

データソース：総務省、国立社会保障・人口問題研究所
注：生産年齢人口割合は15～64歳の人口を総人口から年齢不詳の人口を差し引いた値で割ったもの。高齢化率は65歳以上の人口を総人口から年齢不詳の人口を差し引いた値で割ったもの

人まで減った。

この人口減少は今後も続いていく。このままのペースでいけば、日本の総人口は53年に1億人を下回ると予測されている。

日本の人口減少は、世界の国々のどこも経験していない未知の領域だ。22年の国連中位推計を基に、21年を１００としたときの指数で各国の人口を比較すると、日本の減少ぶりが明確に分かる。

人口が増加傾向にある国の１つが米国だ。今後も人口が伸び続け、２１００年には３億９０００万人程度に達する見通しだ。１９９０年代に人口増加ペースが停滞していた英国は、２０００年代から急激に人口が増えており、50年ごろまでは増加が続く。また、インドは急激な人

日本はいち早く人口減少を経験

2021年を100としたときの各国の人口推移

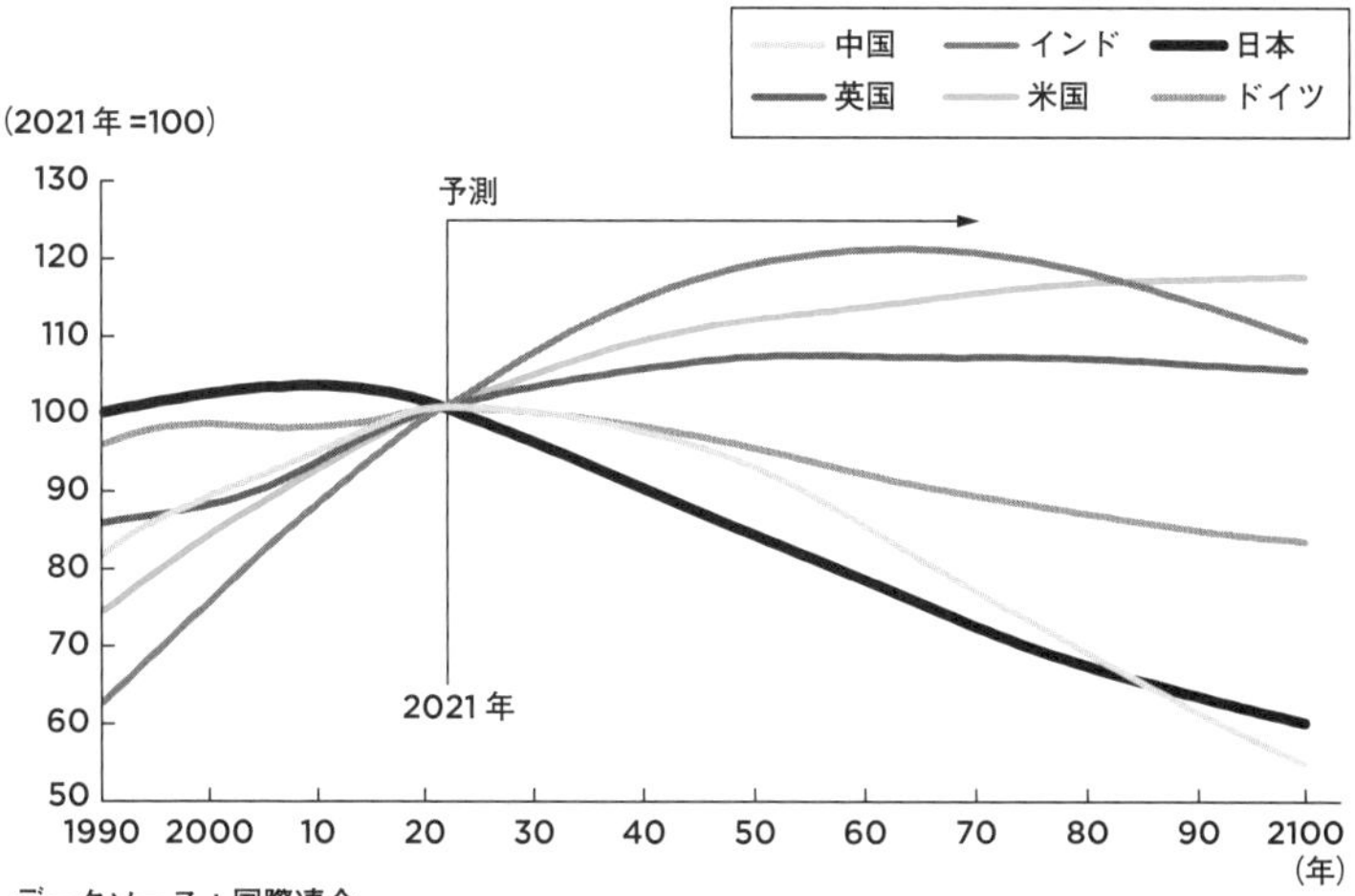

データソース：国際連合
注：2022年以降は中位推計による予測

口増加が続いており、23年には中国を抜いて人口世界1位になると予測されている。インドの人口は60年代にピークを迎える見通しだ。

21年時点で人口が最も多い国である中国は、国連の推計では、22年から減少局面に入ったと見られている。中国政府は1980年ごろに導入した人口抑制策「一人っ子政策」を段階的に廃止し、16年に2人目、21年に3人目の出産を認めたが、少子化の流れは止まらない。今後、日本を上回るペースで人口減少が進む見通しで、2100年には人口が今の半分強にまで減ると見られる。

生産年齢人口はピーク時の14％減

総人口の状況に加えて、経済活動における潜在成長率とより強く関係しているのが、15～64歳の人口である「生産年齢人口」だ。国勢調査によると、日本の生産年齢人口がピークを迎えたのは１９９５年。８７１６万人だった。そこから減少に転じ、２０２０年時点では７５０９万人まで減っている。生産年齢人口、つまり潜在的な働き手の数が減少すると、国全体の経済の潜在的な伸びは抑制されざるを得ない。

その上、日本では極端な少子高齢化が進んでいる。１９４７～49年生まれの「団塊の世代」が全員75歳以上となる２０２５年には、国連の予測値では75歳以上の人口が全人口の約18％を占める見通しだ。同時期の他国の75歳以上の割合を見ると、例えば英国は10％、米国は８％、中国は５％だ。日本の高齢化率は、世界の中でも飛び抜けた数字になっている。

もちろん、人口動態の変化は以前から予測されていたことだ。産業の担い手が減少すれば、国全体の産業規模はどうしても小さくなっていく。日本政府や産業界も決して手をこまぬいていたわけではない。

その１つが働き方改革だ。生産年齢人口の減少に対応するために、政府は女性やシニア層の労働参加を促す環境整備を進めてきた。その効果もあり、生産年齢人口が１９９５

右肩下がりで減る生産年齢人口

日本の生産年齢人口と就業者数の推移

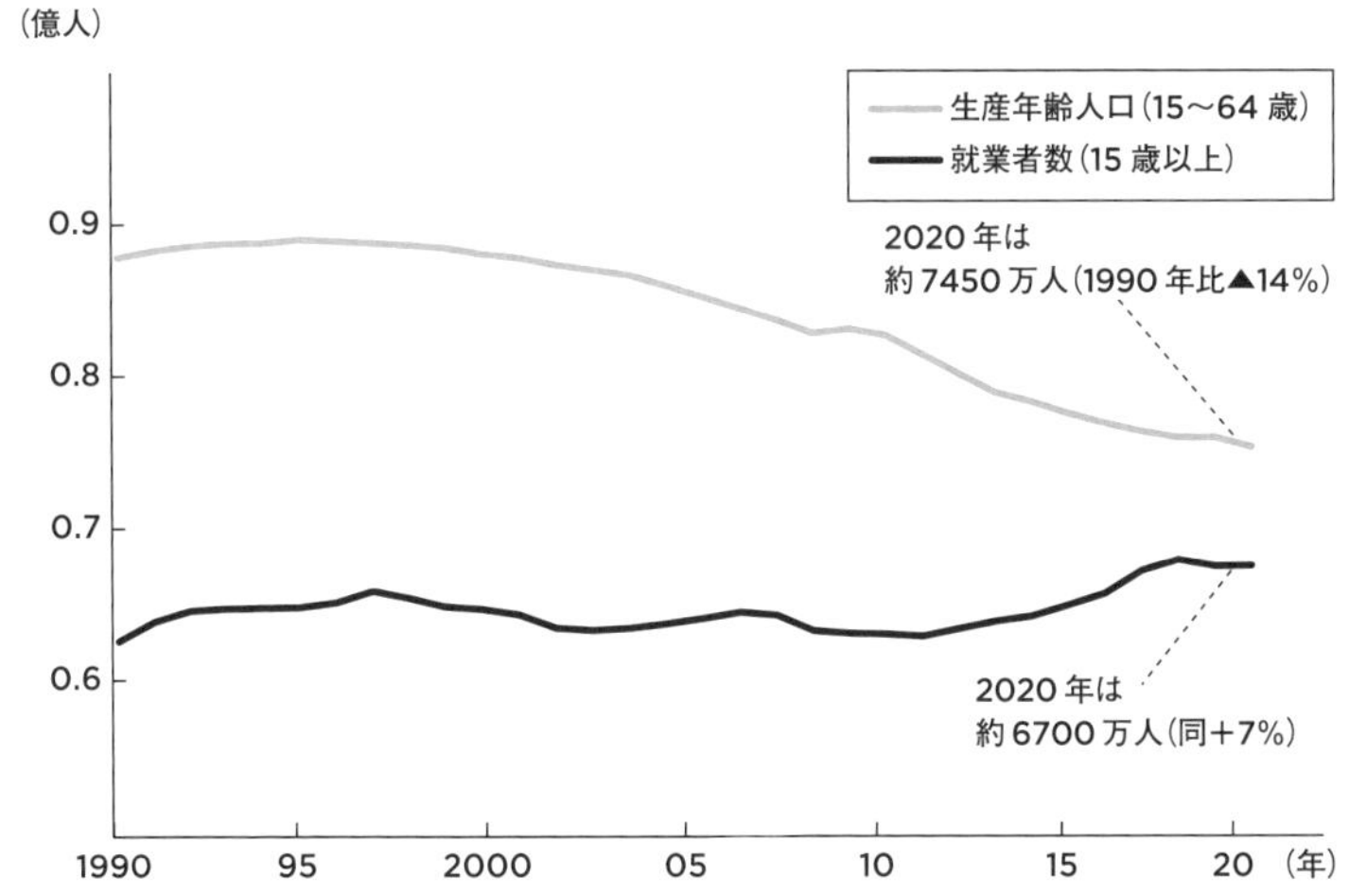

データソース：総務省

年から減少する中、労働力調査の就業者数（調査期間中に1時間以上収入を伴う仕事をした者と、有職だが休業中の者の合計）は２０１０年ごろから増加基調になった。20年の就業者数は約６７００万人で、１９９０年と比較すると７％の増加だ。就業者数をなんとか確保することで、どうにかして潜在成長率がマイナスにならないようにしてきたのが今の日本だ。

ただし、就業者の大半を占める生産年齢人口は90年から14％減少している。国立社会保障・人口問題研究所の推計によれば２０２１年から65年までにさらに約40％減少する見込みだ。このまま働き方改革だけで就業者数を増加させることには限界がある。

さらに現在、政府は「異次元の少子化対策」を表明している。今後、少子化対策の加速や外国人の受け入れなどを積極的に議論し、速やかに実行に移すことは、日本にとっては必要不可欠だ。しかし、これらの対策が成果を出すには、長い時間がかかることを想定しなければならない。

今の日本の人口減少ペースを考えると、働き手の減少という問題を解決するのは決して簡単ではない。

「将来不安」が引き起こす長期停滞

30年にわたる日本の停滞には、1990年代前半に起きた「バブル崩壊」に伴うデフレの長期化や、2011年の東日本大震災のような大災害の影響など、様々な要因が複雑に絡み合っている。

では、人口減少は日本の長期停滞にどのような影響を及ぼしているのだろうか。人口減少は基本的に経済成長を抑制する要因であることは間違いない。しかし、この30年の中で人口がピークアウトしたとはいえ、実際にはその間も日本の経済は拡大を続けている。つまり、人口減少がそのまま経済の縮小をもたらすわけではない。

むしろ、最も影響が大きいと考えられる要因は、〝人口減少が将来も続く〟という予測に基づく国内市場への「成長期待の低下」にある。過去30年の間で人口減少が現実となって以来、多くの企業や個人が国内市場の将来に不安を抱き、消費や投資を抑制し続けてきたことが長期停滞に大きく影響している。その裏付けとなるデータを順次見ていきたい。

まずは、企業が期待する成長の度合いがどのように推移してきたのかを見てみよう。企業の期待を示す数値として分かりやすいのは、内閣府による上場企業を対象とする調査「今後5年間の業界需要の実質成長率見通し」だ。今後の売上高（物価調整後）が平均で何％伸びていくかという企業の中期的な見立てを示すものだ。

「期待成長率」と人口動態の関係

「期待成長率」というべきこの数字は、人口動態と興味深い相関がある。92年を境に低下を始めた期待成長率は、生産年齢人口がピークを迎えた95年から数年がたつ頃には1％台まで下がった。さらに2008年のリーマン・ショックの後に過去最低となる0・59％を記録。それ以降、高くても1％台前半の状況が続いている。

企業の意思決定はほとんど「フォワードルッキング」で行われる。稼いだカネを企業が投資や賃上げにどの程度振り向けるかは、将来にどの程度期待しているかで変わってくる。

成長への期待が下がり、賃金の伸びも抑制

日本の期待成長率と賃上げ率の推移

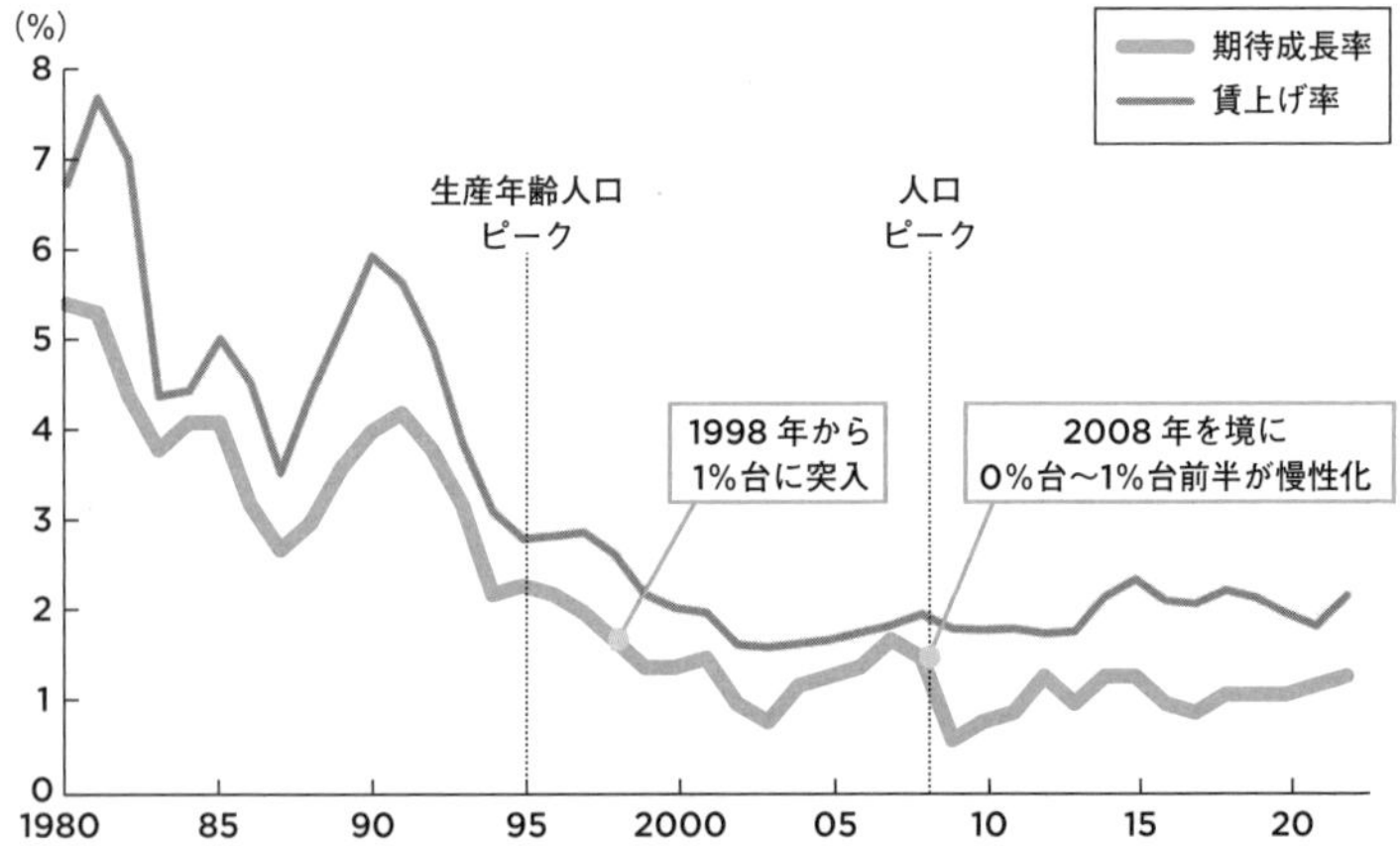

データソース：内閣府、厚生労働省
注：期待成長率は今後5年間の業界需要の実質成長率見通し（上場企業に帯するアンケート調査）。
賃上げ率の対象は民間主要企業

期待成長率が低下すると、企業は新たな投資をしても十分な収益を上げられないという見立てを持つようになり、ヒトやモノへの投資をためらいがちになる。それは、賃上げ率が期待成長率と同じように推移することからも明白だ。

日本経済の停滞と表裏一体の関係にあるのが、日本企業による海外への投資額だ。企業の対外投資額の推移を見ると、00年代前半から増加傾向に転じ、11～12年ごろから急激に拡大している様子が分かる。

1996年から2021年にかけての日本から海外への直接投資額は累計で198兆円に上る一方で、同期間の民間

海外投資優先の姿勢が鮮明に

日本の対外投資額と民間企業の国内投資額の推移

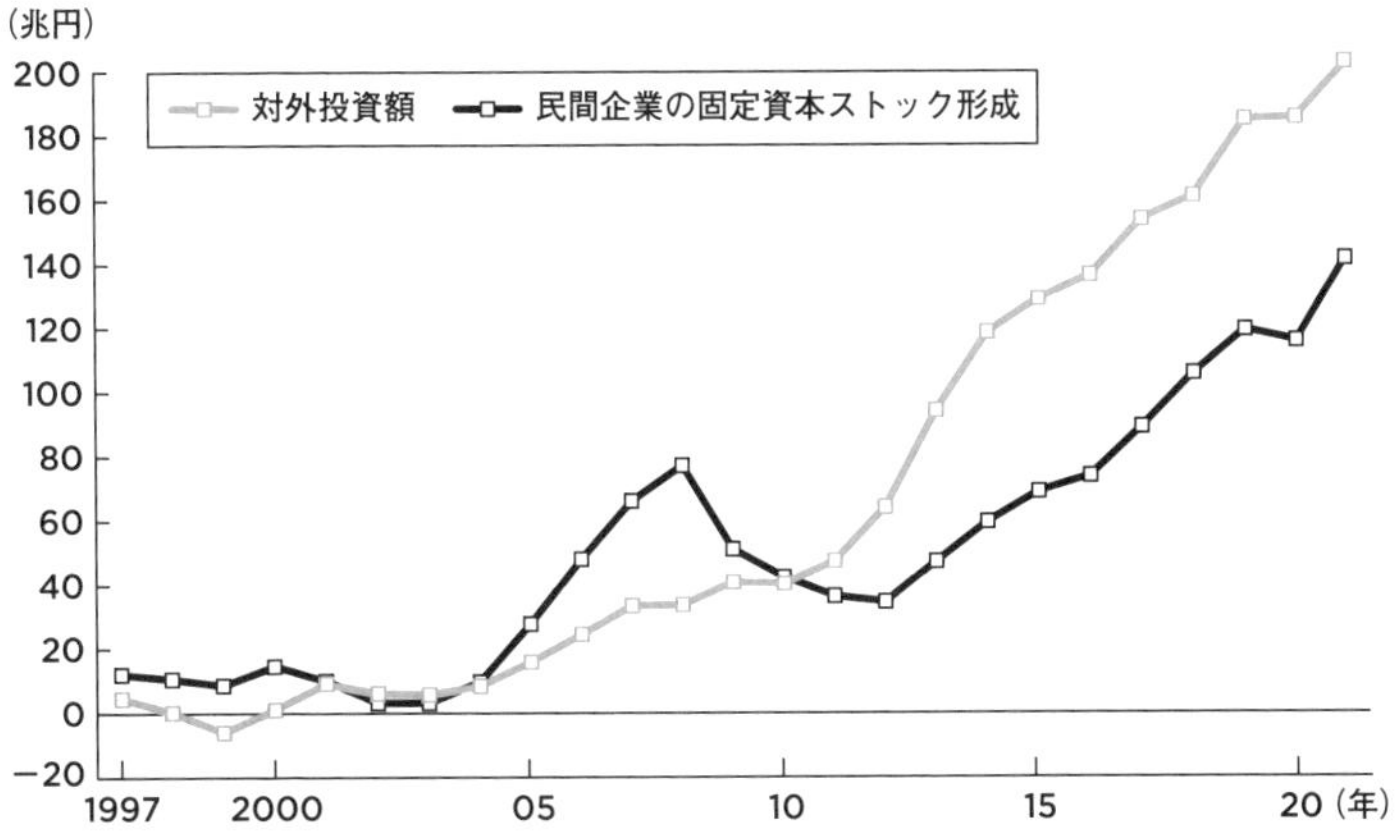

データソース:財務省、内閣府

注:1996年からの累計増減額。対外投資額は各年の対外直接投資額の残高から96年末時点の残高を差し引いたもの。民間企業の固定資本ストック形成は、各年の民間企業の固定資本ストック残高から96年末時点の残高を差し引いたもの

非金融法人による日本国内での固定資本ストック形成の累計額は142兆円だった。海外直接投資の7割程度の規模にとどまっている。国内における将来への期待が持てない中で、企業は日本国内での積極投資を抑え、より成長が見込める海外展開に経営資源をシフトしてきたのだ。成長市場である海外に注力するのは企業として合理的な行動ではある。しかし、これによって国内投資がますます停滞すると、国内発のイノベーションによる需要創出も起こりにくくなる。

日本銀行の「資金循環統計」によると、民間企業(非金融法人)の現預金残高は22年9月末時点で330兆円と過去最高を更新した。10年前の約200兆円に比べ

日本の賃金は30年にわたり横ばいだった

各国の名目賃金の推移

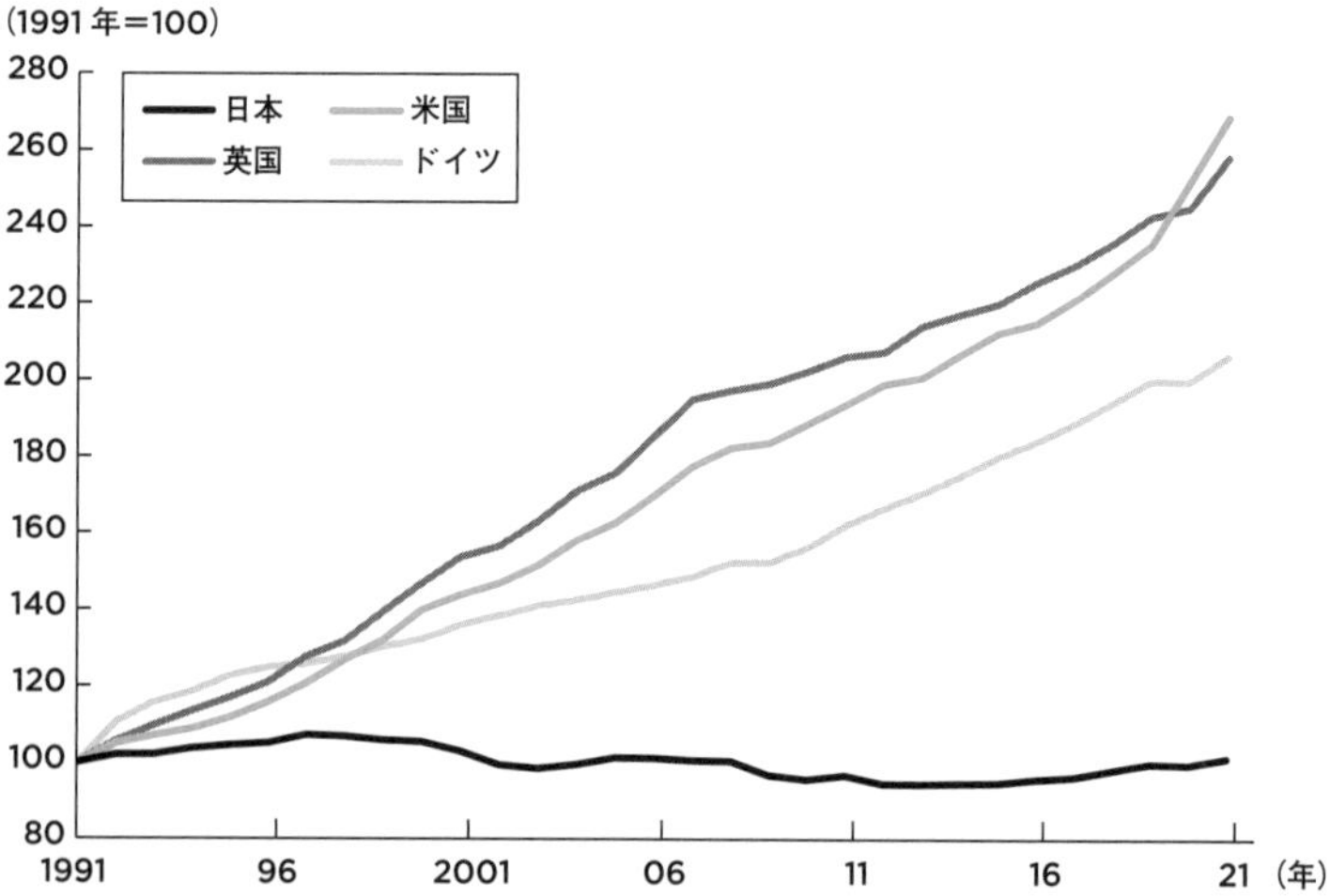

データソース：OECD

て60％以上拡大している。これも日本国内で積極的な投資が行われていないことを裏付けている。

企業は、たとえ売り上げ規模の拡大による成長が見込めなくても、その環境下で収益を確保しなければならない。その前提で雇用を守ることを優先すると、賃金水準もなかなか上げられない。実際、1991年の賃金（1人当たり名目賃金）を100としたとき、日本は2021年に101だった。途中の推移を見ても、わずかに上下するだけで100付近を行き来している。

一方、G7（主要7カ国）を構成する日本以外の国（米国、カナダ、英国、フランス、ドイツ、イタリア）はいずれも右肩上がり

不安と感じている人が約7割

老後の生活資金に対する意識

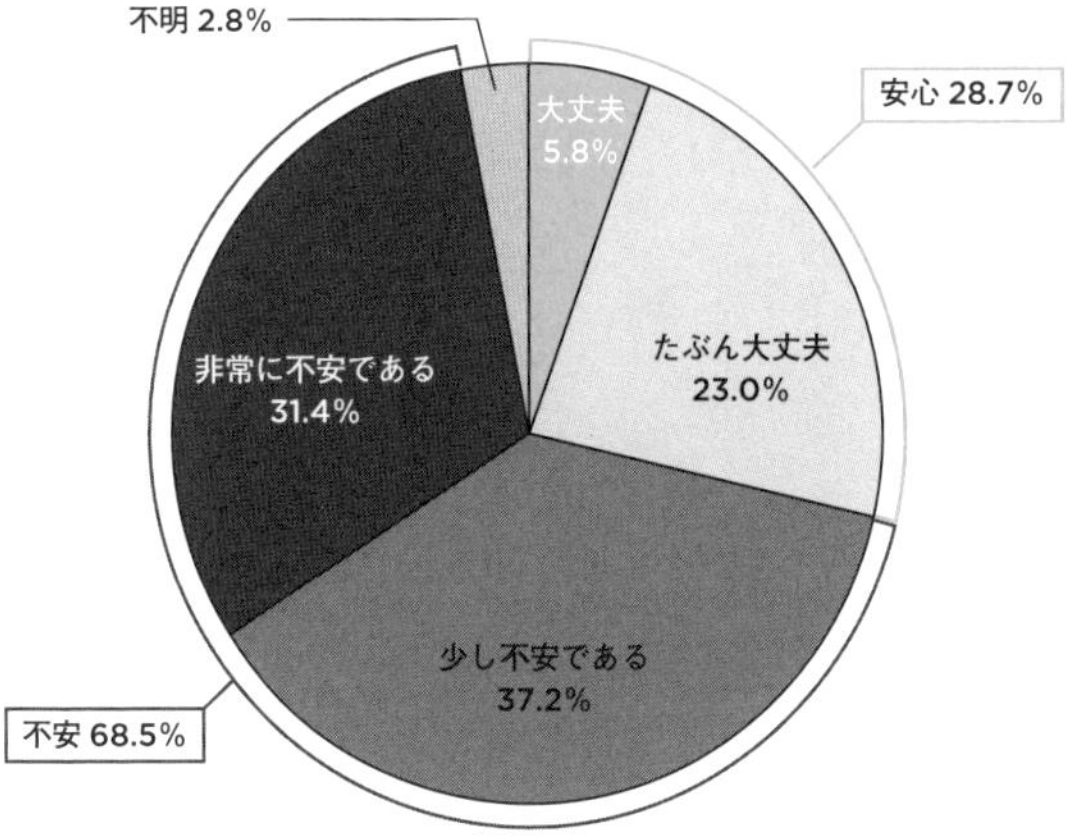

データソース：生命保険文化センター
注：回答数は4000。2021年の調査結果。四捨五入の関係で合計が100にならない場合がある

で賃金が増えている。最も低いフランスでも約190、最も高い米国に至っては約270だ。30年間金額が変わらないのは日本だけだ。

個人にも広がる「将来不安」

こうした中で個人も「将来不安」を感じている。賃金が増える見込みがなく、少子高齢化によって社会保障の負担が増えかねない状況では、消費するよりも将来への不安に備えるのが先決と考えるのが自然だ。老後への不安に関する21年の生命保険文化センターの調査によると、老後の生活資金を賄うための現在の資金準備について不安と答えた人（「少し不安である」「非常に不安である」の合計）は約7

割に上っている。

さらに日本では1990年代半ばごろから、物価が緩やかに下がっていく「デフレ経済」が続いてきた。デフレ下では、できるだけ資産を貯蓄として持つことが合理的な行動となる。その結果、ますます消費が抑制され、需要が減退する。生命保険文化センターの同じ調査では「現在準備しているもののうち、老後に期待できる準備手段」として「預貯金・貸付信託・金銭信託」を選んだ人が最も多かった。有価証券やNISA(少額投資非課税制度)、iDeCo(個人型確定拠出年金)といった税制優遇投資を選んだ回答者の数を大幅に上回っている。老後に対して漠然とした不安を感じつつ、投資より預貯金を重視しているのが日本人の現状だ。

多くの人が消費を減らし、その分を貯蓄に回したことで、日本銀行「資金循環統計」における個人(家計部門)金融資産は2021年12月末に初めて2000兆円の大台を突破した。10年前と比較すると約30%も増えている。

このように、人口減少の影響を悲観的に捉え、企業や個人が「将来不安」から投資や消費を抑え込む傾向が強まったことで、国内市場の停滞がすっかり定着してしまった。

潜在成長率だけでなく、期待成長率も低位安定している日本。人口減少を理由に、国内市場で成長に向けた〝期待〟を持てなくなった。その結果、日本の社会全体で投資や消費といった将来に向けた経済活動が萎縮し、日本経済のダイナミズムが失われてしまったのである。

長期停滞を抜け出せない日本経済の構造的な課題

将来への成長期待の乏しさから、ヒト、モノ、カネが動くダイナミズムを失い、身動きが取れなくなっている日本経済。人口減少の見通しを自覚していながら、長年にわたって不安を解消できずに、経済の長期停滞を抜け出せないのはなぜだろうか。その答えは「人口減少下における経済成長」のシナリオを描き切れていないことにある。

日本経済の長期停滞とは、総需要が不足することで総供給力も減速し、成長が低迷した状態が長く続いていることを指す。ここでいう「需要不足」は、総供給力に対して総需要が短期的に不足している「需給ギャップ」を意味するものではない。日本の将来に対する成長期待の低下から、投資や消費を抑制した結果として新たな需要がつくり出せず、需要と供給のいずれもが長期にわたって低い水準にとどまり、現在に至ってもその拡大ペースが遅いことが課題なのだ。

つまり、日本経済が長期停滞を抜け出せない要因は、30年前までの成長を牽《けん》引してきた〝人口増加に伴う需要拡大〟に代わる「新たな需要創出」のすべを見いだせていないことにある。

さらに深刻なのは、将来の国内市場における需要不足に対して、過去の時代からの供給体制が残存しており、構造的な不均衡を抱えている点だ。

高度経済成長期以来、人口増加に伴って市場拡大が続いてきた日本では、常にモノに対する大きな需要が存在していた。モノが十分に行き渡っていなかったためだ。このような環境下では「いかにモノを効率良く生産し、大量に供給できるか」が企業の競争力の源泉となる。

日本企業はその力を国内で磨き上げて、さらに海外に広く展開することで成長を実現してきた。企業ごとに独自のサプライチェーン（供給網）の最適化を進めてきたのもその一環だ。市場拡大の局面では、企業は独自の調達先や流通網、販売網などを保有して、経営に関わるリソースを囲い込むことが競争力につながった。人材も同様だ。改善を重ねながら同じ仕事をより効率良くこなすことが求められる局面では、なるべく人材を固定化したほうが有利だ。成長に必要な労働力を安定して確保するという意味でも、一度獲得した人材を囲い込む終身雇用制度は合理的だった。

ところが近年の日本の国内市場では、モノが広く行き渡り、需要が飽和状態となっている。モノを手に入れることが豊かな生活に直結するとは限らない成熟市場では、いくら効率良くモノを供給しても、需要がついてこない。結局、価格を過剰に下げてでも売らざるを得ない「過当競争」の状態に陥ってしまう。

そうなると、これまで競争力の源泉だった独自のサプライチェーンが企業にとって重荷となってくる。市場全体が縮小する局面で、複数の企業が同じ機能を持つのは非効率だ。終身雇用制度も、人材の流動性を阻害し、労働市場の非効率さを生む要因となってしまう。

つまり、現在の日本経済は「高度経済成長期から残存する供給体制」が「飽和した国内市場における需要不足」に見合っていないという構造課題を抱えているわけだ。

将来の成長期待の低さから、国内市場で〝新たな需要〟を創出するための投資を抑制する一方で、いいモノを安く供給して成長するという、過去の成功体験に基づく産業や社会の仕組みを変え切れずにいる日本。その構造的なギャップを解消できていないことこそが、「失われた30年」といわれる日本の長期停滞の真因である。

「人口減少下の成長」に求められる発想の転換

日本はどのようにして変わっていけばよいのだろうか。

もはや、人口減少のトレンドは不可避だ。それならば、人口が減っていく前提の下で、将来不安から投資を抑制して停滞を続けるのではなく「新たな需要」を生み出し成長につなげるシナリオを描くべきだ。それによって将来への不安を解消し、〝期待〟を高める成長戦略の実践こそが求められる。

人口減少は日本の経済成長を阻害する要因ではあるが、だからといって、経済成長の道が閉ざされたわけでは決してない。

興味深いデータがある。公共政策のシンクタンクである21世紀政策研究所は、2022年にまとめたリポートで、00年から18年までの世界各国の人口増加率と経済成長率の相関、人口増加率と1人当たりGDP成長率の相関を調べている。

国ごとの人口増加率と経済全体の成長率をグラフにプロットしてみると、各国がまんべんなく散らばり、強い正の相関は見られない。両者の関係はそれほど強固なものではない

人口増加率だけが成長の決定的な要因ではない

世界各国の人口増加率と実質GDP成長率の関係

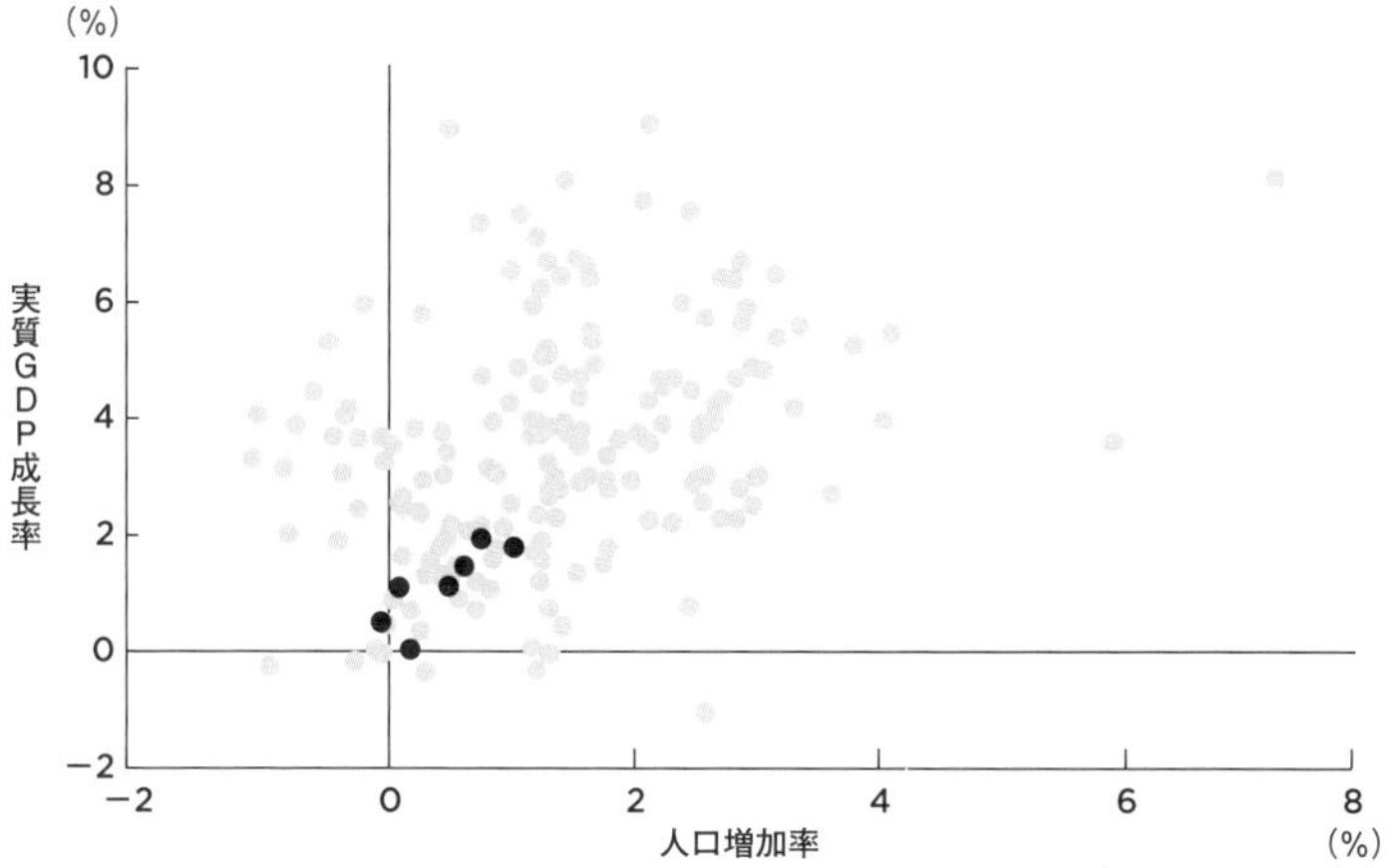

G7各国の人口増加率と一人当たり実質GDPの関係

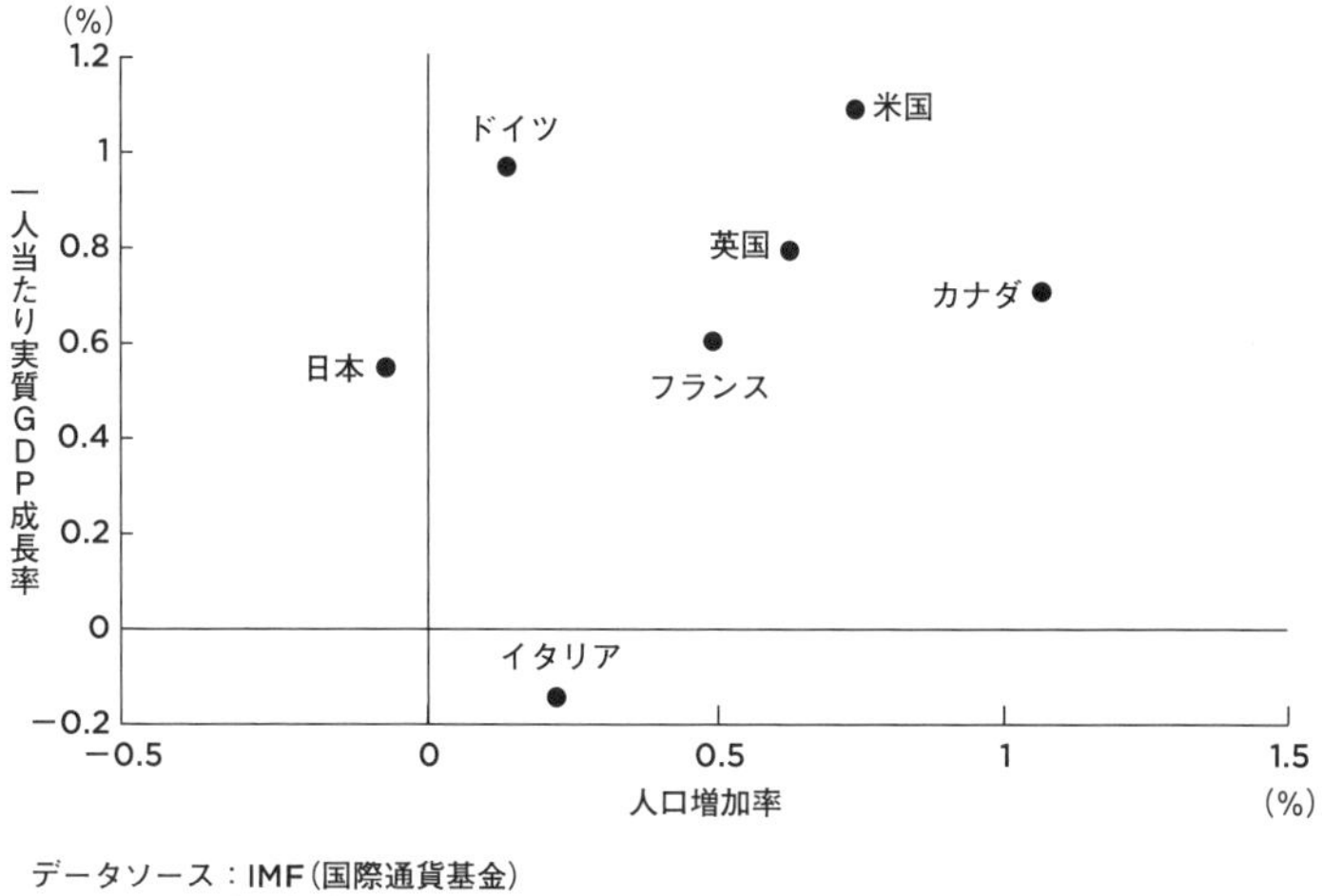

データソース：IMF（国際通貨基金）
注：人口増加率と実質GDP成長率は2000年から21年の平均。●色のプロットがG7国。
21世紀政策研究所レポートを参考に作成

のだ。21世紀政策研究所は「経済成長率は人口だけで決まるものではない。経済成長には人口以外にも数多くの要因が介在する」と読み解いている。たとえ人口増加率が低くても、やり方次第で経済を成長させられるということだ。

経済の成長率を人口1人当たりで見ても、人口増加率との相関はほとんどない。人口減少が今後も続く日本では、1人当たり成長率を高める工夫をして人口減少をカバーすれば、経済全体を成長させられるはずだ。

本章で示してきたように、現在の日本の長期停滞の原因は、人口減少による市場規模の縮小そのものよりも、将来の成長期待の低下に起因する需要不足に日本の産業構造や企業が対応しきれなかったことにある。そうした構造課題を解消するためには、人口減少を悲観していたずらに不安を募らせるのではなく、前向きに発想を転換して、人口減少下で成長できる方法を見いだすことこそが求められている。

これから日本が長期停滞を脱して経済の再成長を果たしていく上では、人口減少に直面する国内市場で「新たな需要」を創出する成長シナリオを描き、それに見合う形で供給体制を変革し、構造的なギャップをいかに解消していけるか、がカギを握るのだ。

では、人口減少時代に描くべき成長戦略とはどのようなものか。本書で提唱する日本の新たな成長戦略の根本を成す考え方、それが「価値循環」だ。

人口の数だけに依存せずに経済を活性化させる方法はないか。人口が減っていく中でも新たな需要を生み出せる機会を見つけられないか。本書では、こうした問いへの答えを導くために、〝循環〟を発展させた「価値循環」という考え方を提言する。

「価値循環」の基本的な枠組み

価値循環は、経済活動に必要なリソースを〝回転〟させて〝蓄積〟することで経済価値を高める発想だ。

仮に人口が減っても「ヒト、モノ、データ、カネ」の〝4つのリソース〟を効果的に循環させることができれば、経済活動の量と質を高めて成長につなげることが可能なのだ。

また、将来にわたって市場として広がり得る〝機会〟に着目することで、新たな需要創出ができるはずだ。国内市場が縮小するから海外に行く、と短絡的に考える必要はない。人口という減少要素だけにとらわれるのではなく、〝将来にわたり増加する要素〟に目を向ける。そこでは、従来は未開拓・未活用だった要素の掘り起こしも機会の拡大になり得る。

具体的には、将来市場が広がる機会として「グローバル成長との連動」「リアル空間の活用・

再発見」「仮想空間の拡大」「時間の蓄積が生み出す資産」の〝4つの機会〟を捉えている。

このように、人口減少下の日本で「4つのリソース」の循環と、将来市場が広がる「4つの機会」を生かすことは、それぞれが成長の原動力になる。さらに、それらを相互に掛け合わせることで「新たな需要」を生み出し、成長に結び付けていく。これが本書の提唱する「価値循環」の基本的な枠組み（フレームワーク）だ。


世界に先駆けて急激な人口減少というトレンドに直面した日本。

しかしながら、遠くない将来、世界でも日本同様に人口減少に直面する国が出始める。国連の推計によると、ドイツや中国、韓国は２０２０年代前半に、タイは30年前後に、人口大国のインドやインドネシアも60年代にピークアウトする予測だ。さらに１００年先の22世紀には、多くの国が人口減少社会となり様々な課題を抱えるようになる。


世界のどこより早く人口減少社会の現実に直面する日本が、新たなステージでの成長モデルを見いだすことができれば、22世紀に向けて世界全体に指針を示すことになるだろう。

今こそ、人口減少という日本特有の構造変化を「ピンチ」ではなく「チャンス」と捉え、新たな成長のあり方に挑戦すべきときだ。

第2章

価値循環がもたらす成長のダイナミズム

第1章では、人口減少に直面する日本が長期停滞を脱し成長していくためのカギは「価値循環」にあると述べた。

価値循環とは何か。端的にいえば、経済活動を構成する「4つのリソース」（ヒト、モノ、データ、カネ）の循環と、新たな市場になり得る「4つの機会」を成長の原動力とし、さらに相互に掛け合わせることで「新たな需要」を創出し成長につなげる、という考え方だ。これは、人口減少局面に入る国が増える22世紀に向けて、日本がフロントランナーになり得る新たな成長モデルである。

「循環」という言葉で一般にイメージされるのは「サーキュラーエコノミー（循環経済）」だろう。モノを循環させて無駄なく使うことで環境負荷を下げる考え方だ。一方で、本書で提案する「価値循環」は、サーキュラーエコノミーの概念を包含し、モノだけではなく、ヒト、モノ、データ、カネのリソースすべてを対象範囲にしているところが特徴だ。

今こそ「循環」が必要な理由

まず、価値循環の元となる「循環」の考え方について説明したい。

なぜ今「循環」が必要なのか。人口減少下での成長には、人の〝数〟に依存しなくても付加価値を高めていく考え方が求められるからだ。

「大量生産・大量消費」の時代は数量を伸ばすことが成長の原動力になっていた。1980年代までの日本は人口が右肩上がりで増加しており、その成長モデルは「安くていいもの」を国内でも海外でも売ることで経済規模を拡大していくというものだった。

これを企業の売り上げを表す「売り上げ＝価格×数量」という式で考えてみよう。数量は「人数×頻度」を意味する。高度経済成長時代は、人数が増えることにより、価格や頻度が上昇しなくても売り上げは伸びた。つまり、価格や頻度よりも人数の伸びに依存して成長してきたのだ。

人口が減少していく今の日本には、従来と異なる考え方が必要になる。

回転と蓄積を繰り返し価値を生み出す

「循環」による価値創造

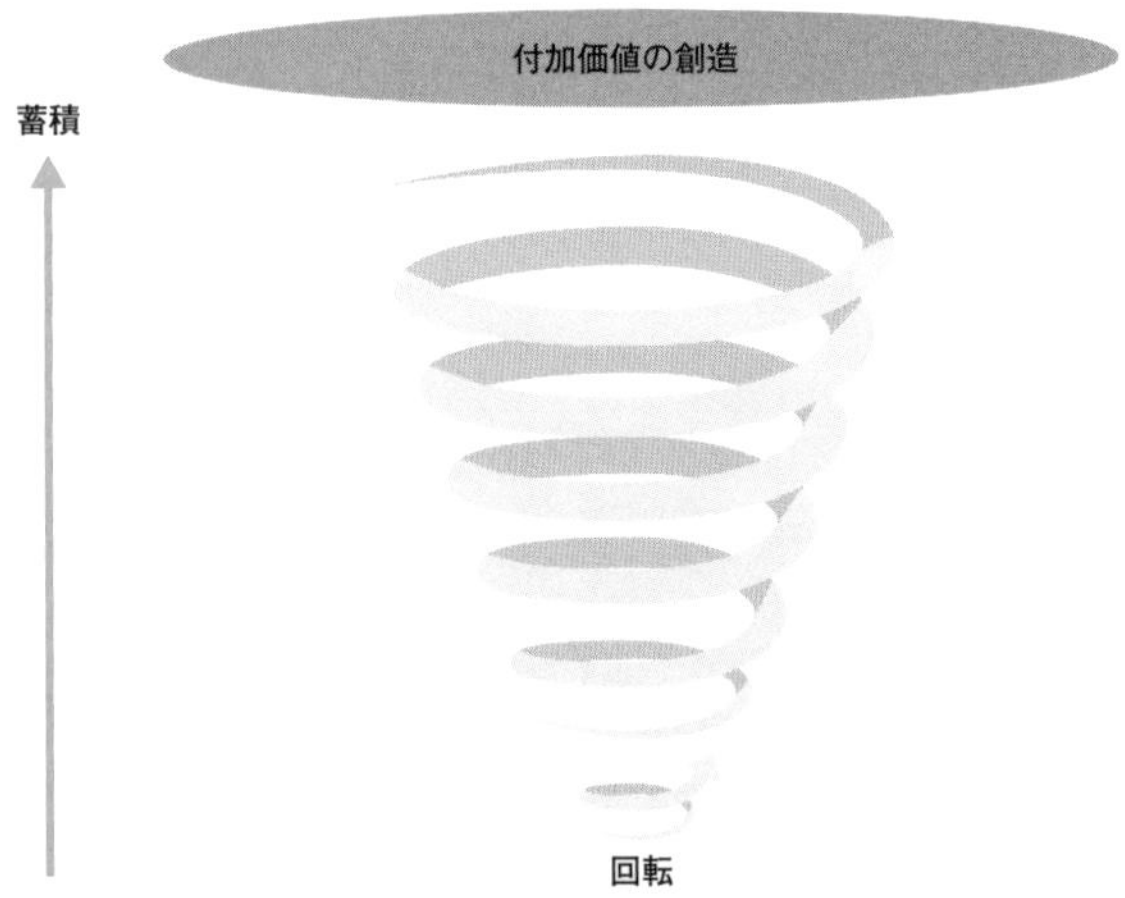

先に述べた式において、人数を伸ばすことに限界があるならば、取り得る選択肢は2つだ。

1つは、〝頻度〟を高めて数量を伸ばすこと、もう1つは、〝価格〟を上げることである。

例えば、製品の販売においても、従来の売り切り型ではなく、売った後も含めて1つの製品の利用頻度を高めることが必要になる。加えて、顧客の潜在ニーズを捉えた質の高い製品やサービスを提供して価格を上げていくことが求められる。

実はこの〝頻度〟と〝価格〟の2つは、独立してバラバラに捉えるものではなく、相互につなげて考えることが可能だ。そこで求められる発想が「循環」である。

本書では「循環」を「回転」と「蓄積」という2つの要素で構成するものと定義する。「回転」とは、取引（活動）の頻度を増やし〝数量〟を増やすこと。「蓄積」は、取引を通じて得られた情報や知見を基に製品やサービスの「質」を高め、価格を上げることだ。つまり、「循環」とは、回転と蓄積によって、取引（活動）の〝量と質〟を高めて、付加価値につなげることを意味する。

回転と蓄積で価値を生み出す

では、本書で提案する「循環」が、回転と蓄積によってどのように経済価値を生み出すかについて、具体例を挙げながら解説しよう。

製品を購入した顧客に対して継続的にサービスを提供する「リカーリングビジネス」は「循環」の代表例といえる。製品を販売した後も、顧客が利用するたびに購買活動が発生する可能性が生まれるリカーリングビジネスでは、取引を繰り返す（回転）ことで1つの製品が生み出す売り上げが大きくなる。つまり、経済的な付加価値が高まるということだ。これが「回転」による付加価値の高め方である。

顧客に提供する価値を高める

ランニングシューズのリカーリングビジネスの例

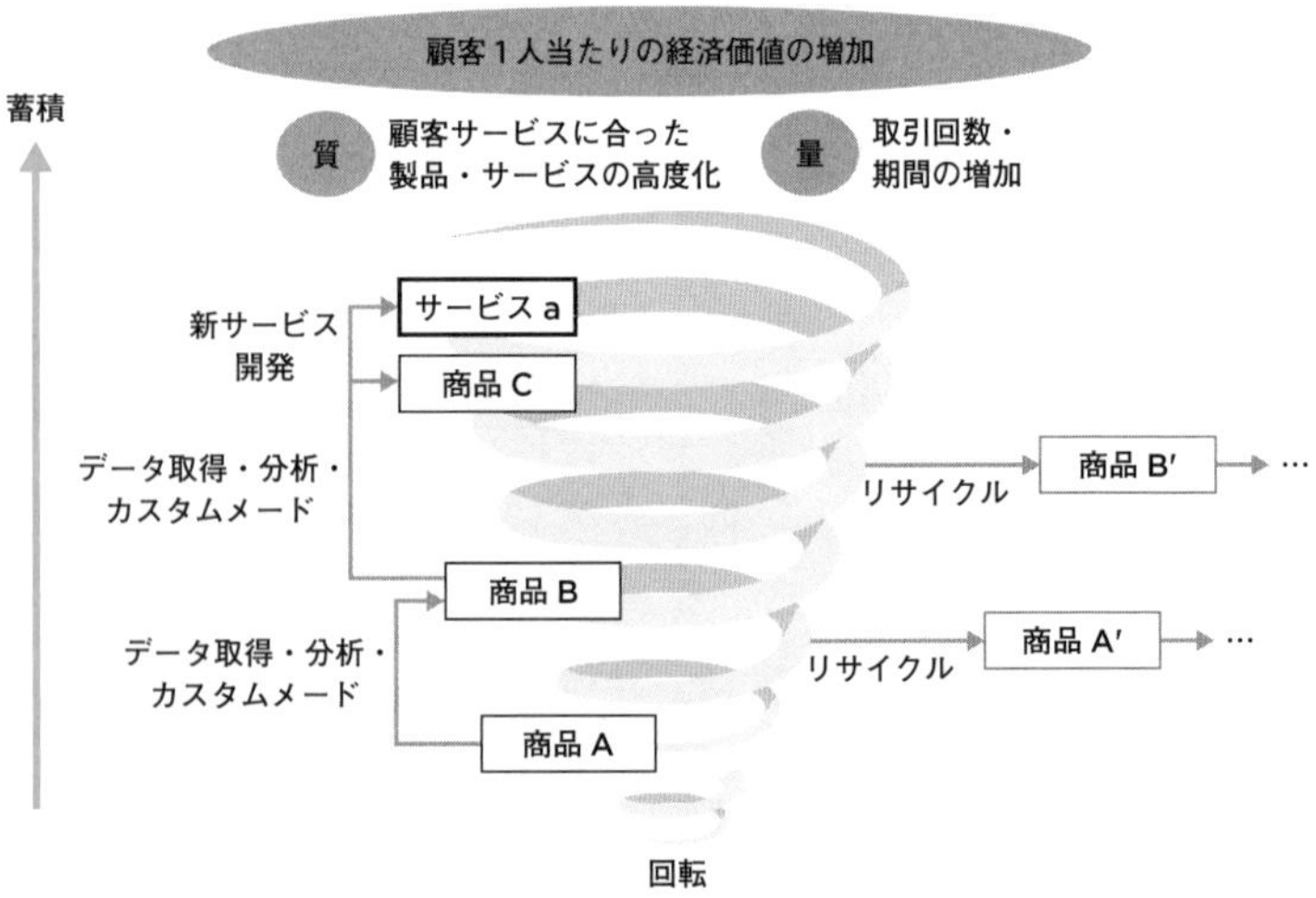

このとき、取引を繰り返すたびに顧客や製品に関連したデータを取得できるようになると、さらに付加価値を高められる可能性がある。それらのデータを分析して、次に提供するサービスのメニューを顧客に合ったものに変え、サービス全体を差異化するためのノウハウを得られる。そうした「蓄積」が、より顧客のニーズに合った質の高い新製品やサービスの提供につながる。質が高まれば、それを価格に反映させることで取引1回当たりの付加価値はさらに高まる。回転(取引)を増やす効果も生まれるだろう。これが「回転」と「蓄積」を組み合わせた「循環」の一例だ。

回転を繰り返すたびに蓄積され、らせ

んを描くように価値が高まっていく。

さらに具体的なイメージを持つために、ランニングシューズのビジネスを考えてみよう。これまでの定石は、有名なスポーツ選手や派手な広告によって話題の商品を作り、大々的に販売することだった。季節が変わるごとに新たなモデルを出し、キャンペーンを展開して古いモデルからの履き替えを促す。マス（大衆）に向けた一方通行のビジネスモデルといえる。

ここに「循環」の考え方を取り入れたらどうなるか。例えば、ランニングシューズを売り切り型で販売するのではなく、顧客から月額料金を受け取って提供する。一定期間が過ぎたら新たなシューズを送り、古いシューズを回収してリサイクルする。シューズが顧客のところに行って企業に戻ってくる「回転」だ。戻ってきたら、次のシューズが顧客に提供され、さらなる「回転」が始まる。

こうした「回転」を組み込むことで、企業は顧客と継続的につながれるようになる。ランニングの頻度や走るスピード、普段走る場所や走り方など、シューズの利用者から得られる幅広いデータを「蓄積」していけば、それを基に顧客のランニングスタイルに合わせたシューズをカスタムメードするといった、より高い価値の提案もできるようになる。

シューズの回転だけでなく、顧客データの回転も生まれているわけだ。

顧客に対して製品やサービスを提供する機会（回転）を増やしながら、データを収集・分析（蓄積）して顧客理解を深めていく。それによって、次の機会にはさらに高い価値を提供していく。これを持続的に繰り返すことで、顧客1人当たりの経済価値を高める「循環」が出来上がる。

このケースは、ランニングシューズを作る資源の「回転」とも捉えられる。顧客が使ったシューズの素材を何度もリサイクルすれば、資源が生み出す合計の付加価値は増えていく。

「循環」で供給過剰を解消

本書で提唱する「循環」は、第1章で日本経済の長期停滞の真因として指摘した「過去から続く供給過剰と将来の需要不足との不均衡」を解決する糸口になり得る。まずは「循環」が供給過剰の解消につながることを見ていきたい。

市場が拡大していた時代、日本企業は企業ごとや業界ごとに自前のリソースを持ち、個別に最適化してきた。しかし、市場が成熟した今のように規模が縮小する局面では、重複してリソースを保有する過剰な供給力が課題になる。

「循環」によって供給過剰を解消する一例として観光産業を考えてみよう。例えば食事。従来は地域の旅館やレストランが食材を個別に仕入れてきたが、人口の減少などに伴って観光需要が減少し、供給力が過剰になっている地域も多い。もし旅館やレストランが連携して食材を共同で調達すれば、単価や物流コストを下げられる。さらに、そのときどきの客数に応じて食材を互いに融通する仕組みができれば、モノの循環によってフードロスの削減にもつながる。

設備も同様だ。温泉旅館などの宿泊施設は駅までの専用送迎バスを持つところも多い。これも供給力が過剰といえるだろう。スマホアプリで必要なときに呼び出せる「オンデマンドバス」の仕組みを導入し、複数の旅館で1台のバスやドライバーを共有しそれを回転させることで稼働率が高まり、コストを下げられるはずだ。

このように「循環」の考え方を取り入れて過剰な設備を解消し、既存産業の収益性を向上することが、供給過剰が抱える問題の解消につながっていくのだ。

「循環」による新たな需要創出

それでは、長期停滞の構造的要因のもう1つの側面である「将来の需要不足」の解消に向けて、循環の考え方がどう役立つのかを見ていきたい。

日本の国内市場は既に成熟し、生活水準が高まり、日常生活に必要なモノの需要はほぼ満たされている状況だ。将来の需要をつくるには、サービスを提供する側が、顧客に関わるデータをはじめとするリソースを相互に共有し循環させることで、顧客の潜在ニーズを掘り起こさなければならない。

そのヒントになる取り組みが2022年に千葉市で実施された。デロイトトーマツが東京海上日動火災保険などと進めた「医療ＭａａＳ」の実証実験だ。ＭａａＳ（「マース」と発音）はモビリティー・アズ・ア・サービスの略で、目的に応じた最適な移動手段を提供するサービスを指す。

今後、日本では移動困難者が増加するとの指摘がある。各地でバスや鉄道の赤字路線が増えており、経営がより悪化すると一部路線の廃線や民間事業者の撤退が起こる可能性があるからだ。高齢者の運転免許返納が増加傾向であることも加味すると、病院への移動困難者が増え、治療継続率が低下して疾患が悪化してしまう恐れがある。

このような将来の課題を見据えて、地元のタクシー事業者や地域の病院などと連携し、

複数の事業者の連携で価値の中身が変わる

医療MaaSにおける循環による需要創出

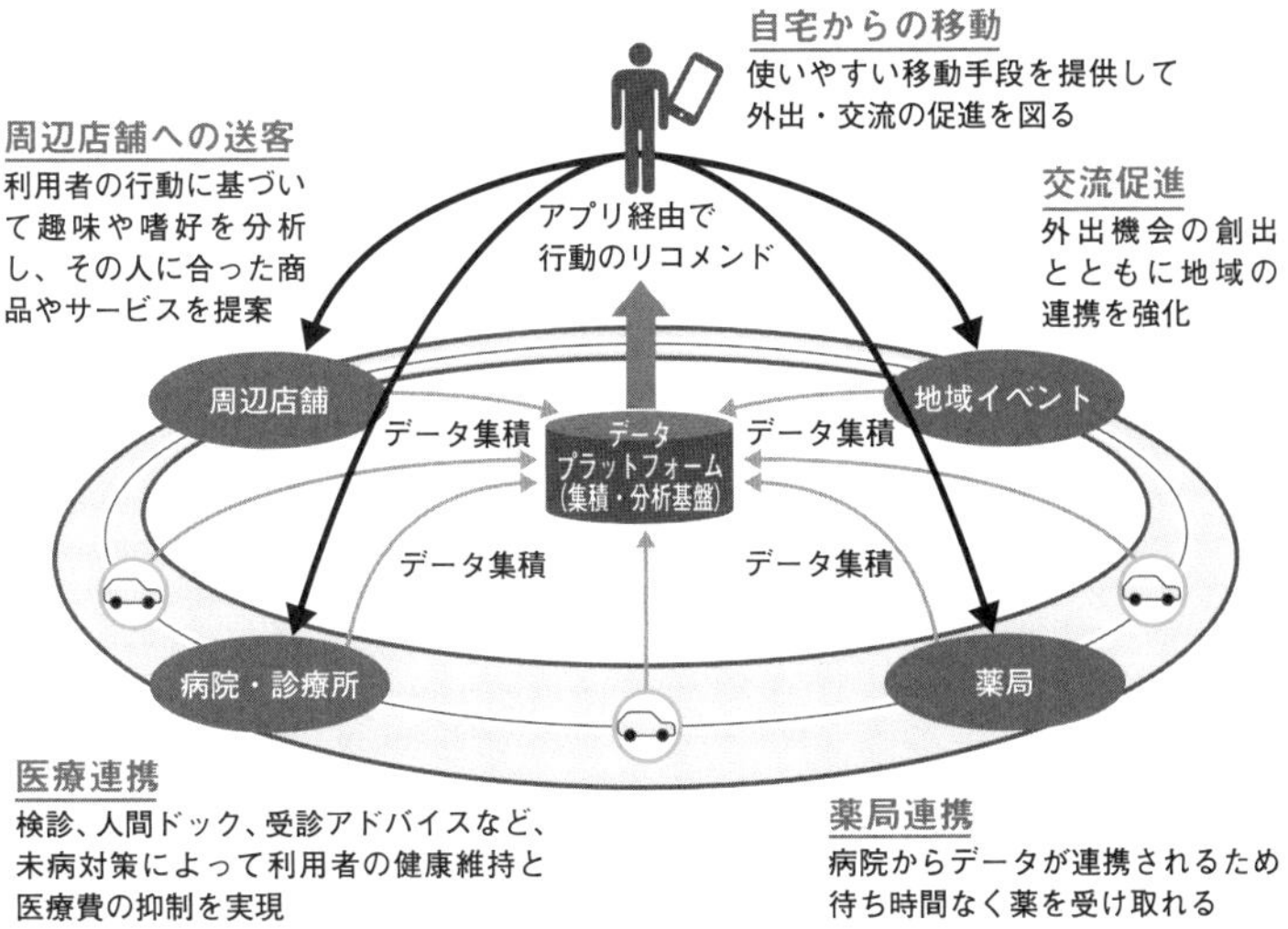
自宅からの移動
使いやすい移動手段を提供して
外出・交流の促進を図る
周辺店舗への送客
利用者の行動に基づいて趣味や嗜好を分析し、その人に合った商品やサービスを提案
交流促進
外出機会の創出とともに地域の連携を強化
アプリ経由で
行動のリコメンド
周辺店舗
地域イベント
データ集積
データ集積
データ
プラットフォーム
(集積・分析基盤)
データ集積
データ集積
病院・診療所
薬局
医療連携
検診、人間ドック、受診アドバイスなど、
未病対策によって利用者の健康維持と
医療費の抑制を実現
薬局連携
病院からデータが連携されるため
待ち時間なく薬を受け取れる

移動困難者の通院を支援する仕組みを構築する実証実験を行った。診療予約とタクシー配車を連携させるアプリを活用し、移動困難者に移動サービスを提供した。

利用者はアプリを利用してタクシーを予約し、通院と帰宅の移動手段を確保する。このときオプションで介助士の付き添いも手配できる。医師の診察後は処方箋が薬局へ連携されるため、薬局へもタクシーで移動して待ち時間なく薬を受け取れる。希望があれば、途中でドラッグストアやスーパーへ立ち寄って買い物をすることも可能だ。

利用者の満足度は高く、「普段の通院方法よりも予定通りに動きやすい」「アプリ経由のタクシー予約はラクだと感じた」といった声が上がった。「移動手段に悩むことなく安心して通院したい」という潜在ニーズを見つけ出したわけだ。

ここで注目したいのは、複数の事業者が連携することにより、利用者への〝提供価値〟が変わることだ。従来、交通事業者が単独で提供できる価値は「ラクに移動する」というものだった。

しかし、今回の実証実験では、医療機関、交通事業者、小売り（薬局）の三者がつながることで、「1日を豊かに暮らす」という高次の価値を創出できた。移動手段（モノ）を共有しつつ、配車予約や処方箋のデータを連携し循環させることでスムーズな通院体験を提供し、利用者（ヒト）の動線を変えて通院のついでに買い物もできるようになった。このように複数の事業者が連携しデータやモノ、ヒトの「循環」を起こすことで、これまで満たせていなかった潜在需要を掘り起こせる可能性があるのだ。

循環させるべき「4つのリソース」

ここまで見てきたように、「循環」は、供給過剰の解消と潜在需要の掘り起こしの両面

あらゆるリソースを「循環」させる

経済活動を構成する4つのリソース

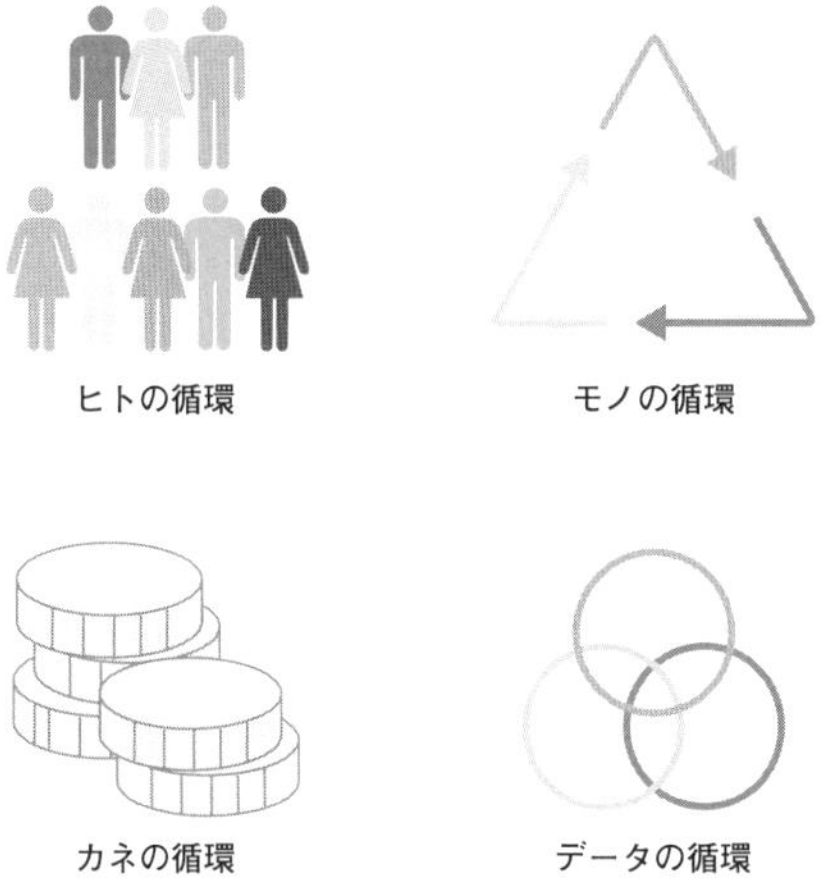

から、日本の長期停滞を招いた構造課題の解決につながる。本書では、回転と蓄積による「循環」を、企業活動のレベルからマクロ的な経済社会全体のあり方までを包括した概念として適用していく。「循環」させる対象は、経済活動を構成する「ヒト」「モノ」「データ」「カネ」の4つの資源（リソース）だ。それぞれの循環が具体的にどのようなものか見ていこう。

「ヒトの循環」は、就労の機会を増やし1人当たりのスキルや経験を高めるとともに、相互に交わり知見を深めることで、社会全体の付加価値向上につなげる考え方だ。

例えば、副業や兼業で仕事の場を増やせば、新たな知見やノウハウを蓄積することで、人材としての市場価値が高まり収入の増加が期待できる。さらに今後伸びる分野に多くの人材が移動すると社会全体の成長につながる。

ヒトの循環を活性化させるには、副業や兼業を通した「交流型人材循環」、一度組織や地元を離れた人材が戻ってくる「回遊型人材循環」、優秀な人材が日本を拠点に交流し、イノベーションを生み出す「グローバル型頭脳循環」といった施策を積極的に取り入れていく必要がある。

「モノの循環」が指すのは、モノを循環させることで一投入資源当たりの価値を高める考え方で、いわゆる「サーキュラーエコノミー」（循環経済）だ。本書では、時間軸、空間軸の2つの観点から、成長につながるモノの循環を提唱する。

時間軸については「リペア・リユース・アップサイクル」により、製品を長い時間の中で繰り返し使っていく循環に着目する。空間軸については、産業集積地域など特定の空間に資源を集中させ、企業同士が連携しながら有効活用する「地域集中型資源循環」を目指すべきだ。

「データの循環」は、データを1回の処理で利用するだけにとどめず、顧客をはじめ〝需要側〟のデータを起点にして、他のデータと結び付けて繰り返し活用することで、データの持つ価値を増幅させるという考え方だ。

例えば、マーケティングにおいて、顧客のサービス利用実績や趣味・好みなどのデータが充実すると、顧客を「個客」として捉えて質の高い顧客体験を提供できる。また、企業グループ内や地域コミュニティーにおいても、ユーザーや住民といった需要側を起点にしたデータの循環をデザインしていくことで、付加価値を増幅できる。

最後の「カネの循環」は、社会の中でカネの取引の頻度を増やしてその量を増加させ（回転）、次の新しい価値を生む投資に活用すること（蓄積）だ。

現在の日本では、大量のカネが、成長性が高いはずの民間部門ではなく、安全だが成長性が相対的に低い政府部門に流れている。新たなカネの循環を創出するためには、家計や企業のリスク回避傾向を緩和して、民間部門を中心に投資するメリットを実感できる魅力的な環境づくりが必要だ。本書では、潜在的な資金需要が大きく、カネの循環を生み出す魅力的な機会になり得る対象として「社会課題解決型投資」と「スタートアップ企業への投資」の2つを掲げる。

これらの「ヒト」「モノ」「データ」「カネ」の4つのリソースをすべて循環させることによって、ダイナミズムが生まれ、成長へとつながる新たな価値が生まれていく。

新たな需要を生み出す「4つの機会」

4つのリソースの循環とともに、将来にわたって新たに需要をつくり出す上で重要な視点が「市場の機会」だ。

人口減少下の日本において、とりわけ国内市場には将来伸びていく市場などは存在しない、という意識を持たれるかもしれない。しかし本書では、〝発想の転換〟を試みたい。人の数が「減る」ことは避けられないとしても、日本を取り巻く環境において「増える」要素に着目するのだ。より視野を広げてみれば、将来増加していく要素や以前は未活用だった要素を開拓することで、市場の機会になり得る余地は数多く見つかる。

では、人口減の中でも市場の機会になり得る「増える」あるいは「掘り起こせる」要素とは何だろうか。本書で注目するのは「グローバル成長との連動」「リアル空間の活用・再発見」「仮想空間の拡大」「時間の蓄積が生み出す資産」という「4つの機会」だ。

人口減の中でも「増える」要素はある

需要創出につながる「4つの機会」

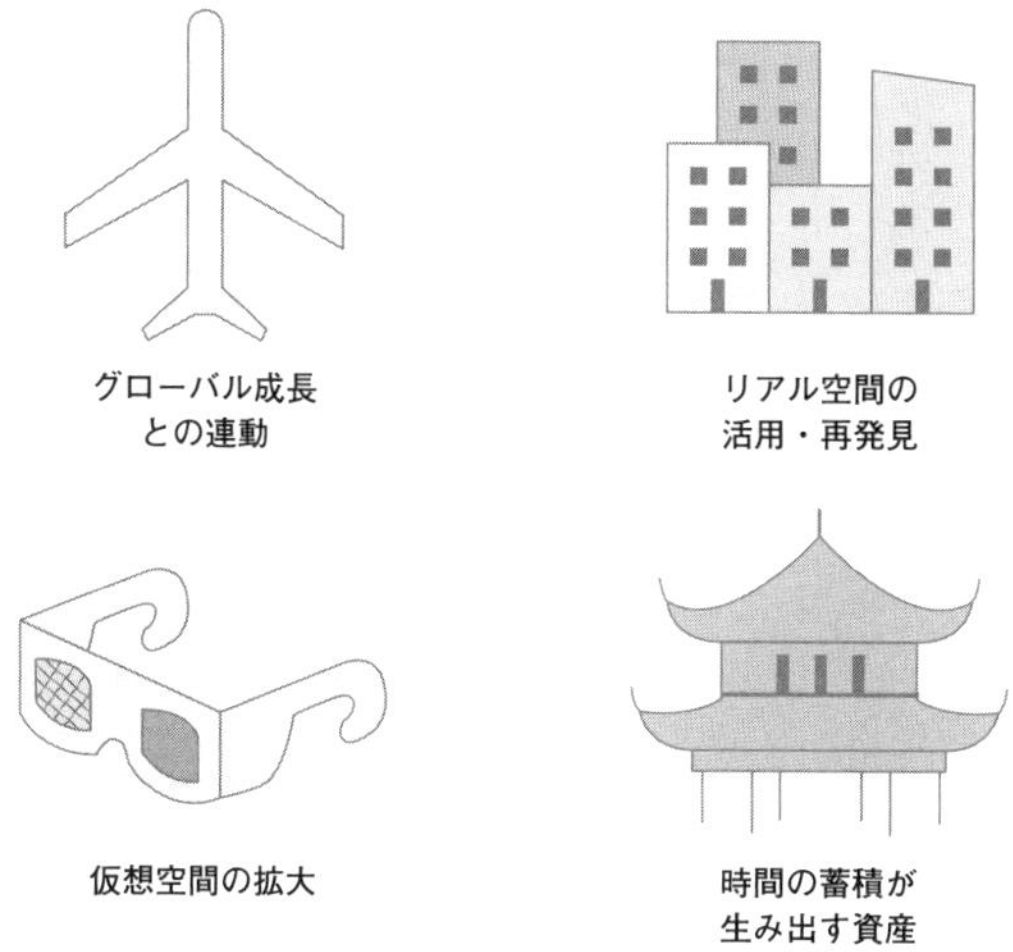

最初の「グローバル成長との連動」は、世界の成長と国内の動きを連動させるという着想だ。日本は既に人口減少に直面しているが、世界全体を見ると人口は増えていく。今後も人口拡大が続く国が多く、こうした増加する要素を成長に結び付ける発想だ。従前の輸出入の関係だけでなく、海外の企業からの投資や高度人材、観光客など人材やノウハウなどを積極的に受け入れていくことも含めた〝双方向〟の関係に発展させることが成長の機会をもたらす。また、人口減・高齢化という課題をいち早く経験した日本のソリューションを海外に輸出するという観点も重視すべきだ。

次の「リアル空間の活用・再発見」は、未開拓・未活用の領域を生かす発想だ。人口が減少することは、日本の国土で利用できる空間が増えていくことを意味する。国土の7割近くを占める森林や、周囲を取り囲む海など、これから活用できる有益な資源が多く存在している。さらに、人口減少には「環境負荷の減少」という側面もある。世界的な動きとして、生物多様性の損失を止めて反転させるという「ネイチャーポジティブ」の概念が注目されており、プラスに働く要素となる。日本にとって、ネイチャーポジティブ経済への移行は、特性を生かした成長の機会にできるはずだ。

3つ目の「仮想空間の拡大」は、日本の人口減少とは関係なく、デジタル技術の急速な発達とともに限りなく広がっていく世界だ。既に、アバター(分身)やロボットなどの技術の発展で、リアル空間で起こっていることを仮想空間で表現したり、最近は、仮想空間内で所有する資産をリアルに売買するといった新しい経済活動が生まれたり、仮想とリアル空間の間にある境界の壁はますます低くなっていく。とりわけ、仮想空間に広がる「新しい経済活動」「新しいコミュニティー」「新しい労働」の3つの機会には、大いなる成長の可能性が秘められている。

最後の「時間の蓄積が生み出す資産」は、日本に長年蓄積されてきた資産の活用だ。既に日本には、長い歴史によって積み重ねられた文化的、技術的、生物的な伝統や経験、知識という〝強み〟ともいえる資産が存在する。将来的に人口が減少する一方でも、時間の経過とともに経験や知識の蓄積はさらに確実に増えていく。

蓄積された資産には、知的財産、社会資本や教育、アニメやマンガといったコンテンツまで幅広いものが含まれる。これらを他のジャンルの知見や最新のテクノロジーを掛け合わせると、市場機会としての価値をさらに増幅できる。本書では、今後の成長が期待できる代表的な機会として、「日本各地特有の宝×他ジャンルのアイデア」「健康寿命×グローバル研究開発」「熟練技能者の知見・経験×テクノロジー」の3つに注目したい。

「価値循環」をマトリクスで考える

「4つのリソース」の循環によって生み出す価値を新たな需要に結び付けるには、人口減少の一方で〝増える要素〟である「4つの機会」を活用することが重要だ。

本書では、「4つのリソース」と「4つの機会」を相互に掛け合わせることで「新たな需要」を創出するための実践的な枠組み(フレームワーク)として「価値循環マトリクス」を提案する。

日本を経済成長につなげるフレームワークに

「価値循環マトリクス」

4つのリソース

4つの機会	ヒトの循環	モノの循環	データの循環	カネの循環
グローバル成長との連動				
リアル空間の活用・再発見				
仮想空間の拡大				
時間の蓄積が生み出す資産				

今後、企業や自治体、省庁などが、リソースと機会を掛け合わせて〝新たな需要〟を見いだす「価値循環マトリクス」を活用することで、それぞれの立場から「人口減少下における成長シナリオ」を描き出すことができるはずだ。

次の第3章では、ヒト、モノ、データ、カネの「4つのリソース」の循環について、そして、それに続く第4章では、将来の市場機会になり得る「4つの機会」について、それぞれがいかにして今後の成長の原動力となり得るかを解説していく。

さらに、第5章では「価値循環マトリ

クス」を活用して、「４つのリソース」と「４つの機会」を掛け合わせて生み出される「新たな需要」の可能性を見ていく。特に、将来の日本の成長に重要な役割を果たす「環境・エネルギー」「モノづくり」「ヘルスケア」「観光」「地域創生」の５つの領域に焦点を当てて、「新たな需要」創出の源になり得る10のテーマについて成長シナリオを提示する。

循環のデザインがビジネスの主戦場に

慶應義塾大学 白坂成功氏 × デロイト トーマツ グループ 松江英夫

白坂成功（しらさか・せいこう）
慶應義塾大学大学院システムデザイン・マネジメント研究科教授
東京大学大学院修士課程修了（航空宇宙工学）、慶大後期博士課程修了（システムエンジニアリング学）。三菱電機で15年間宇宙開発に従事し、「こうのとり」などの開発に参画。2008年から慶大大学院SDM研究科非常勤准教授。10年に同准教授、17年から現職。15年12月～19年3月まで内閣府革新的研究開発推進プログラム（ImPACT）のプログラムマネージャーとしてオンデマンド型小型合成開口レーダ（SAR）衛星を開発。

松江英夫（まつえ・ひでお）
デロイト トーマツ グループ 執行役
Chief Executive Thought Leader
専門は経営戦略・組織改革／M&A、経済政策。グループの多様なプロフェッショナルの知見を共有し、インサイトやソリューションを継続的に創出・発信するグループ横断型プラットフォームであるデロイト トーマツ インスティテュート（DTI）の代表も務める。中央大学ビジネススクール客員教授、事業構想大学院大学客員教授。フジテレビ系列「Live News α」コメンテーター。経済同友会幹事、国際戦略経営研究学会常任理事。経済産業省「成長志向型の資源自律経済デザイン研究会」委員。

デジタルによって様々な製品やサービスが「つながる」時代、個別の製品の性能や価格を競うのではなく、顧客のビジネスや生活シーンの全体を捉えながら新たな価値を生む「循環」のデザインが重要になる。これは、システムの全体最適を考えながら骨格を設計していく「システムアーキテクチャー」の考え方そのものだ。システムアーキテクチャーの第一人者である慶應義塾大学大学院の白坂成功教授と、デロイト トーマツ グループの松江英夫が、今後の日本に求められる循環について対談した。

これからの価値は「つながること」で生まれる

松江　日本経済が長い間停滞しています。私はこの30年で3つの構造変化があったと見ています。1つ目はICT（情報通信技術）などによるデジタル化。2つ目はグローバル化のインパクト。そして3つ目は、これは日本の特殊要因なのですが、人口減少です。日本では1990年代半ばに生産年齢人口が減少に転じ、2000年代に総人口もピークアウトしました。先進国の中で日本が最も早く人口減少と向き合うことになりました。そんな状況下では、需要起点で、つまり新しい需要を開拓して産業構造を組み替えることを本気でやっていかないと国内のマーケットは広がらないし、そこをベースにして海外に出ていく成長のシナリオも描けません。だから、新たな需要に着目して産業をつくり変えていくことが非常に大事だと考えています。

白坂先生が注力されている宇宙開発戦略の分野では、まさに、ほぼゼロから業界横断的に新しい需要の種を見いだし、新たな産業をつくろうとされています。需要起点で新たに産業を興していくという点で、これからの日本にとってのモデルケースになるとみています。


白坂 我々は「需要＝価値」という言い方をします。未開拓の需要に着目して、そこからいかに新たな価値を生み出していくかが、次のステージへのチャレンジだと考えて取り組んでいます。

そのためには産官学の連携が絶対必要で、学の役割も変える必要があると思っています。

また、デジタル技術を徹底活用して多様なものを「つなげていく」ということが、最大のポイントになります。

松江 まさに、これからの価値は「つながること」によって生まれると思います。

白坂成功氏（左）と松江英夫（右）

白坂　例えば、これまで自動車会社はモビリティーの枠の中で提供価値を考えてきました。それは医療分野における病院も同じです。病院の枠の中で考えてきた。でもデジタル技術があれば、この2つをつなげられるんですね。病院の予約をすると、その情報が車に伝わり、ちょうどいい時間に家まで迎えに来てくれる。もし病院に向かう途中に渋滞に巻き込まれたら、その状況が自動的に病院に伝わり、診察の順番を後回しにしてくれる。デジタルなら、そんなことが可能なのです。しかも車で病院に行く人もいれば、電車で行く人もいるし、歩いて行く人もいます。だから人に合わせたつなぎ方をする必要があります。トータルで考えていけば全体最適になるし、その人にとっても一番自分に合った形でガイドしてもらえる。これができるのはデジタルしかないと思うんですよね。

松江 医療ＭａａＳ（モビリティー・アズ・ア・サービス）の世界は非常に分かりやすいですね。病院と個人をつないで、さらにその周辺にも人の動きが出てくるようになれば、近隣で消費も発生するし、周辺の経済効果も出てくる。つまり経済の活動量が増えていきます。加えて、サービスを継続的に提供していくことでデータや知見がたまり、さらに高い付加価値が生まれます。こうして経済の活動量である「回転」と、そこから生まれた知見の「蓄積」によって、人口が減っていく中でも付加価値を高めていけるはずだというのが、今私が考えていることです。

どう循環させて価値を生むか

白坂 本当にそうなると思います。今までは、車は車と競争し、病院は病院と競争していました。これからは、それらをつなげることで何が起きるかという発想が重要になります。「何と何をつなげて、どう循環させて価値を生むか」をデザインすることがこれからのビジネスの主戦場になるのです。
今までのモノの価値がなくなるわけではありませんが、つながった結果の「体験」のほうが重要になってくる。だから、体験として新しい価値をつくるために「こんな車じゃないと困るよ」とか、「こんな病院にしてほしい」といった要求が出てきて、それによって個別の製品のあり方が規定されるようになるのではないでしょうか。個々の企業にとっては、そのような新たな価値提供の機会をいかに早くつくっていくかが大切になっていくと思います。

松江 需要側を起点に価値を創造するという視点に立って、どうやって既存の組織や事業モデルを最適化し、組み替えていくのかということが、すべての企業にとって課題になります。もう少しマクロ的に見れば、どこかがベストなオーナーとしてプラットフォームをつくったり、公的機関がデータを融通できるような基盤の整備を進めたりすることが必要かもしれません。

白坂 結局は、需要というものを捉える目線のあり方自体が、従来とは根本的に変わっていくことになります。これまでは、ある属性のターゲットに対して同じ製品やサービスを提供していました。ところがデジタルやデータを使うと、一人ひとりに合った製品やサービスが提供できますので、個々の需要に対応して最適なものを組み合わせて、価値に転換していくことが重要になっていくわけです。

そうなると、もうすべてを自前で持つことは不可能です。「いかに他社とつながりながら、製品やサービスを自由自在に組み合わせるか」という点において能力の高い企業が、よりユーザーに合ったものを提供できるようになるでしょう。

松江 全て自前でやろうとしない「脱・自前」の考え方とともに、本当に需要に合った形で取捨選択やコーディネートをするという、いわば「編集機能」のようなものが大きな価値を持っていくということですね。

白坂 こういったことは、循環という発想を最初からデザインに入れ込まないと続かないと思うんですね。あらかじめモノの循環、ヒトの循環、データの循環など、いくつかの循環を連動させて、最終的には「誰にどんな価値を提供できるのか」に落とし込んでいくデザインが必要です。こうしたトータルでの「価値循環」を設計することは、簡単ではありません。時間軸も考える必要がありますし、つなぐ先の分野にしても、自分が知っている範囲だけではないところが出てきます。
逆に言うと、難しいからこそあまりやられていない。そろそろ一歩を踏み出してやっていかなければいけないと思います。（内閣府が提唱する未来のコンセプトである）「ソサエティ5・0」も、まさに循環によって新しい人間中心の社会をつくることだと思います。

「三方よし」は、日本型の価値循環

白坂　価値創造を考える際には、必ず循環の要素を織り込んでおく必要があります。循環が成立しなければ、「価値を提供し続けるだけの人」や「価値を受け取り続けるだけの人」が出てきてしまいます。これはシステムとして絶対ダメな設計ですよね。必ず相互に循環させて、インとアウトがバランスする形を取っていかなければなりません。それをあらゆるところで意識しながらデザインしないと、絶対に続かないでしょうね。

松江　循環という考え方を最初から組み込んで新規事業をデザインするって、すごく大事ですね。

白坂　日本の商売人には、昔から「三方よし」という言葉がありますよね。つまり、みんながちゃんと価値をバランスさせて成立するモデルを、昔からつくってきたわけです。そのような歴史的背景から考えても、日本は、循環を通じてバランスする価値のあり方をデザインするという点において、世界をリードしていくポテンシャルがあるのではないでしょうか。

松江　大賛成ですね。本当に日本の成長戦略のデザインに循環をうまく織り込む必要がありますね。

白坂　そのためには「新たな価値創造のための循環」という概念で全部まとめていくような組織を立ち上げて、そこを起点としながら、全体としてどういう方向性で攻めていくべきなのかを決めていく――そんなことにもチャレンジする必要があると思います。

松江　まさに白坂先生が宇宙開発戦略で示されたようなモデルを1つのひな型にしながら、中長期的な視点から産官学の垣根を越えて、全体をデザインするような立ち位置の組織ですね。コンセプトの中核に循環を据えながら官民の座組みをつくり、産官学で役割分担をしながら成長戦略をデザインできるとよいなと思います。

白坂 私も、それができれば、今日話したようなことが実現できるんじゃないかと思います。

松江 循環をデザインに入れ込まないと成長はあり得ないという、本当に素晴らしいステートメントをいただきました。そして、日本人のＤＮＡには「三方よし」という循環の考え方が昔から埋め込まれているというのは、おっしゃる通りです。これまで特定の場所に固定されてきた人の知恵や経験をはじめ、未活用の様々な資源やリソースを価値に変えて循環させ、新たな成長機会を生み出すことで、日本全体をもっともっと活性化させていきたいですね。

第3章

持続的成長を可能にする4つのリソースの循環

	4つのリソース			
	ヒトの循環	モノの循環	データの循環	カネの循環
グローバル成長との連動				
リアル空間の活用・再発見				
仮想空間の拡大				
時間の蓄積が生み出す資産				

前章では、成長戦略の要素である「4つのリソースの循環」と「4つの機会」、さらにそれらを掛け合わせて〝新たな需要〟を生むフレームワークである「価値循環マトリクス」を提示した。

これを受けて、4つのリソースである「ヒト」「モノ」「データ」「カネ」のそれぞれを成長につなげるためにどう循環させていくべきだろうか。

本章では、代表的な循環として以下を掲げる。

ヒトの循環
(1)交流型人材循環
(2)回遊型人材循環
(3)グローバル型頭脳循環
モノの循環
(1)リペア・リユース・アップサイクル
(2)地域集中型資源循環
データの循環
(1)個客志向マーケティング

(2)デマンドチェーンの構築
(3)地域コミュニティーの活性化

カネの循環
(1)社会課題解決型投資
(2)スタートアップ投資

これらの循環について、阻害している原因や克服すべき課題を考察しながら、成長の実現に向けて個々のリソースについてどのような循環のあり方を目指すべきかを提言していく。

「ヒト」の循環

これまでの日本では「ヒト」が単一の組織や職業の中で長年にわたって能力を磨きながら、活躍のフィールドを拡大し、より大きな価値を発揮していくキャリアパターンが普通だった。これは、日本の企業や社会に「終身雇用」の慣行が根強く残っている影響だ。大企業を中心に、終身雇用や年功序列を前提とする様々な仕組みが今も人事制度の根幹に存在している。

日本で長期的な雇用が根強いのは、データからも明らかだ。現在の勤務先に勤めている年数である「勤続年数」のデータを見ると、日本はどの世代でも英国、米国に比べて平均勤続年数が長い。特に55～64歳の平均勤続年数では、日本は約19年と非常に長く、今も長期雇用の慣行が維持されていると読み取れる。多くの人が同じ企業に長く勤め続ける傾向があるため労働市場の流動性が低く「ヒト」の動きが滞っているのが現状だ。

ただし、日本の働き手の意識は若年層を中心に変わりつつある。デロイト トーマツが

英・米よりも勤続年数が長い日本

日・英・米の世代別の勤続年数

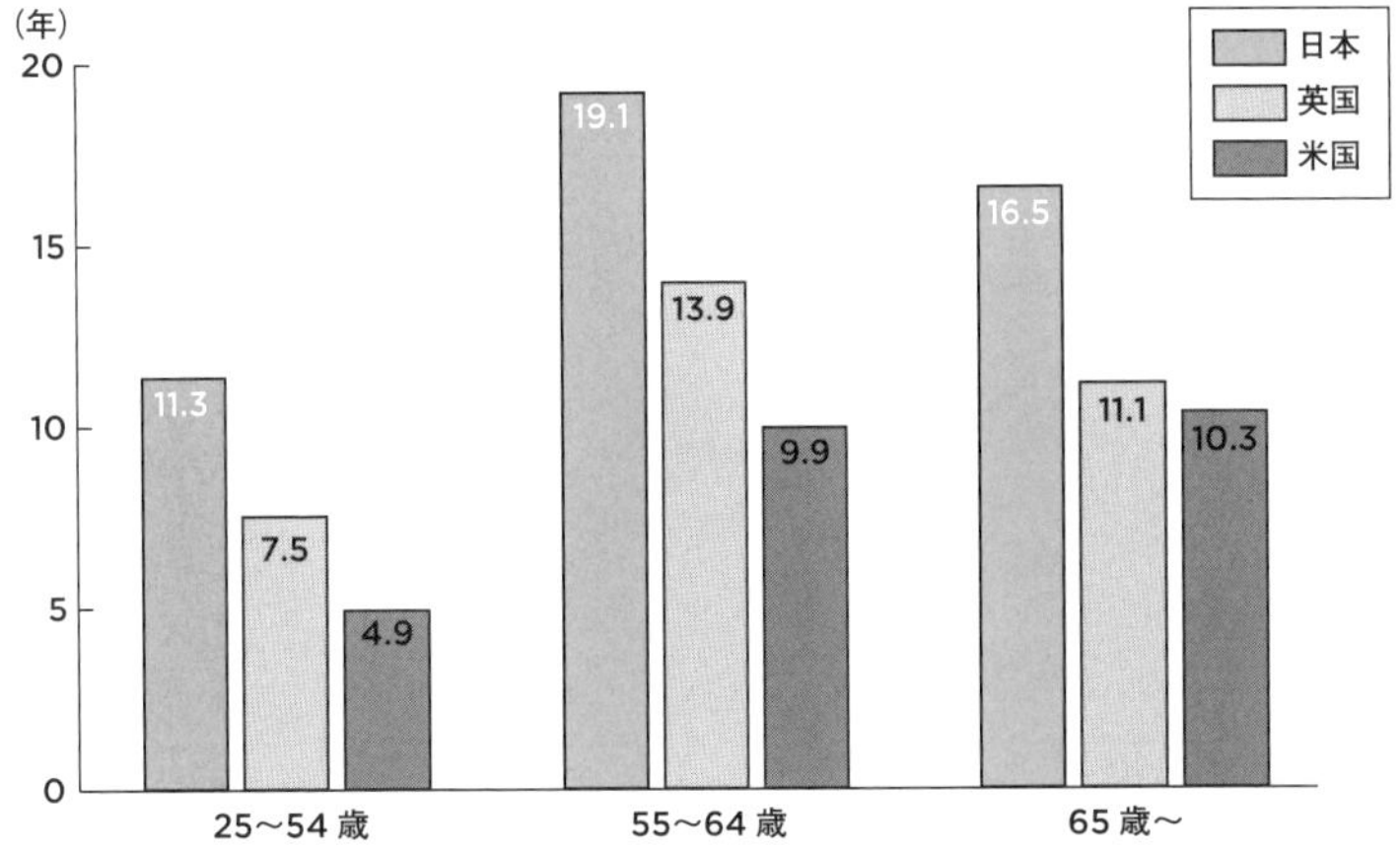

データソース：労働政策研究・研修機構
注：日本と英国は平均年数、米国は中位数。日本は常用労働者のうち、短時間労働者を除く。民営事業所が対象

2022年に実施した調査でZ世代（この調査では1995~2003年生まれ）に「あなたは現在の勤務先にどのくらいの期間とどまりますか？」と質問したところ「2年以内」と答えた人の割合が約40%に上った。1983~94年生まれのミレニアル世代よりも大幅に高い。

2年以内の離職意向を持つZ世代の割合は19年には64%に上ったが、新型コロナウイルス禍で減少していた。それが再び増加傾向になっている。

パーソル総合研究所が実施した調査によると「独立・起業したい人」の割合は若い世代ほど高く、各世代とも年々増加する傾向にある。現在雇用されている1社にとらわれない働き方を志向するヒト

日本の若年層の雇用への意識は変わりつつある

2年以内に離職意向のある若者の割合

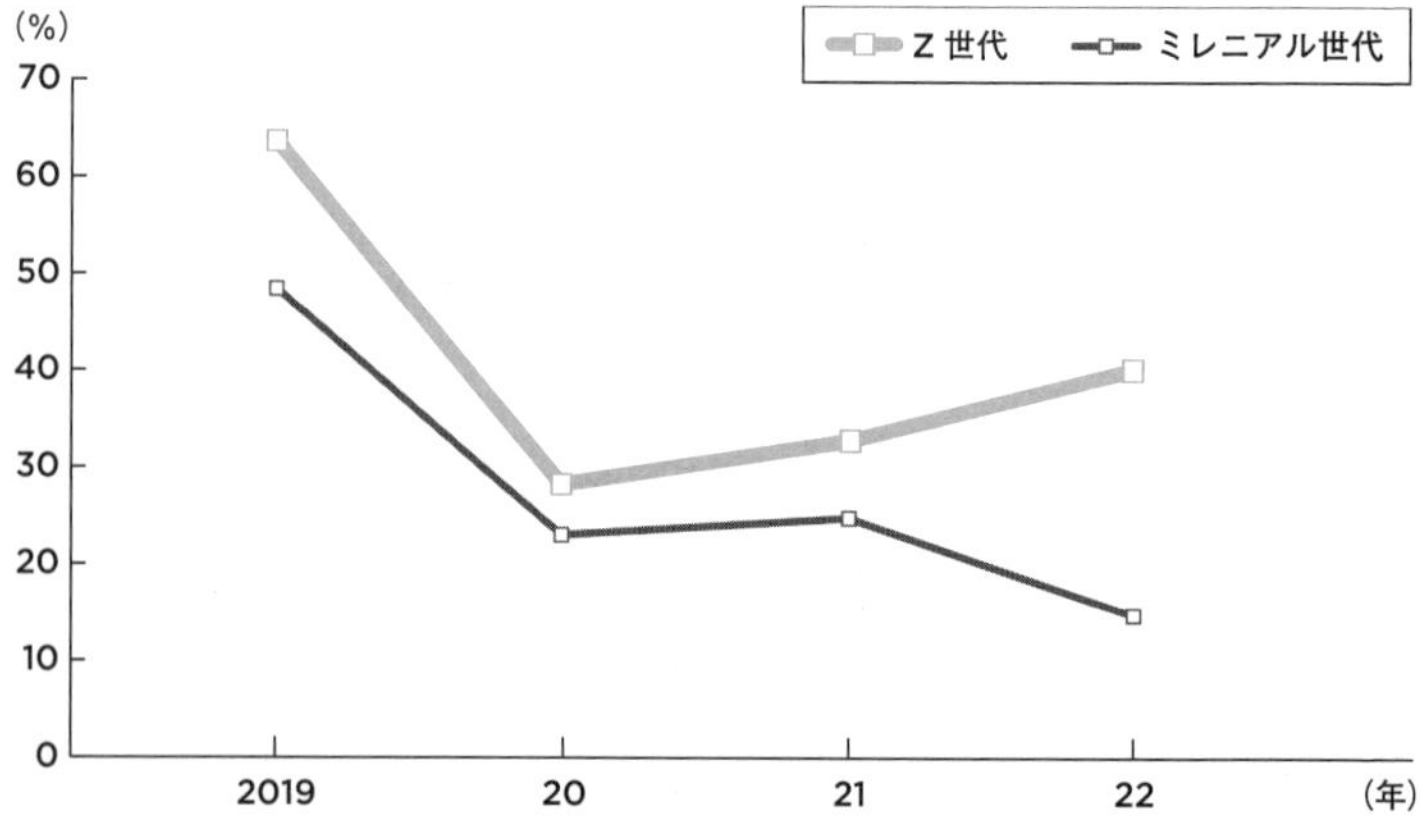

データソース：デロイトトーマツ「Z・ミレニアル世代年次調査2022」
注：Z世代は1995年1月～2003年12月生まれ、ミレニアル世代は1983年1月～94年12月生まれ

独立・起業したい人の割合

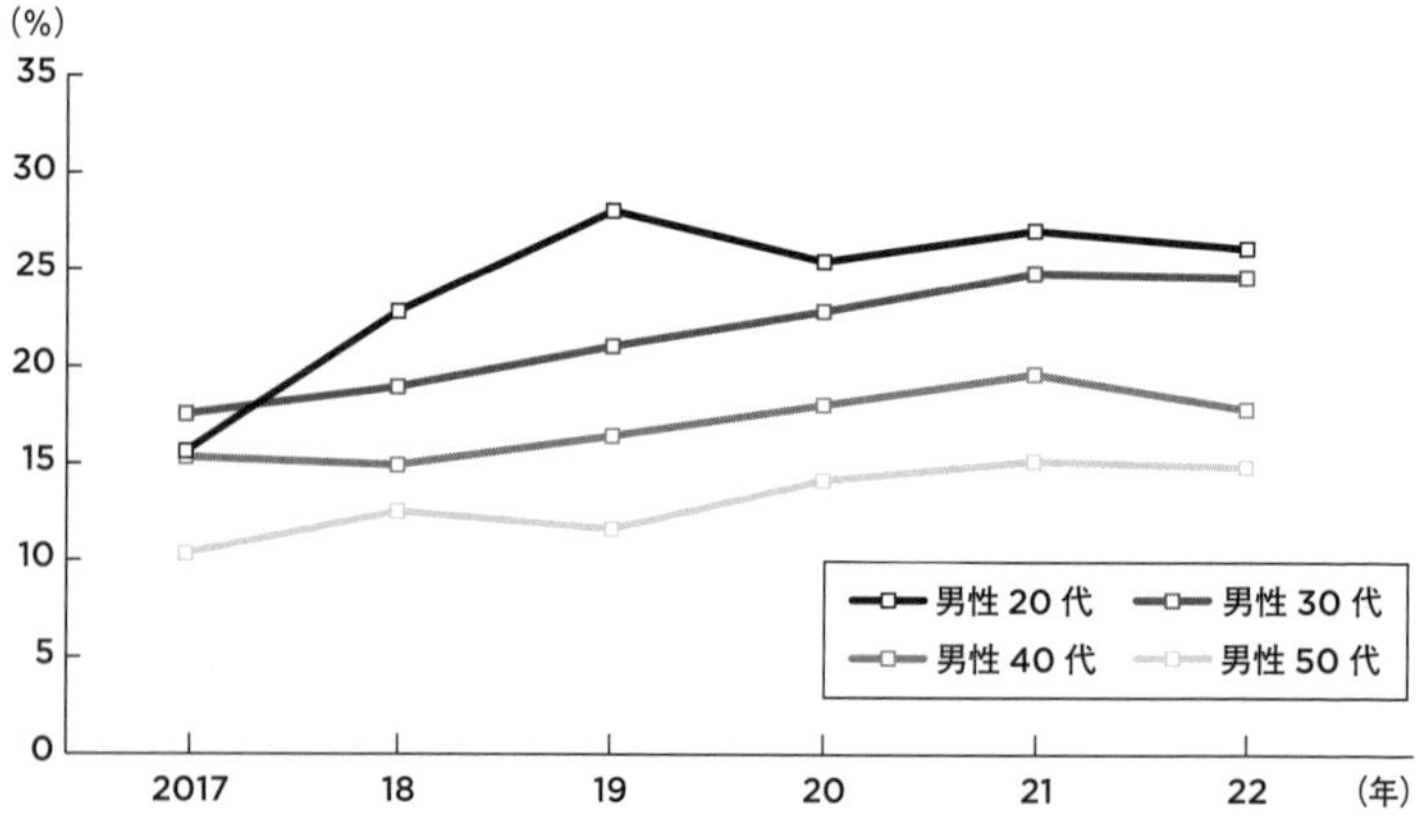

データソース：パーソル総合研究所「働く10,000人の就業・成長定点調査」(2022年)
注：「とてもそう思う」「ややそう思う」の選択者の合計

は着実に増えている。

勤務先に対する意識が変化しつつある背景には、若者のワークライフバランス重視、デジタルスキルを生かした高度な専門職の増加、「ユーチューバー」など新しいプラットフォームを使った稼ぎ方の定着などがあるだろう。IT（情報技術）インフラなどの発展でアイデアを商品化するまでの障壁が下がり、新規事業を起こしやすくなった影響もある。

個人の意識と雇用システムの不整合

若年層を中心に働くことへの意識が変わってきたにもかかわらず、日本の企業や組織の雇用システムはそれに対応し切れていない。働き手の意識と既存の雇用システムとの間の不整合が顕在化してきている。

こうした不整合を解消し「リスキリング」や社会人教育の機会を増やすと、個人の人材としての市場価値が上がり、収入の増加につながることが期待できる。社会にとっては人材の流動性が高まり、生産性が低い分野から成長分野にヒトが流れやすくなる。さらに、人材の移動とともに知見が循環されると生産性が向上し、社会全体の成長につながっていく効果も期待できる。

では、こうした効果を実現するために、具体的にどのような「ヒトの循環」を生み出していくべきだろうか。本書で提案するのは「交流型人材循環」「回遊型人材循環」「グローバル型頭脳循環」の3つだ。それぞれについて詳しく見ていこう。

(1) 交流型人材循環

大和ハウス工業は2022年度に「越境キャリア支援制度」を導入した。本業を継続しながら、社外で副業として新たな挑戦ができる制度だ。

従業員自らが副業先を探して許可を得る「副業（申請型）」に加え、会社が副業先を仲介する「副業（公募型）」、社内の他部門の業務に関わる「社内副業」、グループ外の他企業で自社以外の業務に携わる「出向」の4つのメニューを用意した。従業員が各自のスキルや経験を本業以外の分野でも生かして活躍する機会を幅広く提供する狙いだ。

サントリーホールディングスは、45歳以上の希望する社員を期間限定で自治体に出向させる制度を21年に導入した[1]。ESG（環境・社会・企業統治）に関連する、民間では得られない公益的な視点やノウハウを吸収するとともに、社員一人ひとりのキャリアの選択肢を広げる目的があるという。

ヒトが活躍できる場を増やす

「交流型」の人材循環

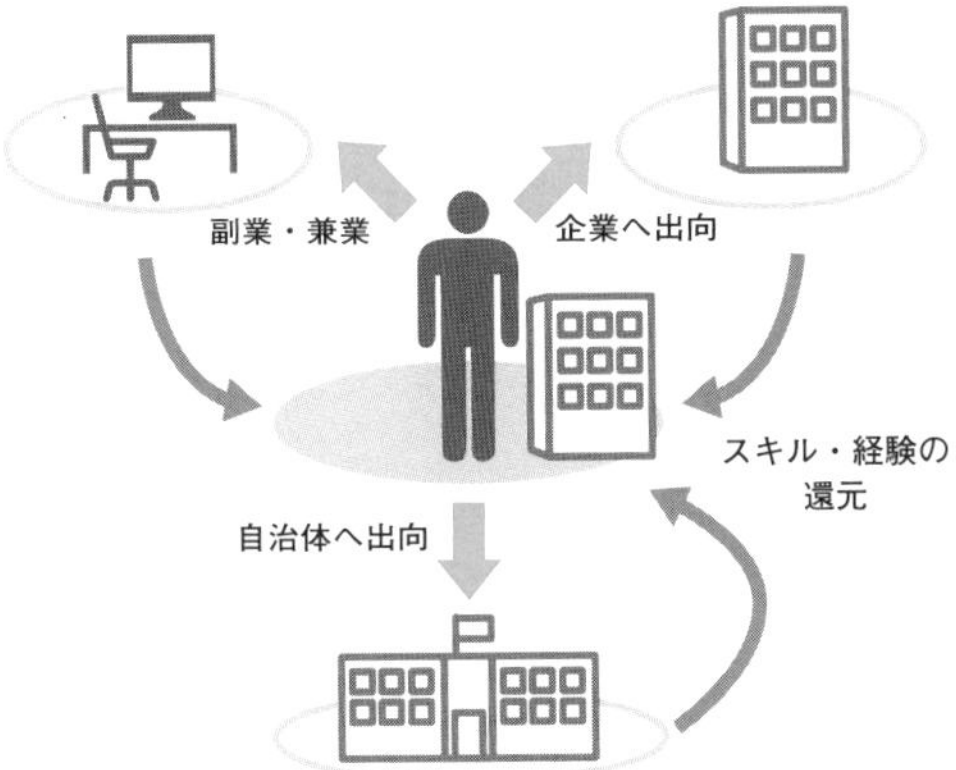

このように「本籍」を残しながら社内外の様々な機会に人材を解き放つ形態は、会社と個人の双方に「終身雇用」を重んじる意識が色濃く残っている日本企業にとって取り組みやすいモデルになりそうだ。それまでに培った知見やスキルを生かす場を増やせば、個人が生み出す価値が増える。本業の外で重ねた経験を還元すれば、本業でのパフォーマンス向上も期待できる。

人材を受け入れる企業や自治体においても、豊富な経験を持つ人材が加わると、これまで成し得なかったことが実現できるようになる。こうした循環を促進すれば、本人や会社全体が生み出す価値の総量が増えていくはずだ。

「本籍」を残しながら一定の範囲内で人材に自由に動いてもらう「交流型」の人材循環のポイントは、本業の外で経験を積んだ人材が安心して戻れる場所や、会社とつながり続けられる仕組みを確保しておくことだ。自分の「本籍」とのつながりが維持されていて、いざとなればそこに戻れる安心感が個人の挑戦を促す。

(2) 回遊型人材循環

本籍を置いたまま外部でも活動してもらう「交流型」からさらに一歩踏み込むのが「回遊型」の人材循環だ。退職などで一度は企業との「縁が切れた」人材に、何かの折に協力してもらったり「出戻り」で再入社してもらったりする形態だ。

中外製薬は2020年5月に「退職者再雇用登録制度」を拡充し「アルムナイネットワーク」として運用を始めた。従来は配偶者の転勤や出産・子育てなどやむを得ない理由で退職した人を対象に再雇用の門戸を開いてきたが、その対象を転職などキャリア形成のために退職した人にも広げた。外部での経験を積んだ「アルムナイ」(卒業生)の人材としての価値を生かす狙いだ。

アルムナイだからといって採用選考で優遇するわけではないが「(今の)会社ではどう

ヒトが経験の幅を広げて還元する

「回遊型」の人材循環

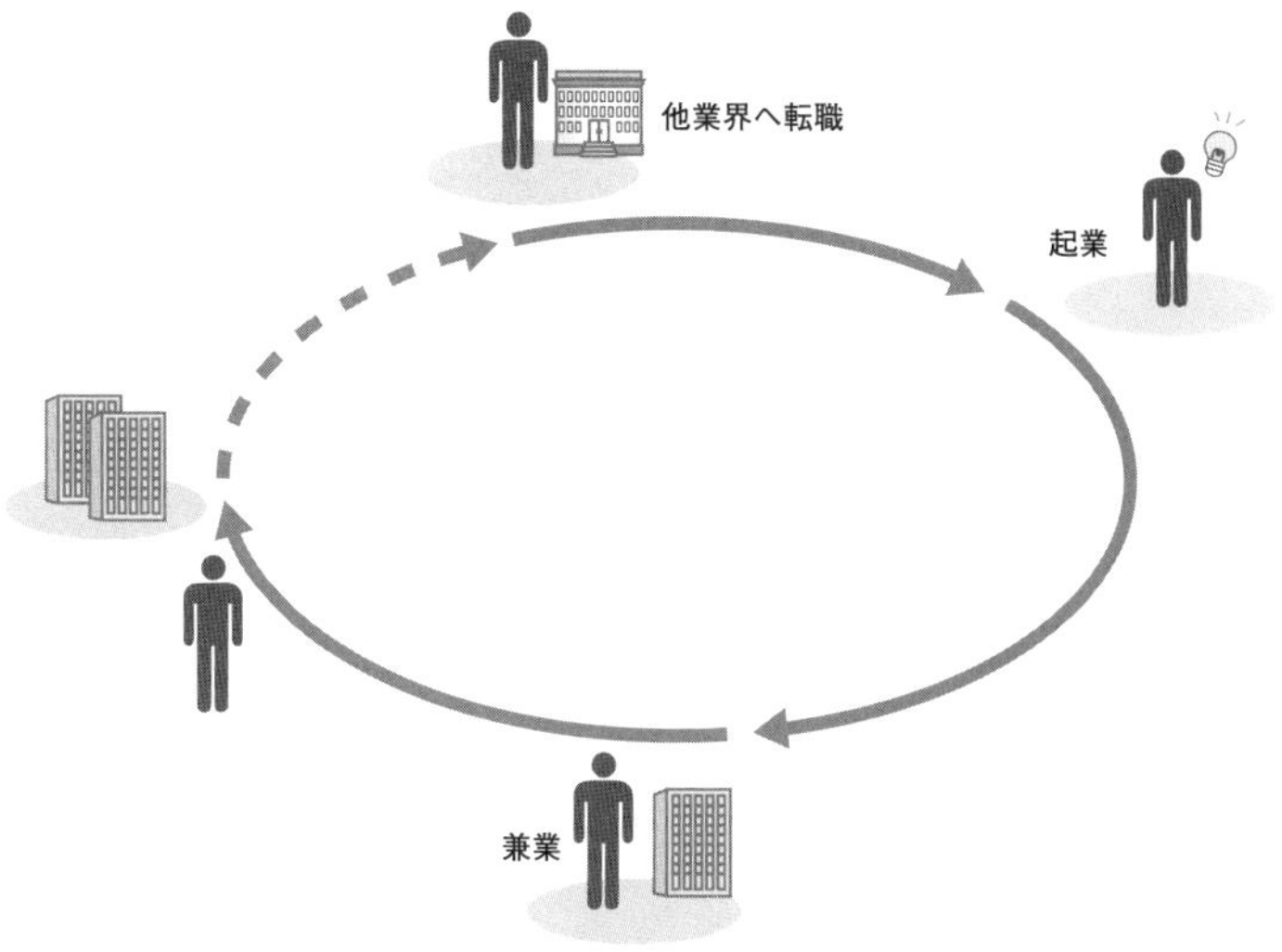

しても得られないものを外で得て、また戻ってきてチャレンジしたいという姿勢は応援したい。そのためにも、外の世界でスキルを身に付けた人をしっかりと受け入れられる会社にしていかなければならない」（同社人事部）という。[2] 会社と個人の双方がウィン—ウィンになるようなヒトの循環を目指した取り組みといえるだろう。

「出世街道」という言葉に代表されるように、かつての日本企業はその会社で勤め上げることを前提としていた。「会社を辞めていった人材をまた雇うなどもってのほかだ」と考える向きもあるだろう。しかし「価値循環」の視点から考えると、出戻り人材は大きな可能性を秘めている。

彼ら彼女らは退職後、社内では得られない経験を積み、人脈を広げてきたはずだ。その上で、過去に在籍した会社の良さを理解して「ここでもう一度働いてみたい」と門をたたいているのだ。会社のことをよく理解した上で外部での蓄積を携えて戻ってくるのだから、退職前に比べてさらに活躍するだろう。

一度辞めた人材が回遊魚のようにまた戻ってくる人材循環は、今後の企業経営にとって極めて重要な人事戦略になってくる。退職した社員が相互に親睦を深めるだけでなく、企業とつながり続けることを目的とした「アルムナイ制度」などをうまく活用すれば、回遊型の人材循環を促すエンジンになるだろう。

回遊型の人材循環は自治体や地域の活性化にも応用が利く。進学や就職で地元を離れた人材とのつながりを復活させて、彼らの知見やスキルをリモートで活用し、さらにうまくいけば「Uターン」にもつなげるような仕組みを構想できるはずだ。

都市部に本業を持ちながら副業としてリモートワークで地域の企業に貢献する「ふるさと副業」の仕組みの活用もその1つといえるだろう。都市部で働いているものの「いつかは地元に貢献したい」「地元の仕事に携わりたい」という思いを持つ人は少なくない。いきなり本業を辞めて地元企業に転職するとなれば大きな決断が必要だが、リモートワークによる「ふるさと副業」であれば挑戦しやすい。実際「ふるさと副業」や「ふるさと兼業」を希望する人は多く、求職者と地域の企業をつなぐマッチングサービスや求人サイトも複数登場している。

ここまでは本人の視点からすれば「交流型」循環だが、ふるさとの視点からは「回遊型」循環のきっかけになる。地域も企業規模も全く違う環境で仕事をすることは、単なる収入増を超えて本人のキャリア形成の面でプラスの効果がある。都会で活躍する人材のスキルや知見を活用できる地元企業にとってもメリットが大きい。「副業」を繰り返すうちに地元との関係を深め、地元の良さを再認識した人の中には、Uターンして定住する人もいるかもしれない。Uターンにこそ至らないものの、都会と地元の仕事の割合を逆転させ、地元企業や経済の活性化に大きく貢献してくれる人材も出てくるだろう。さらに彼らのキャリアや働く姿は、地元企業で働く人材の刺激になるはずだ。

(3) グローバル型頭脳循環

世界では優秀な人材の獲得競争が厳しさを増している。特に地政学リスクによる国家間の分断や世界のブロック化がささやかれる中、各国が世界から優秀な人材を取り込もうとするのは自然だ。そんな中で、日本はグローバルに通用する高度な「頭脳」の持ち主が海外に流出していると指摘されることが多い。「グローバル型頭脳循環」の促進の視点で戦略をデザインしていく必要がある。

21世紀に入ってからのインドや中国、台湾、韓国などのIT産業の急速な台頭を支えているのは、シリコンバレーに代表される欧米諸国との間の活発な「頭脳循環」であるとされる。[3] しかし1990年代までは、こうした国から留学生として米国に来た人たちは、学位を取得した後、そのまま米国で就職するのが普通だった。シリコンバレーなど米国への一方的な「頭脳流出」といえる状況だった。

今では、学位を取得した留学生たちの多くがすぐに自国に戻る傾向がある。シリコンバレーで数年働いたり起業したりする留学生もいるが、その後はやはり自国に帰る場合が多

世界で積んだ経験を還流させる

グローバル規模での「頭脳循環」

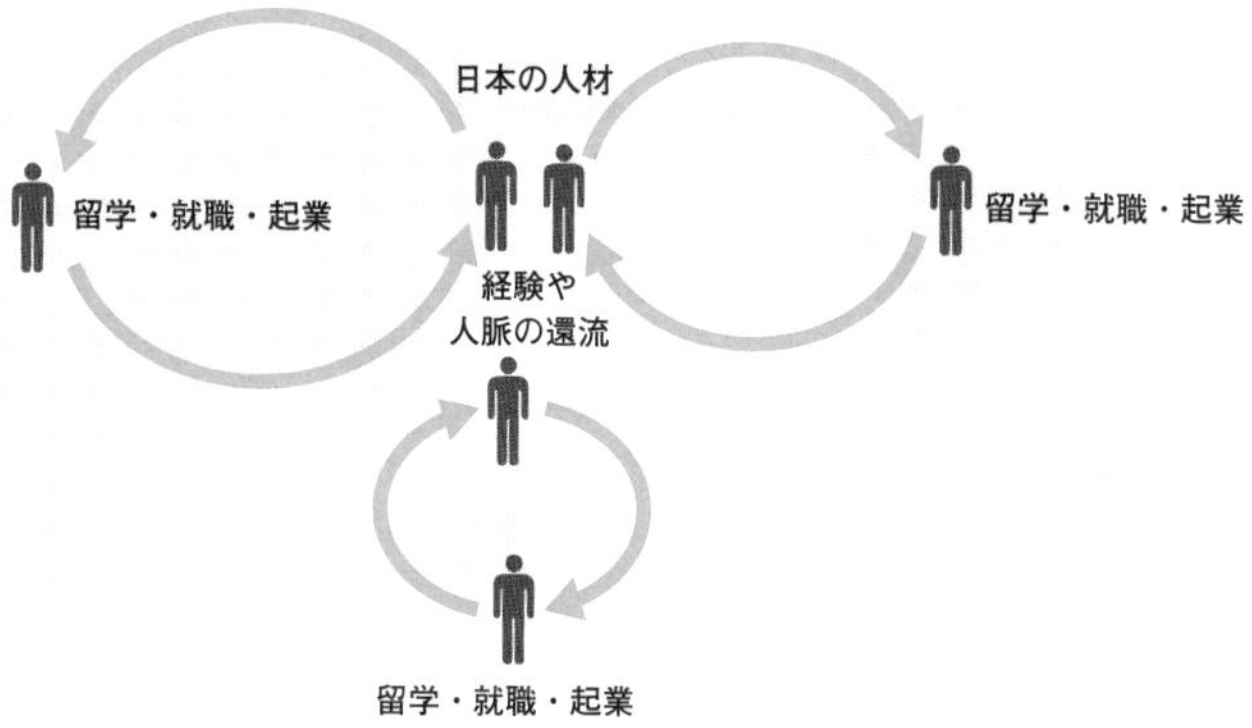

いという。留学先やシリコンバレーなどで身に付けた知識と人脈を生かして母国で起業・就職するのである。自国に自分たちをきちんと受け入れてくれる素地が整っているからだ。

そして、母国に戻ったこうした高度技術者がシリコンバレーと母国を行き来し、シリコンバレーで活躍する「移住1世」世代の人々とも密に交流している。アジアの国々が単なる生産受託にとどまらずに製品の開発から製造・販売の様々な工程の国際分業に深く関与し、独自の技術力と競争力を蓄えてきた背景には、太平洋を股にかけて知識と情報をやり取りする「頭脳循環」のネットワークがある。

日本では欧米のイノベーションクラス

ターや先端研究機関などとの関係が、組織同士の連携に偏ってしまっていた。海外で経験を積んで人脈を形成した人材を日本に呼び戻すとともに、海外からの優秀な人材の呼び込みも活性化させ、国際的な共同研究や協業の中核を担ってイノベーションを生み出せるようなヒトの循環を促進する政策を真剣に考えるべき時期に来ている。

「雇用の柔軟化」と「社会としての終身雇用」を

ここまで3つの「ヒトの循環」の例を挙げたが、それを妨げてきた「企業の終身雇用を前提とした労働市場」をどのように変革すれば良いのだろうか。これからの日本が強力に推し進めていくべきは「雇用の柔軟化」と「社会としての終身雇用」の2つの方向性の取り組みだ。

「雇用の柔軟化」とは、長年続いた企業の終身雇用に対して、新たな働き方や雇用形態を取り入れ、選択肢を多様化していく考え方だ。複線型の人事をはじめ、将来のキャリアパスの多様化や、兼業や副業、出向、転籍などを受け入れるオープン型の雇用形態の追加により、従業員は社外での就労機会を模索しやすくなる。

「社会としての終身雇用」は、これまで単独の企業が担っていた終身雇用の役割を社会全体として担う方向に変えていく考え方だ。安心して長く働けるセーフティーネットを、個々の企業の枠を超え、官民が連携して強化していくものである。

それぞれの企業が雇用を柔軟化していけば、労働市場に出回る人材の数が増える。その一方で、個人が仕事を失うリスクも大きくなる。そのため雇用の調整機能としてのセーフティーネット（リカレント教育、職業訓練、再就職支援など）を強化し、新しい仕事や職種、産業にチャレンジしやすくする必要がある。

つまり「雇用の柔軟化」と「社会としての終身雇用」は車の両輪であり、セットで整備を進めていくべき方策だ。個人が就労機会を増やして経験を重ね、スキルを磨けば、1人当たりの付加価値は高まっていく。成長産業や人材を必要とする職場に人材が移動し、適材適所となるのでミスマッチが解消され、社会全体としての生産性が高まる。人口減少時代であっても、ヒトの循環を促進することで国全体としての成長余地が生まれてくる。

「モノ」の循環

続いて「モノ」の循環だ。ここでいう「モノ」には、天然資源やエネルギー、素材、完成品、食品などが含まれる。モノの循環は、製品を1回限りでの使い捨てにせず、修理やリユース、リサイクルなどで繰り返し使い、投入資源当たりの価値を高める考え方だ。特に日本はエネルギーの輸入依存度が高く、レアメタルなどの鉱物資源も日本国内での採取は限られる。モノを循環させて自給率を高めることは、経済安全保障の観点からもますます重要になっている。

日本では「リユース」「リサイクル」に「リデュース（廃棄物の発生抑制）」を加えた「3R」が環境問題を語る上でのキーワードとして定着してきた。その結果、過去20年余りの間に3Rに関わる取り組みが各分野で進んだ。ペットボトルや段ボール紙の回収率がともに90％を超えるなど、諸外国を圧倒的に上回る水準に達している。オフィス用紙や新聞紙の再利用、家電リサイクル法によるエアコンやテレビなど4品目の回収、「都市鉱山」とも

大量生産・消費の時代からの転換点に

「リニア経済」と「循環経済」の比較

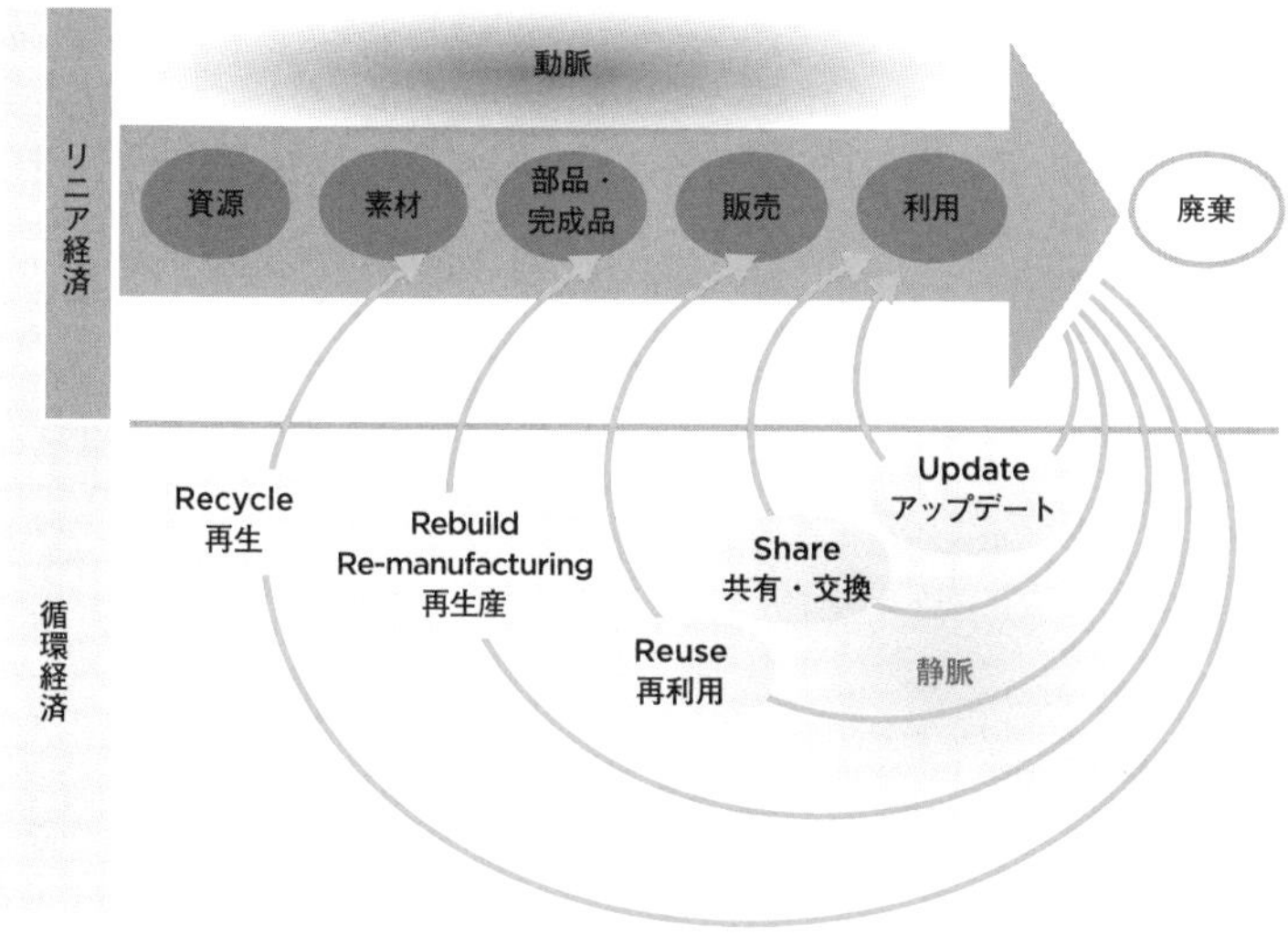

呼ばれる使用済み家電製品に含まれる金属の回収など、一度決めたら徹底できるのが日本の強みでもある。

しかし、これからは、従来の個別品目ごとの「廃棄物の回収・再利用」の視点のみでモノの循環を捉えるのではなく、新たな付加価値の創出につながるモノの循環を促す仕組みづくりに取り組む必要がある。

全体最適でのモノの循環を阻む「成功体験」

このような仕組みづくりがなかなか進まない理由は「リニア経済」モデルでの過去の成功体験にある。リニア経済とは、自然界から資源やエネルギーを取り出し、それらを使った製品の大量生産・大量消費を通じて価値を生み出し、消費された製品の廃棄を前提とした、一方通行の「直線的（リニア）」な経済のあり方だ。

日本はこうした「リニア経済」が主流の時代に「資源を海外から輸入し、効率的で高品質なモノづくりで付加価値を付ける」というビジネスモデルを軸に高い経済成長を遂げてきた。その一方で、個々の企業が水平分業によるビジネスモデルを構築し、前後のサプライチェーンのみを見ることで成長を追求できたため、産業や地域の垣根を越えてモノの循環を構想する視点が欠けていた。

また、リニア経済では原料から製品を生産して販売・流通させる「動脈」が経済活動の中心で、廃棄物となった製品を回収し、再加工・再利用をする「静脈」は自治体や一部の廃棄物業者のみが関わる領域として区別されてきた。そのため「動脈」と「静脈」を一体的に捉えてモノの循環を全体最適化する発想も生まれにくかった。

リニア経済から循環経済に移行していく上では、時間軸と空間軸の2つの観点から、新たな付加価値の創出につながるモノの循環を実現する必要がある。

時間軸におけるモノの循環とは、過去から未来へと続く時間の中でなるべく長いスパンでモノを循環させていくことだ。そのためには「リペア・リユース・アップサイクル」の考え方を取り入れていき、一度販売された後も消費者と企業が協力して、用途や形態を変えながらより長い時間軸でその価値を発揮できる。

空間軸におけるモノの循環とは、一定の空間の中でモノを回転・蓄積させて循環を発生させることだ。そのためには、特定の地域内で企業同士が連携しながら有効活用する「地域集中型資源循環」が有効である。具体的には、特定の産業集積地域で、企業や産業の垣根を越えた連携・協力を行い、ある企業の出した廃棄物を他の企業が資源として有効活用するといった循環をデザインすることなのだ。

以下では時間と空間それぞれの観点で、今後推進していくべきモノの循環の姿を具体的な事例を基に考えてみよう。

(1) リペア・リユース・アップサイクル

時間軸で見たモノの循環においては、製品をより長い期間繰り返し使用できる方策を取り入れる必要がある。

「ユニクロ」を運営するファーストリテイリングは、服を長く着てもらう狙いのサービス「リ・ユニクロ スタジオ（RE.UNIQLO STUDIO）」の国内展開を2022年10月に開始した。過去にユニクロで購入した衣類について、補修・修繕や、衣類にワンポイント刺しゅうを

ユーザーの消費を循環の起点に

リペア・リユース・アップサイクルを通した「モノ」の循環

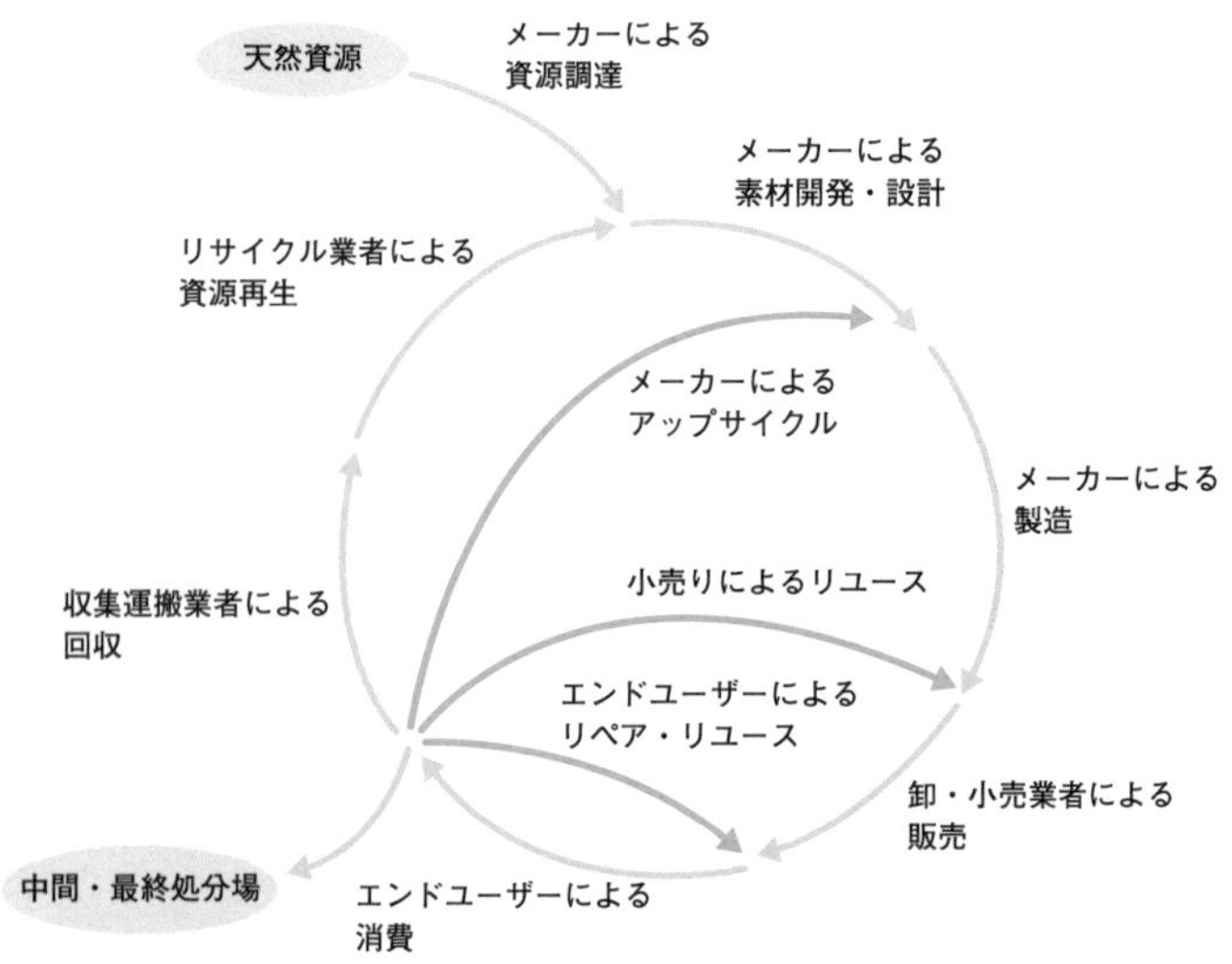

するなどの加工を有償で受け付ける。傷んだ箇所を修繕したり、用途やデザインを変えたりしながら商品を長く使いたいという顧客ニーズに対応する。

欧州を中心に、世界では製品修理（リペア）して使い続ける（リユース）ことに関連する議論が活発になっている。EUは20年に、家電製品メーカーに対して10年間の修理受け付け義務を課した。これは、消費者が修理に関する情報にアクセスできるように求める「修理する権利」の考え方に基づくものである。

消費者が製品を長く使う意識が高まったこともあり、世界の「修理ビジネス」は25年までに年率5％以上の成長が見込まれている。[4] 資源をすべて投入しなくても製品のほとんどを再利用しながら新たな価値を生み出すモノの循環で新しい市場機会が生まれる。

不要になったモノにアイデアや技術を投入して新たな商品に生まれ変わらせる「アップサイクル」の発想も大事になる。シンガポール発祥のフードテック企業であるクラストグループは、30年までに全世界の食品ロスを1％以上削減する目標を掲げ、パンなどの余剰食材を使用してビールを醸造する事業を手掛ける。日本でも21年から、国内調達した余剰食材でビールの醸造を始めた。

本来は捨てられるはずだったモノに、アップサイクルにより新たな価値を吹き込み、必要とする場所に届ける。そうすれば、個人や企業が保有しているモノが、これからも様々な形で新たな需要を生み出すだろう。

このように、大企業を含む数々の企業がリペア・リユース・アップサイクル領域をビジネス機会と捉えて参入し、工夫を凝らせば、モノの循環が活性化するだろう。

(2) 地域集中型資源循環

地域集中型資源循環とは、地域を起点に、企業や産業の垣根を越えた連携・協力を行い、ある企業の出した廃棄物を他の企業が資源として有効活用することだ。これにより、特定の空間の中で資源を循環させて一投入資源当たりの価値を高めていくことが可能になる。

その具体例を1つ紹介する。北海道の苫小牧市を舞台に、CO_2を軸にした複数産業にまたがるモノの循環が始まろうとしている。これは、石油資源開発（JAPEX）とデロイト トーマツが、国立研究開発法人新エネルギー・産業技術総合開発機構（NEDO）からの受託により進めている取り組みだ。

「紙のまち」として栄えてきた苫小牧市とその近辺には、油ガス田（原油と天然ガスを生産する場所）、石油備蓄基地、製油所、石油火力発電所、港湾など、エネルギー供給に関わる主要なプレーヤーが集積している。これまで工場から排出されるだけであったCO_2を回収し、地域のコンクリートの製造に利用したり、植物工場での光合成に活用したり、水素と合成して都市ガスの原料となるメタンを作ることで、CO_2を有効活用しようとしている。これにより地域全体のCO_2排出量を減らしていく構想だ。地域内でこうしたインフ

「出す人」と「使う人」を近くに集積する

「地域集中型」の資源循環

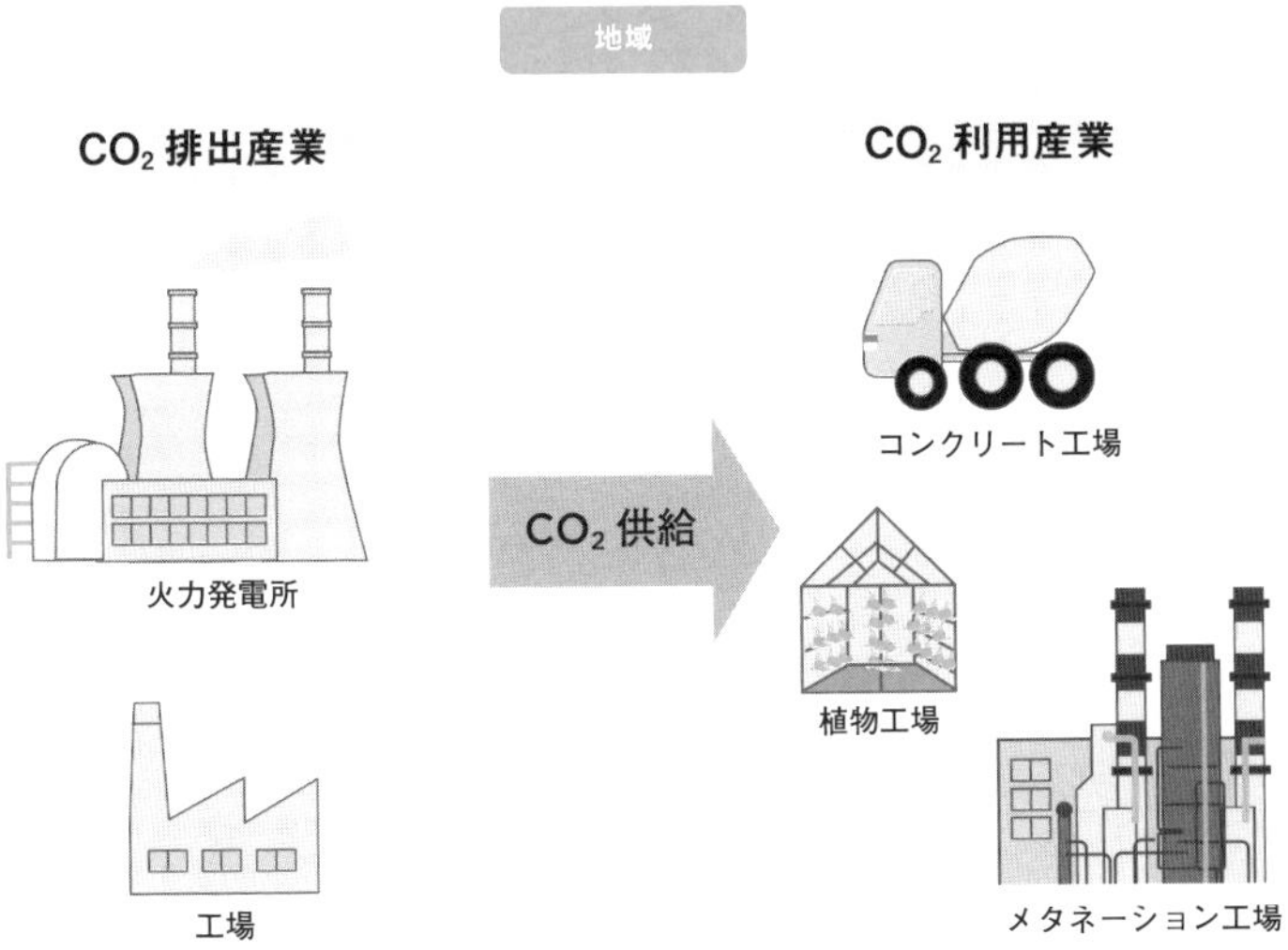

ラが整備されれば、周辺の様々な産業に活用され、安定した流通・利用につながっていく。

地域集中型資源循環では、資源となり得るモノの排出者と利用者が近隣に集中的に立地している特性を生かして、近隣の工場間にごく短距離のパイプラインを敷設するだけで済むため、少ない負担で資源を融通できるようになる。

日本は限られた国土の中で産業をコンパクトに集積し成長してきた。その強みを生かして、これまで廃棄物だと考えられていたモノを含め、あらゆるモノを資源として地域の中で循環させていくことが重要だ。

「データ」の循環

「21世紀の石油」と表現されることもあるデータは、実体としては0と1の組み合わせであり、単にためただけでは価値を生まない。たまったデータから意味を見いだすことにより、意思決定に生かしたり、マーケティングに使ったりできる。

データが価値を生む場所は格納されている場所とは限らない。データを取り出して、価値を生める場所に動かし、活用する。データは「循環」させてこそ意味があることに異論はないだろう。

コンピューターのプログラムに処理を任せられるデータは、複製や加工にかかるコストが低い。様々な場所にある異なる種類のデータを一斉に循環させて、それらを組み合わせて処理すれば、より複雑な現象を把握したり、感覚的だった知見を根拠あるものに変えたりできるようになる。特にデータは種類や量が増えるほど価値を増幅させる効果があるとされる。

技術の進展により、データ収集の機会と場面は大幅に拡大している。例えば、SNS（交流サイト）の閲覧や書き込み、EC（電子商取引）サイトの閲覧や商品の購入といった、人がインターネット上で行動したときのデータ。様々な企業活動を記録する企業内の情報システムのデータ。そして、IoT（モノのインターネット）機器が備えるセンサーやカメラなどが集めた、機械の稼働状況や各地域の天候といった物理的な現象を映し出すデータ。これらの多様なデータをためたままにせず循環させれば、意思決定に使ったり、組み合わせて分析したりして、新たな付加価値を生み出せる。

もはや、データの循環をためらう理由はない。仮想空間上に新しい活動領域をつくる「メタバース」が今後発展し、人が仮想空間上で行動する量が増えていけば、循環させて使えるデータはもっと増えていく。

データが持つ可能性の理解進まず

データの循環の必要性が認識されながら、多くの日本の企業や組織で思ったほど実践が進まないのはなぜなのか。その理由は2つある。1つは「データが持つ〝可能性〟に対する理解不足」、2つ目は「データがバラバラだ」ということだ。それぞれ順を追って見ていきたい。

データは「循環」させてこそ意味がある

データの循環による価値創出

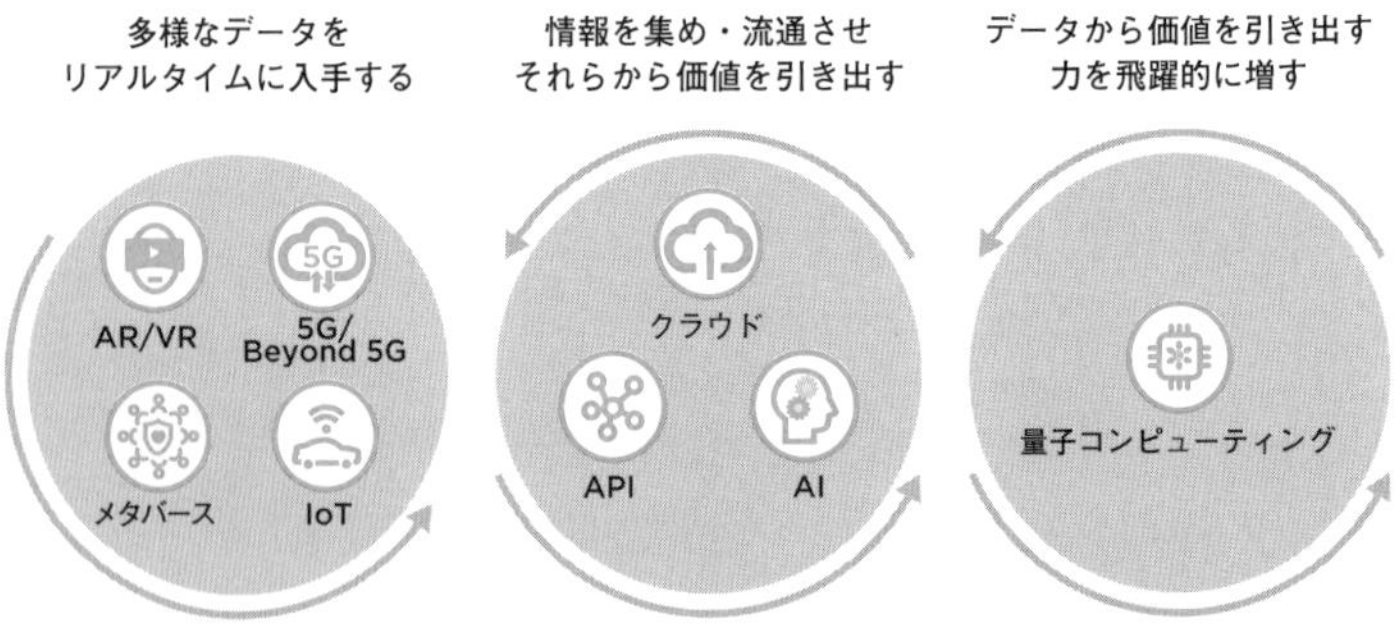

AR：Augmented Reality
VR：Virtual Reality
IoT：Internet of Things
API：Application Programming Interface
AI：Artificial Intelligence

1つ目は、データがビジネスモデルや生活スタイルを抜本的に変える力を持つことが、十分に理解されていないということだ。

グローバル規模で見れば、例えば米アマゾン・ドット・コムは利用者の購入や閲覧の履歴、商品に対する評価などのデータを循環させ、お薦めの商品を表示するといったECサイトならではの付加価値を生み出している。また、音楽ストリーミングサービス「スポティファイ」は、ユーザー同士がプレイリストを共有し合う仕組みや別のユーザーを「フォロー」する仕組みで個人の好みをデータ化し、それを循環させてアーティストや楽曲を薦めるといった価値をもたらした。

いずれも、新たなデータの循環を生み出すことで従来の商品流通の仕組みや消費者の購買行動に根本的な変化をもたらし、業界構図を一変させた事例である。

翻って日本では、データを積極的に循環させて人の生活スタイルや社会の仕組みそのものを抜本的に変えるようなサービスはあまり生まれていない。各所で大量のデータが集積されるようになっても、それを自社の特定事業の中で囲い込んで「こぢんまり」と利用するだけにとどまっているのだ。

２つ目は、データが「バラバラ」であることだ。データは特定の目的を実現するＩＴシステムによって生成されるものである。日本の場合、多くの企業や組織がそれぞれの領域での個別最適の追求を目的にシステムを構築しているため、生成されるデータも個々の供給者の視点に縛られているのが実情だ。そのため、データの形式が標準化されていないばかりでなく、同じ企業の中でも部門間でバラバラの形式になっていることも珍しくない。異なる組織や事業体にまたがって多種多様のデータを組み合わせ、循環させるのは至難の業だ。

こうした課題状況を克服して、いかにデータの循環を促す環境を構築していけるかが問われているのだ。

どんなデータの循環を生み出していくべきか？

そこでカギを握るのは、顧客（需要家）の視点を軸にしてデータをつないでいくことだ。従来の供給者中心の目線を需要家起点に転換すると、顧客のニーズの発掘と課題解決という共通の目的の下にデータを集められる。そしてデータの形式の標準化が進み、異なる組織や事業体の間でデータの相互利用が進み需要創出につながるデータの循環が生まれていく。ここでいう顧客とは、ＢｔｏＣ、ＢｔｏＢビジネスにおけるエンドユーザーや取引先だけでなく、公共領域における住民・利用者などを含んでいる。

以下では、顧客を軸とした需要家起点でのデータ循環の代表的な場面として、ＢｔｏＣビジネスの企業と顧客・ユーザーとの接点における「個客志向マーケティング」の展開、ＢｔｏＢビジネスにおける同一企業（および企業グループ）内でのデータや情報の連携・管理のあり方に関わる「デマンドチェーンの構築」、そして、公共サービスにおいて自治体と地域住民などが関与する「地域コミュニティーの活性化」の３つに焦点を当てて見ていこう。

(1) 個客志向マーケティング

私たちの生活に身近な「運動」においてデータ循環が進んでいる。その取り組みの1つが、ソニーが手掛ける欧州発のフィットネスジム向けIoTソリューション「Advagym」だ。Advagymはトレーニングマシンに専用センサーとパック（スマートフォンを読み取るための機器）などを設置し、利用者がスマートフォンをパックにかざすと、回数やウエートなどの実グデータを自動で記録してくれる仕組みだ。

このトレーニング実績データがあるため、ジムは利用者を〝個客〟として捉えて、体験価値を向上できる。例えば、ジムスタッフがデータを基に最適なトレーニング回数やマシンの使い方をアドバイスすることや、アプリ経由でお薦めのトレーニングメニューを配信することが可能だ。海外のジムでは、このような簡易的なアドバイスを受けた利用者が「自身により最適化されたトレーニングを行いたい」と有料のパーソナルトレーニングを契約するケースが増え、顧客単価の向上につなげられているという。

さらに将来はアドバイスする役割を人間ではなく〝AIトレーナー〟が担うことも十分考えられる。

複合的なデータから「インサイト」を見つけ出す

「個客志向マーケティング」の概要

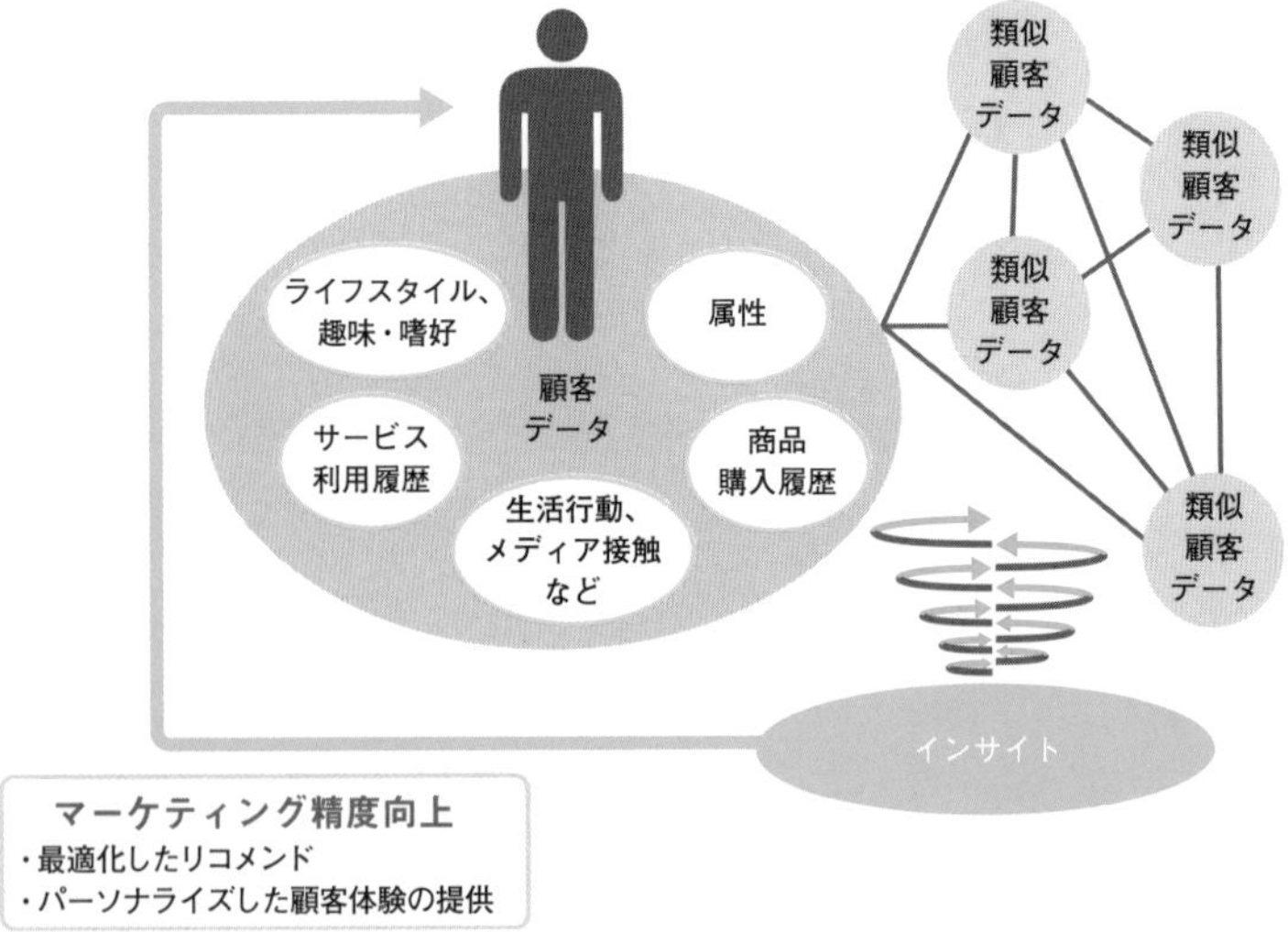

また、フィットネスジム内のトレーニングだけでなく、利用者のウエアラブル機器で取得した歩数や消費カロリー等のデータを掛け合わせると、メニューのカスタマイズや、1週間の運動の総量を知らせることも可能になる。利用者はいつもトレーニングや健康を意識するようになり、効果が上がりやすくなる。効果を感じた利用者は、フィットネスジムに通い続けるようになり、利用者と施設運営者にとってWin—Winだ。

このように企業が顧客との接点を持ち続けて、顧客の行動や思考に関するあらゆるデータを循環させて「個客」を深く理解し新たな価値を提供していくのが「個客志向マーケティング」だ。ECサイトやサブスクリプション（定額課金）サービスなどで先行する手法だが、今後は消費財や食品、電子機器のメーカーなど、あらゆる企業にとって欠かせないものになっていく。

ここでは、必ずしもデータの循環をすべて自前で完結させる必要はない。別の企業が集めたデータを循環させてもいいし、自分たちが集めたデータを他の企業に循環させてその企業が付加価値向上に活用してもいい。

市場が成熟し、人口が減少していく日本で新たな顧客を開拓するのは簡単ではない。顧客を他社から奪うために価格競争を仕掛けて両者が疲弊する場合もあるだろう。新たな顧客の開拓よりも、既存の顧客との接点を持ち続けてデータを循環させることを重視し、その「個客」のニーズに合う付加価値を繰り返し提供していく。際限なき顧客の奪い合いから、データ循環による市場創造の競争に変われば、企業の成長にも、日本経済全体の成長にもつながるはずだ。

(2) デマンドチェーンの構築

顧客接点で得られるデータの有効活用を通じて、一過性ではない継続した取引関係を構築していく重要さは、事業者向け（B to B）を主とするビジネスでも変わらない。B to Bの場合、より高額で購入後の使用年数も長い製品を扱うのだから、その必要性はより大きいともいえる。

そこで重要になるのが、グループ企業間や提携先企業などとの適切かつ機動的なデータの共有・活用だ。そのための体制整備やマインドセットの変更が欠かせない。

生産財や資本財などを製造するB to Bの大手メーカーの例を考えてみよう。製品の製造やマーケティングは親会社が担当し、営業や設置、アフターサービスは子会社や協力会社が担う形がよく見られる。しかも子会社・協力会社は「別会社」という意識があるケースが多い。親会社が製造したモノを、言われた通りに子会社や協力会社が顧客に届けるという思考パターンになりがちで、企業間でのデータの活用による価値創造が十分なされていないケースが多いと思われる。

このような従来型のメーカーの場合、製品や原材料の仕入れから生産、流通までのプロセスについて、供給者視点での最適化を目的とした「サプライチェーン」のマネジメントが徹底されている。

しかし、アフターサービスを担う子会社や協力会社を「別会社」や「末端」と見るのではなく、そここそが顧客からの生きたデータを入手する上で最も重要な「先端」機能を担っていると考えることが重要だ。

そこでカギとなる考え方が「デマンドチェーン」だ。「デマンドチェーン」とは、需要側から得られる情報を「先端」機能を起点にして収集し、データを循環させながら製品開発から生産、流通までを統合的に最適化する考え方だ。

たとえ同じ企業グループ内であっても、親会社と子会社の間でデータ管理の仕組みがバラバラであったりすると、顧客から得られたデータがタイムリーに親会社に還流することも容易ではない。今後、こうした企業が新たな需要創造を行うには「サプライチェーン」だけに目を向けるのではなく、顧客接点で得られた情報をタイムリーに活用する「デマンドチェーン」に意識的に取り組み、データ形式をそろえて循環させる仕組みを構築することが求められる。

ある大手電機メーカーは「顧客のＬＴＶ(ライフタイムバリュー)向上」という目標を掲げ、顧客接点から得られたデータをグループ内で最大限に循環させて活用する仕組みづくりに取り組んでいる。そのために、顧客企業に設置された自社の機器・設備の稼働状況をリモートで常時監視・分析する仕組みを導入している。これにより設備のオイル交換などの時期

企業グループ内における「データ」循環

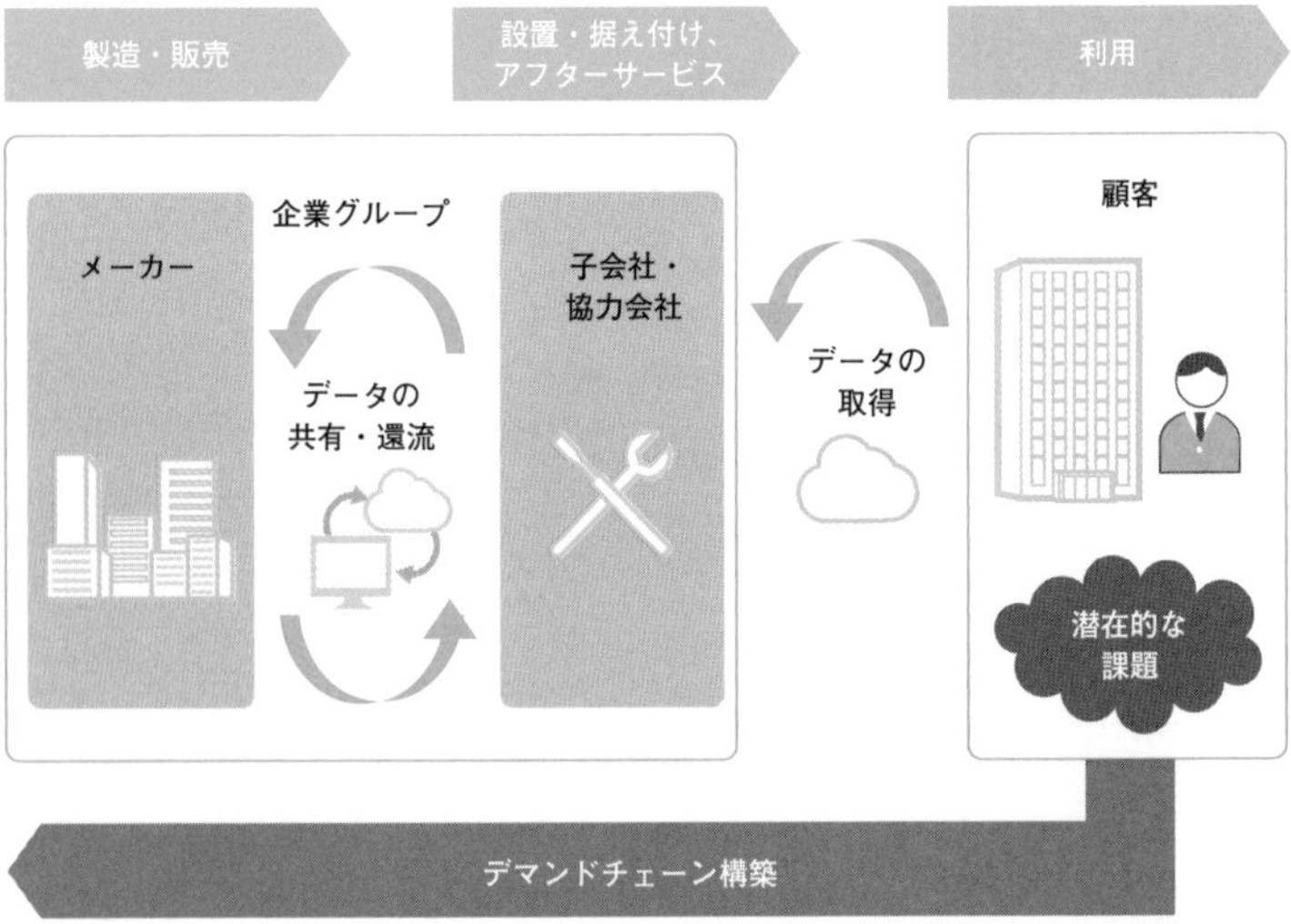

が見える化されるだけでなく、設備のパフォーマンス向上に向けた追加の提案などもタイムリーに実施できる。顧客企業の抱える潜在課題をいち早く察知し、それをグループ企業間でもリアルタイムに共有することで、より迅速かつ的確な課題解決提案につなげている。

　デマンドチェーンの強化でデータの循環が可能になれば、顧客の潜在的なニーズへの継続的な対応力が高まり、顧客価値の向上とともに企業の競争力は増していく。さらに今後は、異業種間での企業連携や業界横断的なつながりの構築が進んでいくと、産業競争力の強化にもつながるのである。

(3) 地域コミュニティーの活性化

データ循環の潜在的な価値が非常に大きいのが公共領域だ。各種の行政サービスのデータを循環させ、組み合わせて利用できる環境が整えば、自治体のサービスレベル向上による住民満足度の向上、地域の新ビジネスの創出などが進むだろう。そうした変化が、地域全体の活性化にもつながっていく。

「デジタル田園都市国家構想」を掲げる日本政府は、マイナンバーカードの本人確認・認証機能を徹底活用するため、国と自治体、企業との間でのデータ連携基盤を整備する方針を打ち出した。さらに、国や自治体は自らが持つデータを外部に活用してもらうために公開する「オープンデータ」の取り組みも進めている。公共分野のデータ循環の環境は着実に整いつつある。

例えば、毎日出かけるような元気な独居高齢者が体調不良になって自らの状況を伝えられなくなったときを想定してみよう。いつも利用するバスに乗ったか、電力使用量が普段と比べてどうか、といった意味を持つデータは、地域のどこかの組織が持っている。そうしたデータを循環させて異常を検知し、警察や地域の介護支援者などに伝える仕組みを構築すれば「高齢者が安心して暮らせるまち」としての魅力を訴求できる。

こうした構想は今に始まったものではない。「地域の医療機関でカルテ情報を循環させて地域包括ケアを実現する」「災害発生時に被害状況を共有して災害に強いまちになる」など、公共領域のデータ循環は多様なシナリオが提案されている。いずれも生活者にとって大きな価値がありそうだが、実際に運用段階に至っている例は少ない。それはなぜだろうか。

データ循環の仕組みを構築するのに費用がかかりすぎるケースももちろんあるだろう。だが、それ以上に根深く、データ循環のアイデアをすぐに葬り去るほどの力を持っているのが、生活者が感じる「自分のデータが知らないところで勝手に使われる」という不安だ。プライバシーに深く関わるデータを持っている自治体や医療機関などは、どうしてもデータの循環に及び腰になってしまう。

そこで大事になるのが、生活者からの信頼を確保する仕組みだ。データの循環で生み出せる価値を提示した上で、データを循環させるかどうかを個人の判断に委ねる。そして、

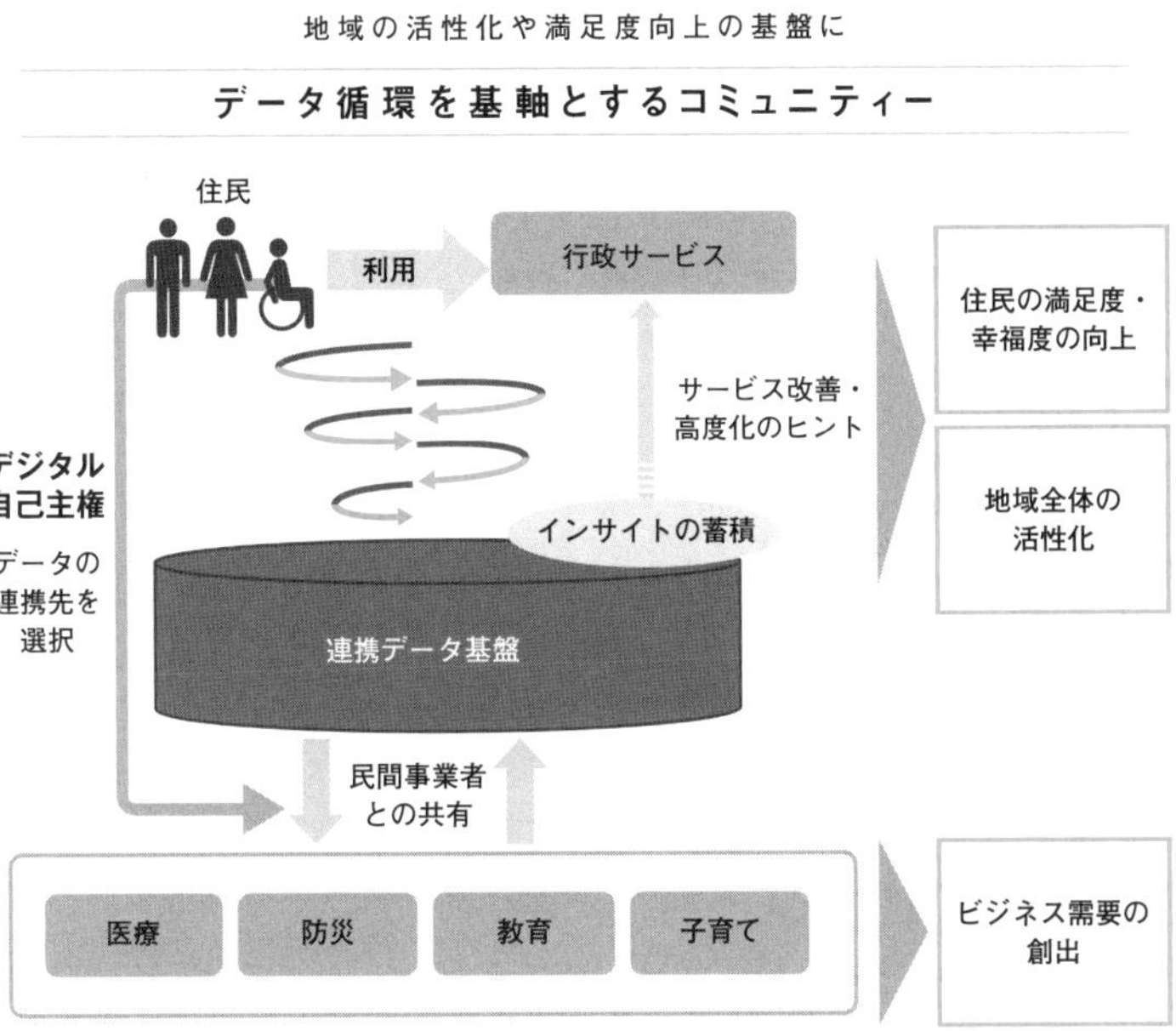

地域の活性化や満足度向上の基盤に
データ循環を基軸とするコミュニティー

その意思に基づいて正しく運用していく。どのデータをどこに循環させるかを個人が自主的に判断できることを、ここでは「デジタル自己主権」と呼ぶ。

先に挙げた独居高齢者の例では、利用する公共交通機関の乗降の実績や、電力の利用状況などのデータを循環させてよいかが焦点になる。目的を明確にしないままデータを使おうとすると「何に使われるか分からない」という不安や気持ち悪さは払拭できない。「本人に起きた異常を検知する」といった価値を生み出す用途だけに使うことを保証し、その通りに運用する。そのセキュリティーを担保する仕組みや体制を構築するのは簡単ではないが、それを実現できれば多くの人がデータの循環を許可するのではないだろうか。

デジタル自己主権の考え方に基づいて公共サービスにおけるデータ循環を実現しようと取り組む自治体の1つが前橋市だ。前橋市はマイナンバーカードをトラストアンカー（電子認証手続きの基点）とするデジタル個人認証「めぶくＩＤ」を発行している。認証局がスマートフォンに発行するＩＤと顔認証を組み合わせて、高い安全性と利便性を両立したのが最大の特徴だ。

前橋市はデロイト トーマツをはじめとする複数の民間事業者とともに、暮らしの中の様々な課題や不便を解決するサービス群の開発を進めている。自治体や民間事業者が運営する様々なシステムのデータを、めぶくＩＤをキーに循環できるようにして、より利便性や安全性が高いサービスを受けられるようにする構想だ。

興味深いのは、あるシステムの利用者（注：前橋市では、住民を含むすべての利用者を「e市民」と呼ぶ）のデータを別のシステムに循環するときには、利用者がサービス事業者に使用許諾（オプトイン）することを必須にしている点だ。ユーザーが安心して利用できる環境をつくることが公共領域のデータ循環を一気に飛躍させるだろう。

専門家の視点①

ウエアラブル端末が健康データ流通促す

ヘルスケア関連のデータを収集・蓄積して活用する動きは今後さらに広がりそうだ。集めたデータの活用範囲は、健康維持に向けた活動や運動の推奨、そして病気に対する治療の最適化といった用途にとどまらない。多くの人のデータを集めたビッグデータを分析することで、長寿社会を支えている因子を見つけたり、疾病予防の研究に役立てたりできるだろう。

デロイト トーマツが実施した調査「Digital Consumer Trends 2022」では、スマートウオッチやヘルスケアバンドなどのウエアラブル端末保有者の90％が、何らかの健康指標をモニタリングしていることが分かった。ウエアラブル端末を持たないスマートフォン保有者は、46％が健康指標をモニタリングしていた。

計測項目として最も多いのは、歩数（ウエアラブル端末保有者の71％）と心拍数（同54％）だ。またウエアラブル端末の保有者は、その特性を生かして睡眠パターンや血中酸素濃度を

ウエアラブル端末所有者の90％が健康指標をモニタリング

日本の消費者の健康指標モニタリング状況

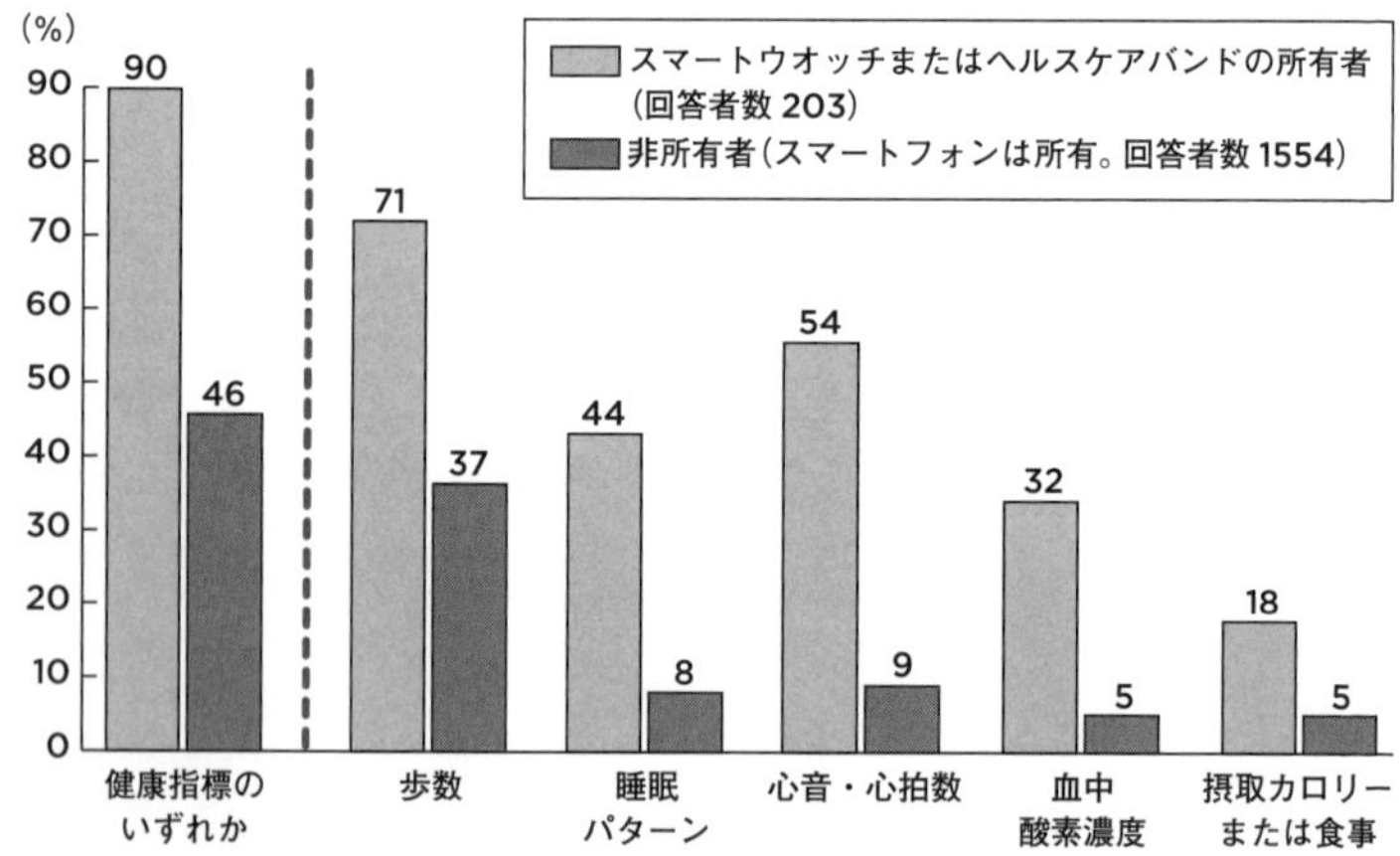

データソース：デロイト トーマツ「Digital Consumer Trends 2022」
注：それぞれの健康指標について「モニタリングしている」と答えた人の割合。合計回答者数は1757。回答者の年齢は18～75歳

測定している人も多かった。健康に興味がある人がウエアラブル端末を購入する、そしてウエアラブル端末を購入した人はより積極的に健康指標を収集する傾向がありそうだ。

「データを医師に提供してもいい」

端末から得られる健康データの医療への活用に対する意識も調査した。2023年2月時点では健康関連データを医療に本格活用する国内事例はないが、健康管理を目的として一部のバイタルデータを外来診療に活用する医療機関は出てきている。

22年の調査では、いずれかの健康指標をモニタリングしている回答者のうち

消費者は健康データの医療活用に前向き

医師への健康データ提供に対する意識

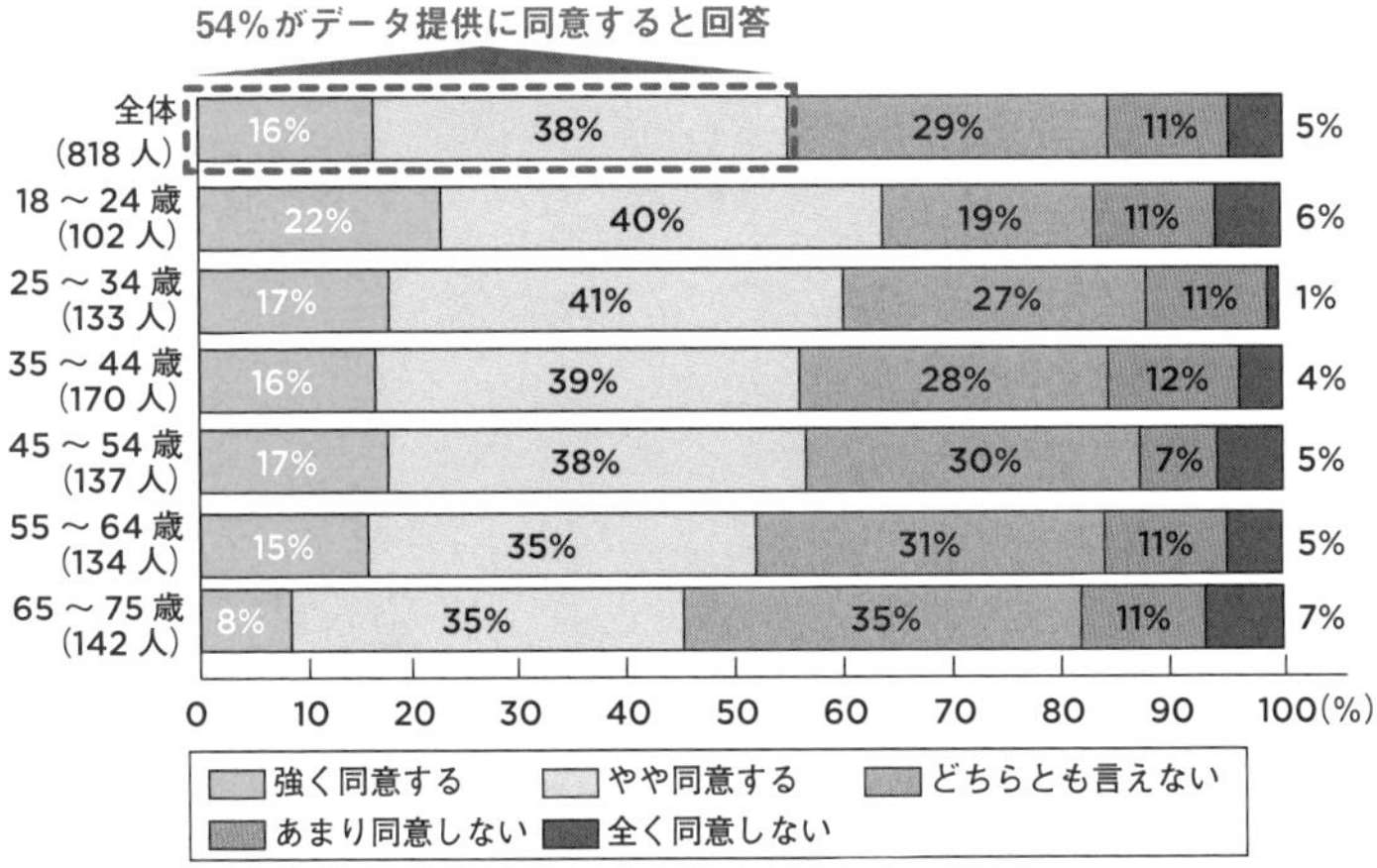

データソース：デロイト トーマツ「Digital Consumer Trends 2022」
注：いずれかの健康指標をモニタリングしている回答者。四捨五入の関係で合計が100にならない場合がある

54％が「デジタル端末で収集した自身の健康関連データを医師に提供してもよい」と回答した。医師に提供してよいと回答する割合は、若い年齢層ほど高い傾向にある。

健康データが随時可視化される有用性を感じている利用者は多いと想定され、端末の普及とともに健康データの活用が拡大していくと考えられる。さらにウエアラブル端末自体の普及が進めば、より精度が高く多種類の健康データが広範囲に収集できる可能性が高まる。有用性の訴求や適切な価格設定に加え、例えば医療ＭａａＳ（モビリティー・アズ・ア・サービス）など他のサービスとの連携といったオプションを提供する

ことも普及促進策となるだろう。

課題は高齢者への定着だ。健康維持や医療のニーズが強い高年齢層の健康関連データを活用できれば、適切な治療や予防の効果も大きくなる。その一方で、データ提供の意欲は比較的小さい。既に普及が進んでいるスマートフォンを使って計測できる健康データの範囲を拡大することや、より簡単な操作で健康関連データを収集できるようにすることが求められるだろう。

なお、健康データの利活用では、データの共有範囲やプライバシーへの配慮、医療活用への利用範囲などに適切なルールが設定され、それにのっとった運用が不可欠だ。消費者意識に配慮しながら、より有用なデータ活用を可能とする仕組みを設計していく必要がある。

「カネ」の循環

最後に、4つ目のリソースの循環である「カネ」の循環について見ていこう。カネの循環とは、お金が社会の中で取引されてその量を増加させ（回転）、次の新しい価値を生む投資に活用されること（蓄積）だ。投資家が株式に投資して値上がり益や配当を得ることや、銀行が受け入れた預金を個人や企業に住宅ローンや設備投資資金融資の形で貸し出すことで、カネは回転して蓄積される。

「日本の市場にはカネがあふれている」ともいわれるが、10年間に及ぶ日本銀行の「量的・質的金融緩和政策」によって、日本のカネの循環の状況はどう変化したのだろうか。

カネの循環を端的に示す指標は、日銀が民間銀行に供給したカネが貸し出しなどを通じて市中のカネとして何倍に増えたかを示す「信用乗数」と、市中のカネが1年間に国の経済の中で何回取引に使われたかを示す「貨幣流通速度」の2つである。2013年の量的・

金融緩和後も市中のカネは増えていない

日本の信用乗数と貨幣流通速度

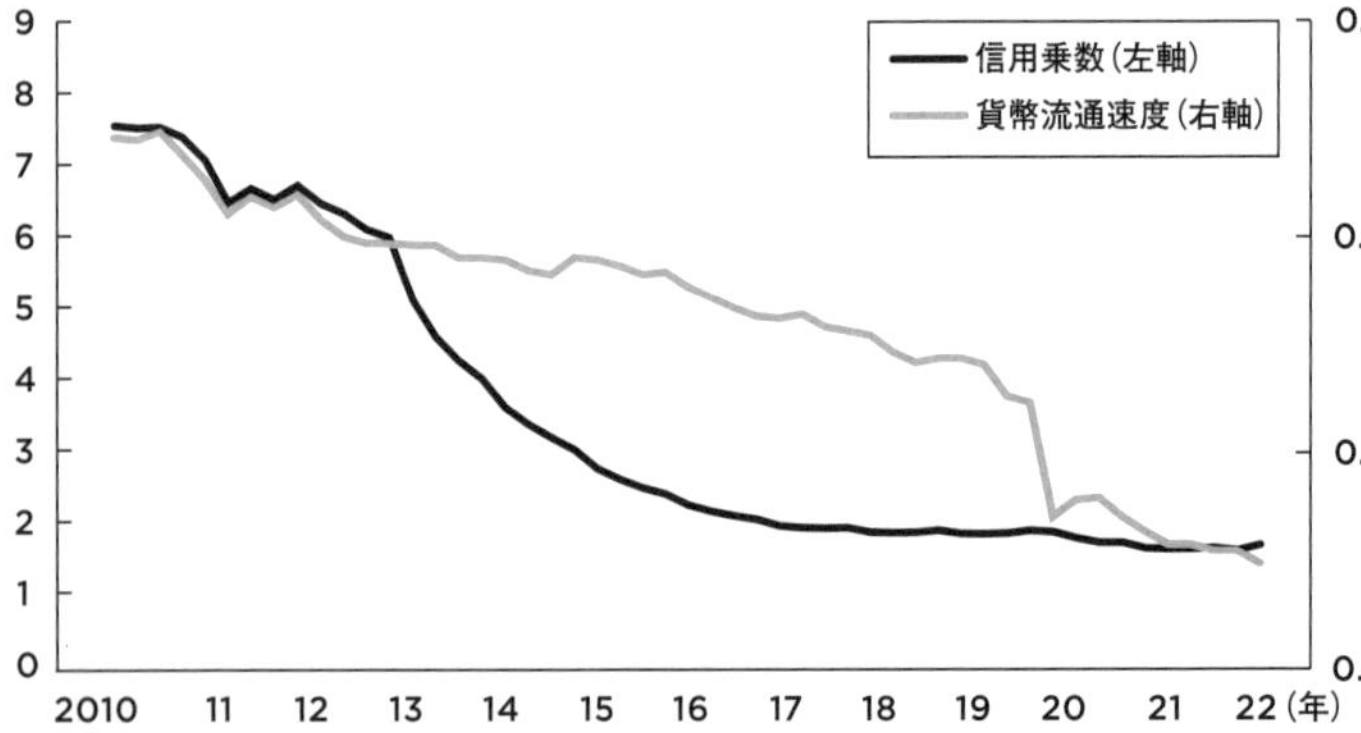

データソース：内閣府、日本銀行
注：信用乗数＝マネーストック(M2)÷マネタリーベース、貨幣流通速度＝名目GDP÷マネーストック(M2)

質的緩和開始以降、これら2つの指標はいずれも低下が続いている。つまり日本銀行が民間銀行へのカネの供給を拡大していても、市中のカネはそれに応じて増えているわけではない。そして、GDPで表される日本経済の拡大にも十分に寄与していない。

このような事態に陥った主な理由は、市場に供給された大量のカネが、成長性が高いはずの民間部門ではなく、安全だが成長性が低い政府部門に流れていることにある。

実際に日本の部門別のカネの流れを見ると、家計が保有する金融資産約2000兆円のうち、半分に当たる1090兆円が銀行に預金として預けら

民間部門で循環しないまま政府に投資

日本の主なカネの流れ(2021年末)

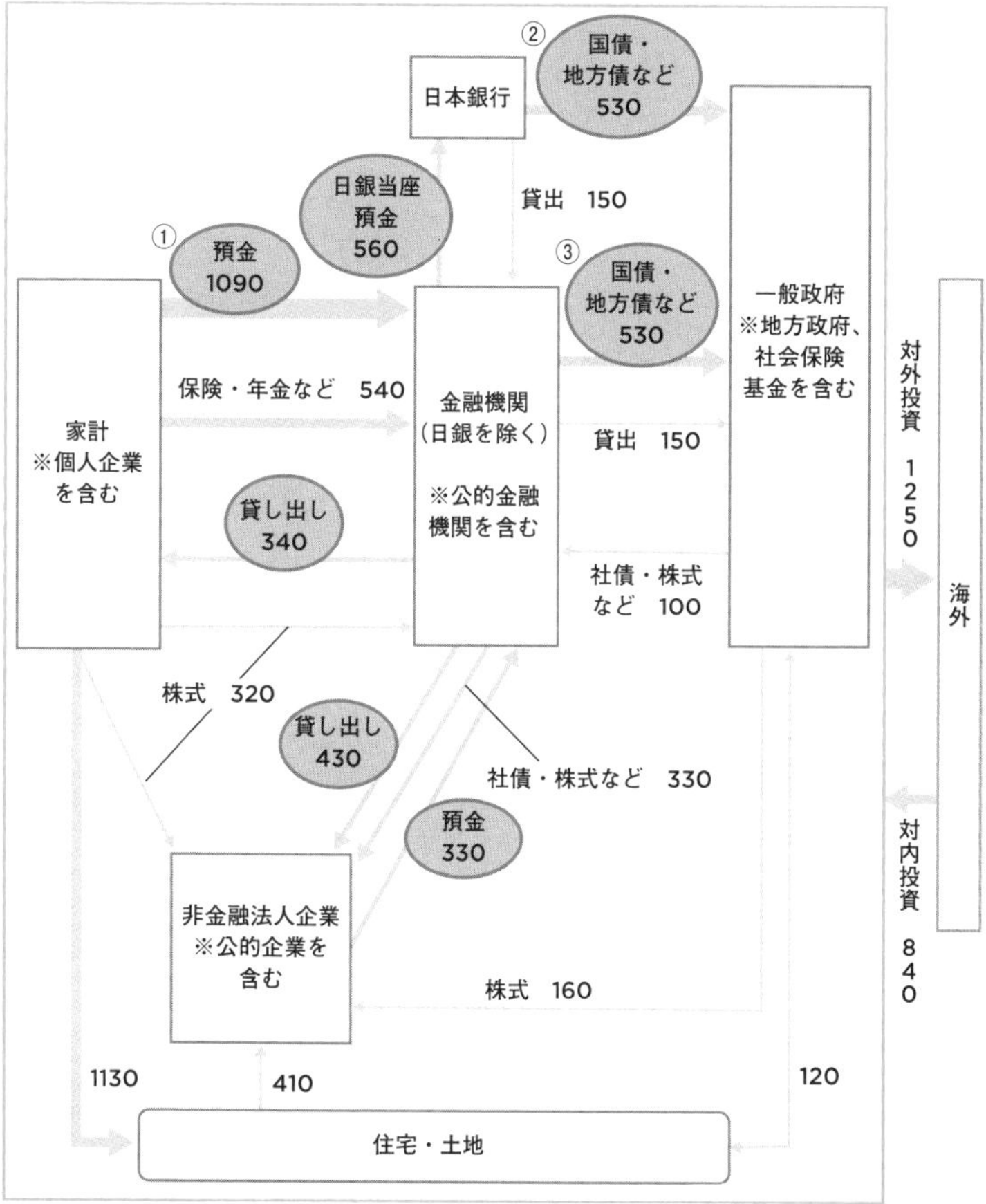

単位：兆円

データソース：内閣府「国民経済計算」、日本銀行「資金循環統計」

注：金額は10兆円単位の概算値。50兆円未満（家計や企業による国債・社債投資など）や同一部門間の資金循環（金融機関による金融機関株式の保有など）は省略した。金融機関による非金融法人への社債・株式投資は「（金融機関の保有額）×（金融機関と非金融企業の発行残高の合計に占める後者の割合）」で算出。一般政府の保有株式の金融・非金融への案分も同様に推計した

れていることが分かる（前ページの図中、矢印①）。そして、これとほぼ同じ金額が、民間部門で循環しないまま政府（自治体を含む）に投資されている（矢印②、③）。銀行による直接的な国債・地方債保有に加え、日本銀行（日銀）も銀行から預かった日銀当座預金を国債・地方債の購入に充てている形態だ。

安全だが成長性が相対的に低い政府部門にばかり大量のカネが流れ込み、成長性が高いはずの民間部門での自律的なカネの循環が進まないのはなぜだろうか。

「将来不安」はカネの循環も阻む

最大の理由は、投資家や企業の「リスク回避志向」が根強いことだ。リスク回避を優先して安定したリターンを期待するカネは、国債や景気に影響を受けにくい銘柄に集中する。高いリターンが期待される投資機会はリスクを伴う投機的なイメージがあるため敬遠されがちだ。

日本銀行のワーキングペーパーでは、日本の家計のリスク資産比率が米国などに比べて低い要因として、リスク資産のリターンの低さのほか、将来不安、日本固有の制度・構造、金融知識の不足などの要素があると分析している。[5] 本書では「失われた30年」において日本の成長を抑制している要因として「将来不安」を指摘してきたが、これがカネの循環を阻むリスク回避志向を増幅させているともいえる。
家計や企業が魅力的な投資機会を見つけにくいことも、民間部門でのカネの循環を阻む原因の1つだろう。成長ペースが鈍化している日本では、既存の上場企業には大きな成長を期待しにくい。一方で、成長の余地が大きい新興企業に対する投資は、機会も情報も限定されているのが現状だ。家計や企業がそれぞれの投資目的に照らし、将来の成長見通しを理解しながらリスクとリターンのバランスが取れた投資先を見つけるのは簡単ではない。

民間部門を中心とする新たなカネの循環を生み出すためには、家計や企業のリスク回避志向を抑え、投資のメリットを追求しやすくする環境が必要だ。そのためには、社会性や将来性に富んだ魅力的な投資機会を創出するとともに、投資機会と投資家をつなぐ新たな仕組みを構築しなければならない。今後拡大すべき投資機会として本書で注目するのは「社会課題解決型の投資」と「スタートアップ企業への投資」の2つの領域だ。

(1) 社会課題解決型投資

魅力的な投資先として今後拡大する可能性を秘めるのが、社会課題の解決を目的とする、いわゆる「サステナブル投資」だ。投資の目的が明確で、成長見通しもある程度可視化されているのがメリットだ。

例えば経済産業省は、日本が２０５０年にカーボンニュートラルを達成するためには今後10年間で「脱炭素化」に１５０兆円もの投資が必要になると試算している。また、民間の大手金融機関の中には、環境関連の投融資の総額が30年までに30兆円以上の規模になるとしているところが複数ある。

脱炭素化への投資は、リターンの大きさにも期待できる。デロイトの推計によれば、２０５０年の地球の平均気温上昇を産業革命前比で１・５℃未満に抑える目標を達成できるように日本が積極的に取り組んだ場合、70年までに累計で約３８８兆円（現在価値）のプラスの経済効果がある見通しだ（専門家の視点③「気候変動対策の経済効果はプラス？マイナス？」を参照）。

こうした投資機会にカネを振り向けるためには、その媒介となる金融商品が必要になる。例えば「ＳＤＧｓ債」は、脱炭素化対応資金を集めるグリーンボンドなど、環境・社会課題の解決を目的として発行される債券である。また「インパクト投資」は、特定の社会課題解決に向けた取り組みを対象とする投資であり、投資の成果（＝対象となる社会課題解決の進捗）に応じたリターンが得られる仕組みだ。投資対象となる特定の公共サービスの成果に応じて投資家が政府や自治体から報酬を受け取るソーシャルインパクトボンド（SIB）は、その典型だ。

インパクト投資や寄付で社会課題解決にカネを回す

グローバル・インパクト・インベスティング・ネットワーク（GIIN）の22年の調査によれば、世界のインパクト投資規模は過去4年間で年平均50％ずつ増加しており、21年には1兆1640億ドル（約140兆円）に達した。これまでインパクト投資実績が低水準だった日本でも、21年は2年前の16倍以上に拡大し、約5・3兆円（最大推計値）になった。[6] 今後、世界と同様のペースでインパクト投資が拡大すれば、日本のインパクト投資市場も100兆円規模になる可能性がある。

社会課題解決型の投資環境を日本でさらに広げるには「寄付」市場の拡大にも目を向ける必要がある。寄付は自らのカネを社会貢献に役立てるとともに、税制優遇を通じて経済的なリターンも享受できる仕組みである。

日本ファンドレイジング協会によれば、日本の寄付市場は20年時点で約1・2兆円と過去10年で2倍以上になっているものの、米国の34・6兆円の約30分の1にすぎない。寄付の社会貢献の意義と税制などの仕組みが周知されれば、日本でも寄付市場が10兆円規模に拡大する可能性がある。

(2) スタートアップ投資

スタートアップ企業に代表されるように、一定のリスクがありつつも高い成長性を持つ投資先がある。ここにより多くの資金が振り向けられるカネの循環を生み出すことは、新たな需要を創出するイノベーションを喚起する意味でも重要性が高い。

日本でスタートアップ企業にカネが集まりにくい最大の理由は、投資家にとって相対的なリスクの大きさに比して、その企業の成長性が見極めづらいことにある。こうした課題を解消できれば、日本でも、スタートアップ企業をはじめとする非上場企業への投資を拡大させる余地は十分にある。

東京証券取引所の上場会社（プライム、スタンダード、グロース、Tokyo Pro Marketの合計）は4000社弱ある。これに対し、非上場企業の株式取引を行う市場「株主コミュニティ」の採用銘柄数はわずか40社程度にとどまる。米国では、ニューヨーク証券取引所や

NASDAQなどへの上場企業が5000社以上あり、その下に「ピンクシート」と呼ばれる銘柄などの非上場企業が約1万2000社ある。日本の非上場企業にとって、株式市場からの資金調達は米国に比べて著しく「狭き門」となっている。

スタートアップ企業への銀行からの融資も小規模にとどまっている。日本の銀行では、過去の財務諸表分析に基づく審査と担保・保証に依存する融資が依然として主流だ。将来への目利きが必要なスタートアップ企業は、銀行融資の対象になりにくい。

非上場企業の情報開示でカネを呼び込む

こうした状況の打開策として、非上場企業に一定の情報開示を求める制度を創設することが考えられる。金融庁は「主要国のリスクマネーの供給に係る実態・規制等に関する調査報告書(2021年)」で、日米の非上場株式市場の比較分析を行っている。この報告書によれば、日本のスタートアップの資金調達額は19年時点で4462億円。非上場企業に対して適格投資家向けの簡易な開示を行わせる仕組み(レギュレーションA、同Dなど)がある米国では、非上場企業の資金調達額が19年時点で約1兆5600億ドル(約170兆円)と、日本の約400倍の規模に上っている。

これは、日本でも非上場企業の情報開示を促進し、その成長性や将来性を広く示せば、スタートアップ企業への投資を大幅に拡大できる可能性を示唆している。さらに、こうした非上場企業の財務情報が上場企業の財務データと同様に投資家に提供されるようになれば、スタートアップ企業を「魅力的な投資先」と考える投資家の裾野が一気に広がるだろう。

日本では23年現在、スタートアップ企業への投資促進を目的として、スタートアップ企業が新規に発行した株式の取得額の一部を所得控除する「オープンイノベーション促進税制」が施行されている。こうした経済的なインセンティブと情報開示を組み合わせることで、スタートアップ企業の投資先としての魅力が高まると期待される。

投資機会にカネを振り向ける仕組み

これまで見たような投資機会に資金を振り向けてカネの循環を加速させるには、開示制度など資本市場の改革に加え、より効果的な資金調達やデータ活用の仕組みが必要だ。成長性や将来性ある分野でのカネの循環のスピードを上げるには、資金を調達したい企業と投資家とが、カネやデータを媒介に直接結び付く仕組みを設けることが望まれる。

以下では、有望視される仕組みを2つ具体的に取り上げる。

①クラウドファンディング

クラウドファンディングは、スタートアップ企業と個人投資家をつなぐのに有効なスキームだ。企業にとっては、銀行貸し出しや株式・債券発行よりも簡易にカネを調達できる利点がある。また投資家にとっては、少額から簡便な手続きで投資できるメリットがある。

英調査会社テックナビオによると、世界のクラウドファンディング市場規模は2022年に約2429億ドル（約31兆円）で、今後は年平均約16％のペースで成長し、27年には約5070億ドル（約65兆円）に達する見通しだ。金融市場全体から見れば小さな数字だが、特に個人の資産を投資に誘導する入り口としての貢献は見過ごせない。

日本のクラウドファンディングの9割を占めるとされる「融資型（貸付型）クラウドファンディング」は、銀行を介さず貸し手と借り手をデジタルプラットフォーム上で直接結び付けるシステムである。融資型よりも投資色が強く、リターンが投資先の成果に左右される「株式投資型クラウドファンディング」市場も存在するが、発行者が資金調達できる金額が1年間に1億円未満とされているなどの規制上の制約があることも影響し、まだ市場規模は小さい。

こうした制約があるのは、クラウドファンディングの投資先のリスク把握が困難だからだ。先に述べたようにスタートアップ企業に情報開示を促し、投資先の成長性と経営リスクの透明性が増せば、投資額の制約を徐々に緩和して市場を拡大させられるかもしれない。

②オルタナティブデータなどの活用

「オルタナティブデータ」と呼ばれる、企業の財務諸表に掲載されない投資判断情報も、投資家と企業を結び付けるのに有効だ。投資家は、決算期末に開示される情報だけでなく、事業の状況をより直接的に示す情報を継続して入手したがっているからだ。

イーロン・マスク氏による米ツイッターの買収でアクティブアカウント数とその影響力が争点となったことは、企業評価で財務諸表にない情報が重視された例といえる。また、過去の実績データが少ないフィンテックや再生可能エネルギーなど新規分野の企業については、信用力評価にオルタナティブデータの活用が有効だろう。

金融情報ベンダーやＩＴ企業が投資家にＰＯＳ（販売時点情報管理）データなどのオルタナティブデータを提供するビジネスは既に始まっている。データの利用方法や判断基準が整備されていけば、将来不安や不確実性からのリスク回避志向を軽減する重要なツールとなりそうだ。

さらに将来は、多数の投資家の知見を集めて投資家間で「集合知」として共有して不安を軽減する仕組みも考えられる。例えば、他の投資家がどんな投資をしているかという情報を共有するために、投資家間で自律分散型組織（DAO）を組成すれば、投資情報を集合知として活用できる。

もっとも、このようなデータや集合知の活用には新たなリスクが伴う。オルタナティブデータについては、データの正当性やユーザーの保護を担保する仕組みや制度整備が欠かせないだろう。また集合知についても、他の投資家の情報への依存から特定銘柄に資金が集中する「システミックリスク」が生まれたり、風説の流布やフェイク情報による誤った投資への誘導が行われたりする可能性がある。こうしたリスクを回避するための各種の制度設計を並行して実施する必要がある。

＊　＊　＊

ここまで、価値循環を構成する「ヒト」「モノ」「データ」「カネ」の「4つのリソース」の循環が日本で停滞していることを指摘し、循環をどう生み出すべきかを議論してきた。

では、その循環が生み出す価値を最大化するためにどうすればいいのか。次章では、「価値循環」のフレームワークのもう1つの軸に当たる、将来の需要創出につながる「4つの機会」を解説していく。

専門家の視点②

「無形資産」を活用してカネを動かす仕組み

「企業価値の源泉が有形資産から無形資産に代わっている中、日本では依然として有形資産投資のウエイトが高い」。こう指摘したのは2020年の通商白書だ。

無形資産とは「ソフトウエア」「データベース」「研究開発」「ライセンス」などを指す。米国では無形資産投資の対GDP(国内総生産)比率が増加傾向にあり、15%を超える水準になっている。一方、日本の無形資産投資の対GDP比率はほぼ横ばいで、米国より低い10%弱だ。

無形資産への投資規模が小さい日本企業は、重厚長大な生産設備や土地といった動かしにくい有形資産の比率が高い。それが、日本の民間部門でカネの循環が滞ってしまう背景にありそうだ。

有形資産が多い日本経済

GDPに占める無形資産投資の割合

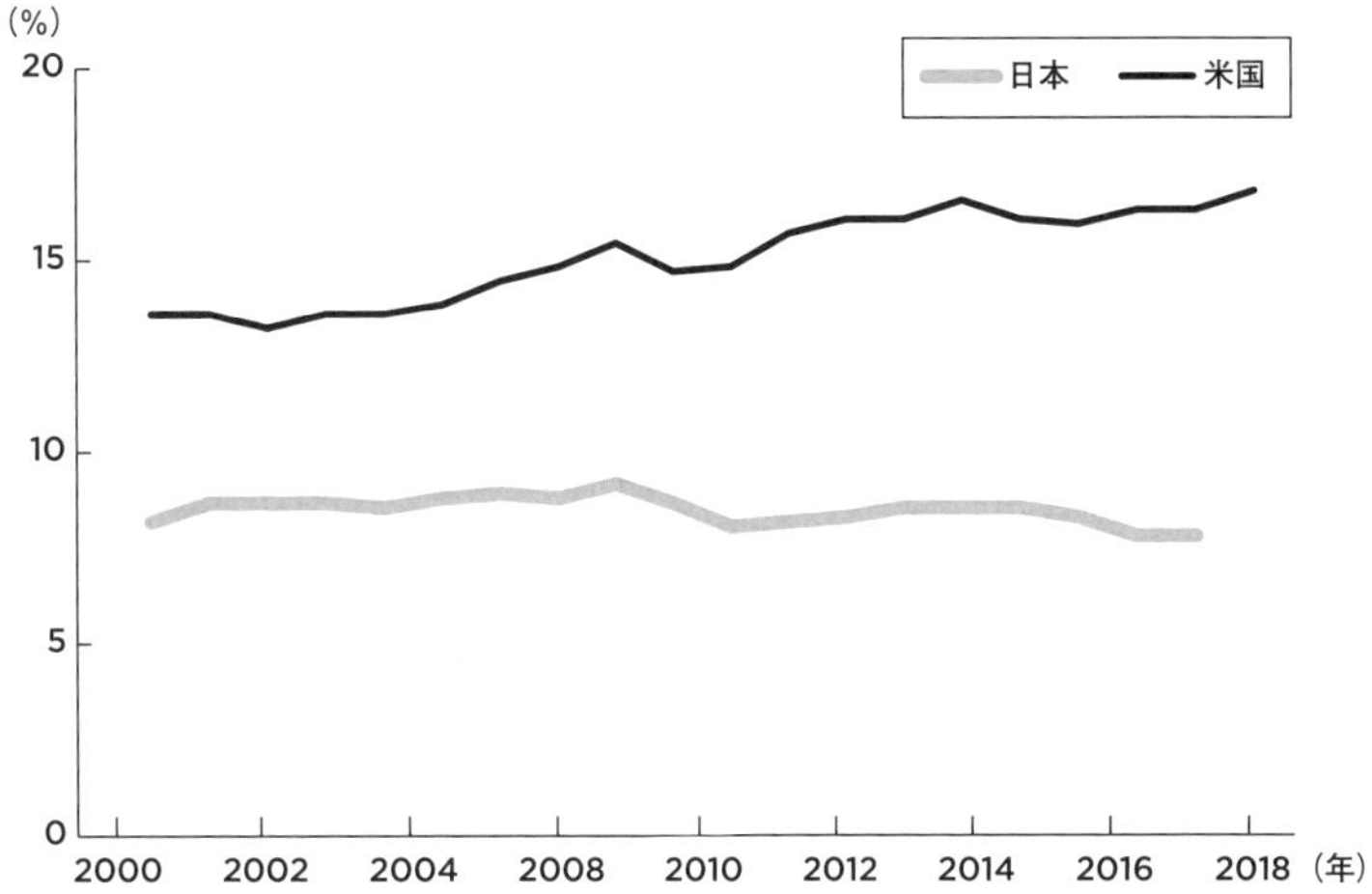

データソース：EU Klems データベース

無形資産活用でカネの循環促進

無形資産をカネの循環に十分に活用できていないことも、日本のカネの循環を阻む要因と考えられる。日本の銀行が融資する際の担保として受け入れるのは土地や建物などの有形固定資産が多く、そうした固定資産を持たないスタートアップ企業などが銀行融資を受けるのは困難である。無形資産が担保として受け入れられにくいのは、担保価値の評価が難しいことと、無形資産の取引市場の流動性が低く担保処分の際の換金が困難であることが理由であろう。

無形資産は、経済統計上もその価値が網羅的に把握されていない。そこで無形資産の市場価格を形成して取引を活性化できれば、無形資産を流動的な資産として融資の担保に活用しやすくなる。それが結果としてカネの循環を促進する。

企業活動の資源として重要性が高まっている「データ」については、現状では無形資産の分類における位置付けや価値の算定方法に決まったルールはない。会計上適正に資産として計上して価格を評価できるようになれば、「データ」を主な資産として事業を行う企業の資金調達環境は大きく改善するだろう。

そのためには、まず各企業が保有する無形資産を正確に計上して評価する「棚卸し」の制度化が必要だ。政府は首相官邸の「知的財産戦略本部」で、企業の知的財産の開示とマネジメントをコーポレートガバナンスコードにのっとって実施するためのガイドライン案を策定中だ。今後、各企業の無形資産の棚卸しの制度化から始まり、続いて無形資産の価格と取引の透明化を進められれば、無形資産をカネの循環に活用しやすくなる。

専門家の視点③

気候変動対策の経済効果はプラス? マイナス?

2050年の「カーボンニュートラル」実現に向けて日本を含む世界の国々が待ったなしの取り組みを続けている。化石エネルギーから再生可能エネルギーへの転換という社会全体をひっくり返すような大きな変化が必要になるが、これを経済効果で見た場合、プラスなのだろうか、それともマイナスなのだろうか。

答えはプラスだ。気候変動に対処しない場合に比べて、気候変動を新たな経済成長の機会として積極的に取り組む場合は、大きなプラスの経済価値が生まれる。デロイト・エコノミクス・インスティチュート（各国・地域で活動するデロイト所属エコノミストで構成）がそれぞれの経済損失と経済効果を試算したので、詳しく見ていこう。

対処しなければ約95兆円の損失

まず、気候変動に対処しない場合だ。リポート「日本のターニングポイント、気候変動アクションが経済の先行きを左右する」によると、日本を含む世界各国が炭素排出の大幅な削減を実行に移さない場合（不作為シナリオ）、地球の平均気温は70年までに平均３℃以上高くなる。

この不作為シナリオによる経済損失（熱ストレスによる労働生産性損失、人の健康に起因する労働生産性損失、海面上昇による陸地資源の損失など）は、気候変動の影響がない場合と比べて、日本だけで見ても今後50年間累計で現在価値に換算して約95兆円に上ると予測される。これは、70年単年では日本のＧＤＰの１・５％以上の損失だ。過去の自然災害などで受けた経済損失との対比で考えると、19年に壊滅的な被害をもたらした「令和元年東日本台風」（台風19号、経済損失は１兆円以上）規模の台風が、今から70年までに合計85回以上発生するのと同等の莫大な経済損失を被る計算になる。

気候変動を抑制しなければ、このように、日本が持つ資源に広範囲かつ長期的なダメージをもたらす可能性がある。例えば、海面上昇による生産可能な土地の減少、作物収量の低下による農業の損失、死亡率や疾病率の上昇による健康度合いの低下、既存資産の修復に追われることによる新たな投資の行き詰まり、観光業などへの国際的なカネの流れの縮

気候変動目標達成の経済効果は400兆円近くに

気候変動に対処しない場合と目標を達成した場合の影響

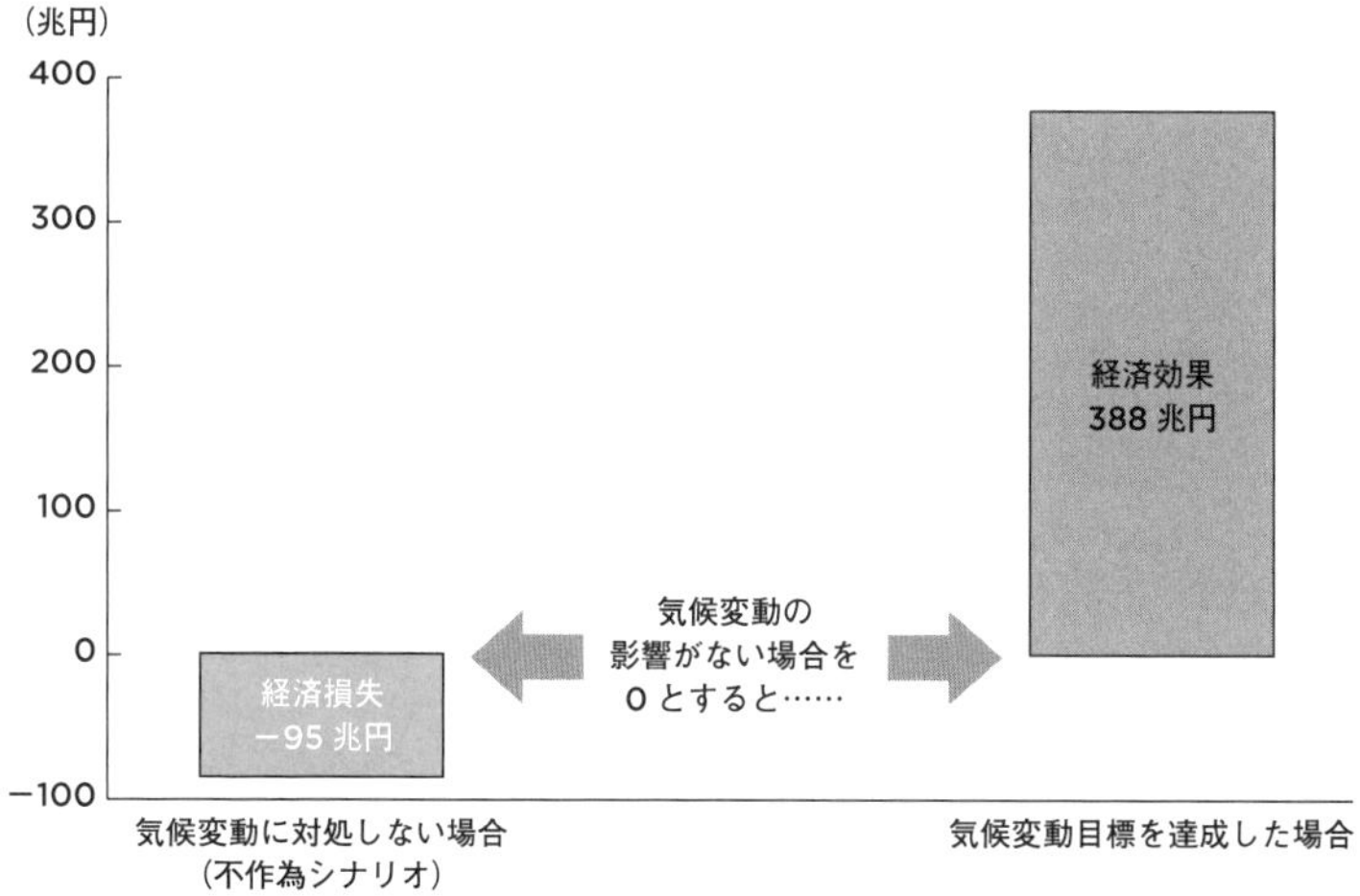

小などが考えられる。

経済的な土台である自然や人的資本がリスクにさらされ、生活水準や将来の成長の展望やグローバル市場における日本の地位、国民の健康と幸福も同時に脅かされる可能性がある。

「1・5℃目標」の達成で約388兆円のプラス

一方、気候変動アクションを通じて50年までの地球の平均気温上昇を1・5℃未満に抑える目標を達成した場合はどうだろうか。気候変動影響がない場合に比べて、70年までに約388兆円（現在価値）のプラスの経済効果が見込まれる。

これは、再生可能エネルギー関連産業

の拡大と再生可能エネルギー利用による生産性改善に伴うプラスの経済効果が、炭素価格上昇や化石燃料関連の産業の後退によるマイナス効果を上回ることで実現されるものだ。不作為シナリオと比較すると、70年までに日本のGDP水準は毎年平均2・5%程度高くなる計算となる。このような経済効果を生み出すためには、迅速な投資と技術開発、市場の成熟、適切な規制による脱炭素化の推進が必要となる。

このリポートの基礎となる調査は、主に地域別応用一般均衡モデルをデロイトが独自に調整した気候変動統合評価モデルで実施された。この分析では、日本における気候変動アクションの経済効果が当初は徐々に表れ、その後、21世紀半ばに急速に拡大していくことが分かった。最初の10年が経過する頃から、迅速な脱炭素化に伴う構造的な調整コストは、経済の脱炭素化への切り替えを促す資本や技術からのプラスのリターンで相殺される見通しだ。

第 4 章

発想の転換が呼び込む4つの機会

	4つのリソース			
	ヒトの循環	モノの循環	データの循環	カネの循環
グローバル成長との連動				
リアル空間の活用・再発見				
仮想空間の拡大				
時間の蓄積が生み出す資産				

人口が「減る」中で新たな需要を生み出して成長を実現するには、日本を取り巻く環境において「増える」要素に着目し、それらを生かして新たな市場創出の機会にする観点が重要だ。その際、これまで「未開拓・未活用」だった要素を掘り起こすことも広義の「増える」要素と捉えればいい。それによってさらに成長の可能性が広がる。

人口減の中で「増える」あるいは「掘り起こせる」ものとは何だろうか。私たちを取り巻く空間や時間の広がりを分解し、さらに日本の強みを生かせる領域と重ね合わせると、次の4つの「機会」が浮かび上がってくる。第4章では、成長につながる代表的な機会として以下を掲げる。

機会1：グローバル成長との連動
(1)海外のカネやヒトの取り込み
(2)インバウンドのアウトバウンド化
(3)課題先進国のソリューション輸出

機会2：リアル空間の活用・再発見
(1)世界有数の海洋資源の開拓（ブルーエコノミー）
(2)国土面積の約3分の2を占める森林の活用

(3)広がる宇宙空間に関連する多様なビジネス展開

機会3：仮想空間の拡大

(1)新しい経済活動の広がり
(2)新しいコミュニティーの広がり
(3)新しい労働の可能性の広がり

機会4：時間の蓄積が生み出す資産

(1)日本各地特有の「宝」×他ジャンルのアイデア
(2)健康寿命×グローバル研究開発
(3)熟練技能者の知見・経験×テクノロジー

それでは具体例も参照しながら、それぞれの機会を見ていこう。

機会1：グローバル成長との連動

第1の機会は、世界全体の成長との連動性を高めることである。今後しばらくの間、世界全体の人口は増加を続ける。国連の推計によれば、世界の人口は2030年に85億人、50年に97億人まで増加する。その後80年代に約104億人とピークに達するが、急激には減少せず、2100年まで同水準が維持される見通しだ。人口増加によって拡大する世界のマーケットを機会として深掘りすることで、日本経済を成長させるチャンスは広がっていく。

これまでも日本は、製造業を中心に輸出や現地生産により商品を世界に供給することで海外市場の成長を取り込んできた。この先も、人口増加が期待される海外市場にモノやサービスを供給することの重要性は変わらない。

それに加えてこれから重要になるのは、海外の成長力を日本に呼び込み、双方向に発展させることで国内市場を活性化させる視点を持つことだ。海外に出ていくだけではなく、

2080年に世界人口は約104億人まで拡大

世界の成長と連動させる取り組み

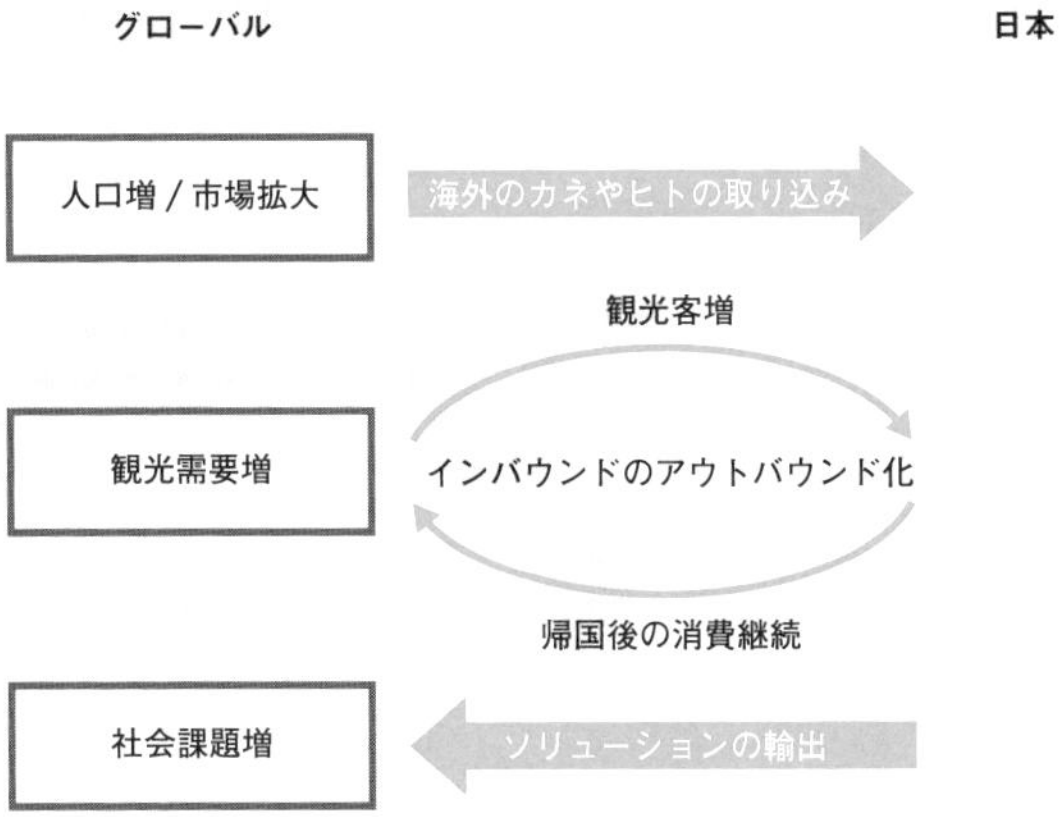

海外からヒト、モノ、データ、カネのリソースを引き込み、人材やノウハウを積極的に受け入れることで、グローバル成長と連動できる可能性が拡大していく。そのために重要になるのが、「海外のカネやヒトの取り込み」「インバウンドのアウトバウンド化」、そして「課題先進国のソリューション輸出」だ。

(1) 海外のカネやヒトの取り込み

まず、海外から日本への投資をいかに呼び込むかについて見ていこう。海外企業による法人設立やM&A（合併・買収）などによる投資規模が拡大すれば、豊富な資金に加え、技術や人材、経営ノウハウが国内に流入する。設備投資の増加、生産性の向上、雇用の創出といった様々な効果が期待できる。

財務省と日本銀行が作成している国際収支統計によると、海外から日本への投資規模全体を示す対日直接投資残高（ＦＤＩ）は21年末に40・5兆円となり、過去最高を記録した。政府は日本への投資をさらに増やすべく、21年の「対日直接投資促進戦略」で「30年の対日直接投資残高を80兆円にする」という新たな目標を設定した。投資を呼び込むとともに海外との人材面や技術面での交流を促進し、雇用やイノベーションを創出することを目指している。

このように日本への投資規模は着実に拡大しているが、対ＧＤＰ（国内総生産）比で見ると、諸外国に比べて極めて低い水準にある。ＯＥＣＤ（経済協力開発機構）のデータを基にした21年のＦＤＩの名目ＧＤＰ比を比較すると、日本は4・7％にとどまる。これに対し、英国は82・0％、米国は59・3％だ。海外からの投資を呼び込む力で大きな差が付いているのが現状だ。これは、海外から日本への直接投資には既存の目標値を上回る〝大幅な伸びしろ〟があることを示唆するものだ。

日本のＦＤＩが諸外国に比べて少ない要因としては、日本におけるビジネスコストの高さや、英語ができる人材確保の難しさがある。さらに、日本企業が海外からの投資を「脅威」と捉えるあまり、インバウンドM＆A（海外企業による国内企業のM＆A）がなかなか進まないとの指摘もある。このようなボトルネックを解消するためには、様々な政策対応を含め、海外から日本への投資の潜在的な機会を最大限に掘り起こし、具現化していくための工夫が欠かせない。

(2) インバウンドのアウトバウンド化

海外からの消費を日本国内に呼び込むことも、グローバル成長との連動性を高める上では欠かせない要素である。03年に政府が「ビジット・ジャパン・キャンペーン」を開始してから訪日外国人旅行者数や消費額は増加が続き、新型コロナウイルス禍の直前には過去最大規模に拡大していた。観光庁のデータでは、19年の訪日旅行者数は3188万人（03年比約6・1倍）、消費額は4・8兆円（「訪日外国人消費動向調査」を開始した11年比5・9倍）に達した。

20年以降は人数も額も大幅に縮小したが、「ポスト新型コロナウイルス」の時期を迎え、国境を越えたヒトの動きが世界で回復基調となっている。観光客をはじめとする外国人の入国者を増やしてインバウンド需要を取り込むことが必要なのはいうまでもない。

ただ、現状では訪日客を増やし、来日時のその場での消費を増やすことが目標となってしまっている。ここで有効になるのが「インバウンドのアウトバウンド化」という視点だ。訪日中の消費、いわゆるインバウンド消費は一過性のものだ。そこで、訪日中に日本が持つ資産のファンとなってもらい、帰国後も越境EC(電子商取引)などを通して商品やサービスの購入を繰り返してもらう。つまり、訪日外国人を増やすという「入り口」にばかり注目するのではなく、「出口」である帰国後も彼らとの関係を維持し「リピート顧客化」に取り組むべきなのだ。そうすれば、訪日外国人による消費の市場はより大きく、持続的なものになっていく。

これは、日本と一度接点を持った外国人を「関係人口」と捉えて世界中に広げていくことを意味する。インバウンドで日本を訪れてもらい、さらに、帰国後に日本関連の消費を継続するアウトバウンド化の双方向の流れを促す。途切れることなく〝循環〟させることが重要になる。

(3) 課題先進国のソリューション輸出

少子高齢化による働き手の不足や社会保障費の増大などの問題にあえぐ日本だが、これは日本に限った話ではない。世界でも、先進国を中心に多くの国で高齢化が進むと予想されている。国連の推計では、世界人口における65歳以上人口の割合は22年の9・8%(7・8億人)から、60年には18・7%(18・8億人)に増加する。

これが意味するのは、高齢者向けサービスの市場が世界でも拡大していくことだ。世界の多くの国が直面する課題を先んじて経験している「課題先進国」として、日本の経験を積極的にグローバルに展開する余地は大きい。

日本と同様に高齢化が進む中国で高齢者向けサービスの展開にいち早く挑んでいるのがパナソニックだ。江蘇省宜興市で、富裕層の高齢者向け住宅地「雅達・松下社区」を現地企業と共同で開業した。高齢者が生活しやすいように、健康状態を測定できるトイレや、スマートフォンによる照明や空調の制御といった各種のスマート技術を導入した。

高齢者向けサービスとして想定されるのは、従来型の施設運営や、高齢者向け機器の販売といったモノ売りだけではない。生活をより便利に、安全にするためのスマート技術を取り入れた設備や継続課金型サービスなどもあるだろう。そうしたソリューションの開発・実用化を後押しするのは、世界に先駆けて高齢化が進む日本の市場だ。

国内で高齢者やサービス提供者（介護施設やヘルパーなど）や利用者の声を取り入れながらソリューションの質を高める。それを海外市場に輸出し、海外で得た知見や経験をさらに日本市場でのソリューション開発に還元してアップデートしていく。これによってビジネスの好循環が生まれる。

このようなソリューションの輸出は、海外市場の獲得という経済的な価値をもたらすだけではない。世界各国で長寿社会の環境整備をけん引する役割を日本が果たすことになり、社会的にも意義深いことだ。

以上のように、海外からの直接投資の拡大、訪日外国人の「関係人口化」を通じた継続的な需要の開拓、「課題先進国」ならではの視点から生み出されるソリューションの輸出促進などの取り組みを進めていけば、日本は拡大するグローバル市場を味方につけて大きく成長できるはずだ。国内の人口減少という目の前の現象にとらわれるのではなく、視界を日本の外に広げ、グローバル成長を積極的に取り込む意識を持つことが重要だ。

機会2：リアル空間の活用・再発見

2つ目の機会は、リアル空間だ。日本には未開拓・未活用のリアル空間がまだまだ多く残されている。発想を転換すると、人口減少社会にあっても日本の国土において利用可能な空間は増えていく。現存する資源を生かしながら大きな需要を生む機会にできるはずだ。

リアル空間の活用における大事なキーワードが「ネイチャーポジティブ（Nature Positive）」だ。ネイチャーポジティブとは「2030年までに生物多様性の損失を止めて反転させる」という概念で、2021年5月に開催された「G7気候・環境大臣会合コミュニケ」（共同声明）で言及されたものだ。

デロイト トーマツは、ネイチャーポジティブ経済への移行により、日本において30年に約45～104兆円の市場が生み出されると試算している。これは日本の直近の実質GDP成長の約5～6年分に相当する金額だ。

日本にも多く残されているリアル空間

未開拓・未活用のリアル空間の活用

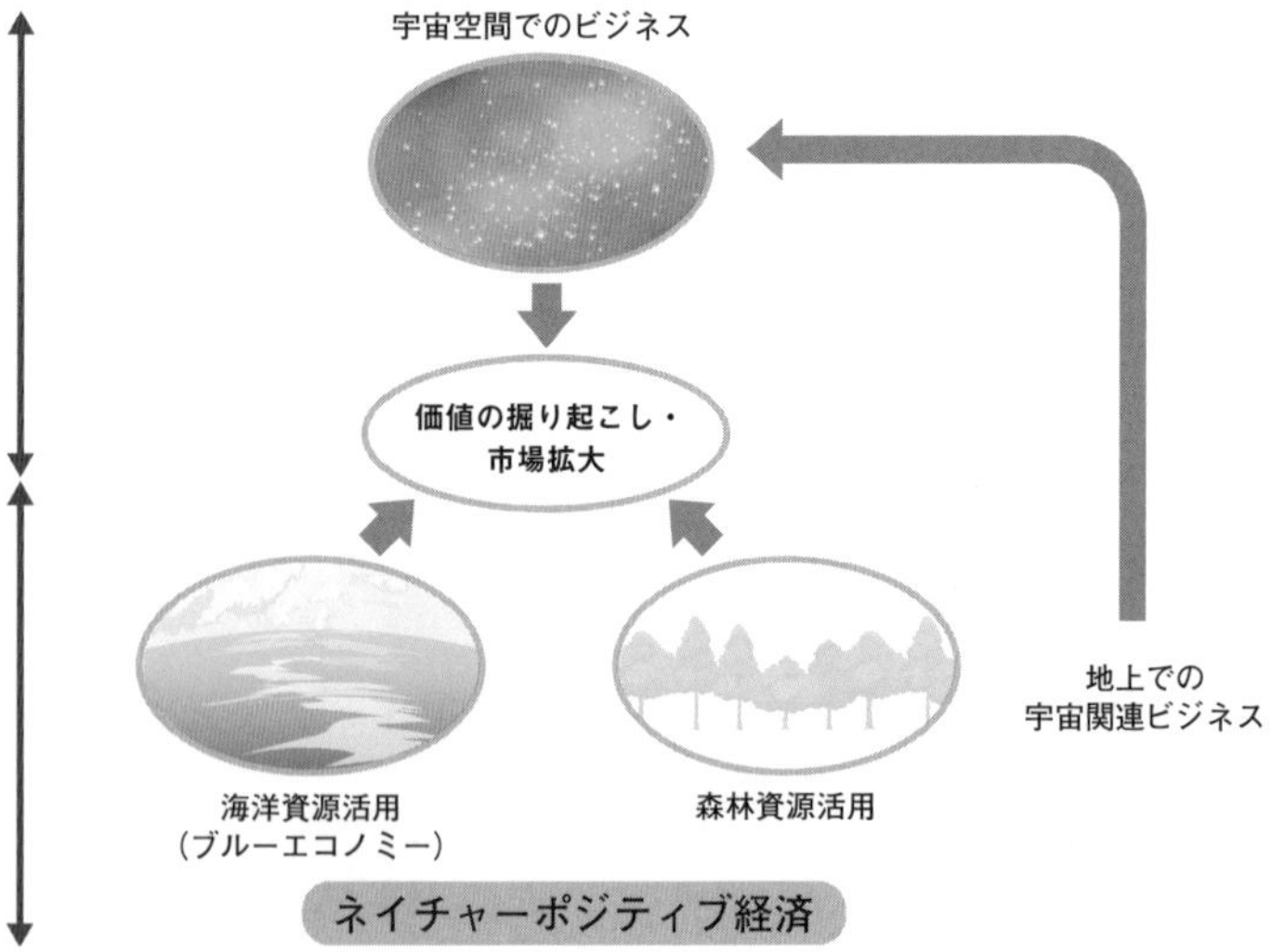

なぜそれだけ大きな市場が生まれるのか。まず、日本企業が自然資本や生物多様性を考慮したサプライチェーンの構築で先行することで、世界で新たな商機が発生するからだ。また、海外のネイチャーポジティブ経済に貢献する機会も生まれる。

日本のネイチャーポジティブ経済への移行に際して、価値創出が期待できるリアル空間の代表格として考えられるのは「海洋資源の開拓」と「森林の活用」の2つだ。

(1) 世界有数の海洋資源の開拓(ブルーエコノミー)

日本の海洋資源は、未開拓の分野として大きな可能性を秘めている。日本は排他的経済水域と領海を足した広さで世界第6位を誇る。この海洋資源を生かさない手はないだろう。日本に限らず、近年は世界的に「ブルーエコノミー」が提唱されている。地球の表面積の7割を占める海の可能性を解放することで、経済価値と社会価値を創造するという概念だ。具体的には、漁業、石油・ガスなどの資源採掘、海上輸送など既に確立された分野に加え、洋上風力発電をはじめとする再生可能エネルギー、バイオエコノミー、深海の海洋鉱物採掘や海水淡水化、海底ケーブル、廃棄物処理といった多様な新興分野を産業化することによる経済成長が見込まれている。

デロイト トーマツの試算では、ブルーエコノミー関連のグローバル市場規模は20年に270兆円だった。既に確立されている市場の成長と今後確立される新興市場により、30年までに約500兆円に拡大する見込みだ。ブルーエコノミー関連の雇用者数については、1億人規模の増加を予想している。ブルーエコノミーは経済価値だけでなく海の環境的価

海洋面積は地表の7割を占める

ブルーエコノミーの市場規模と可能性

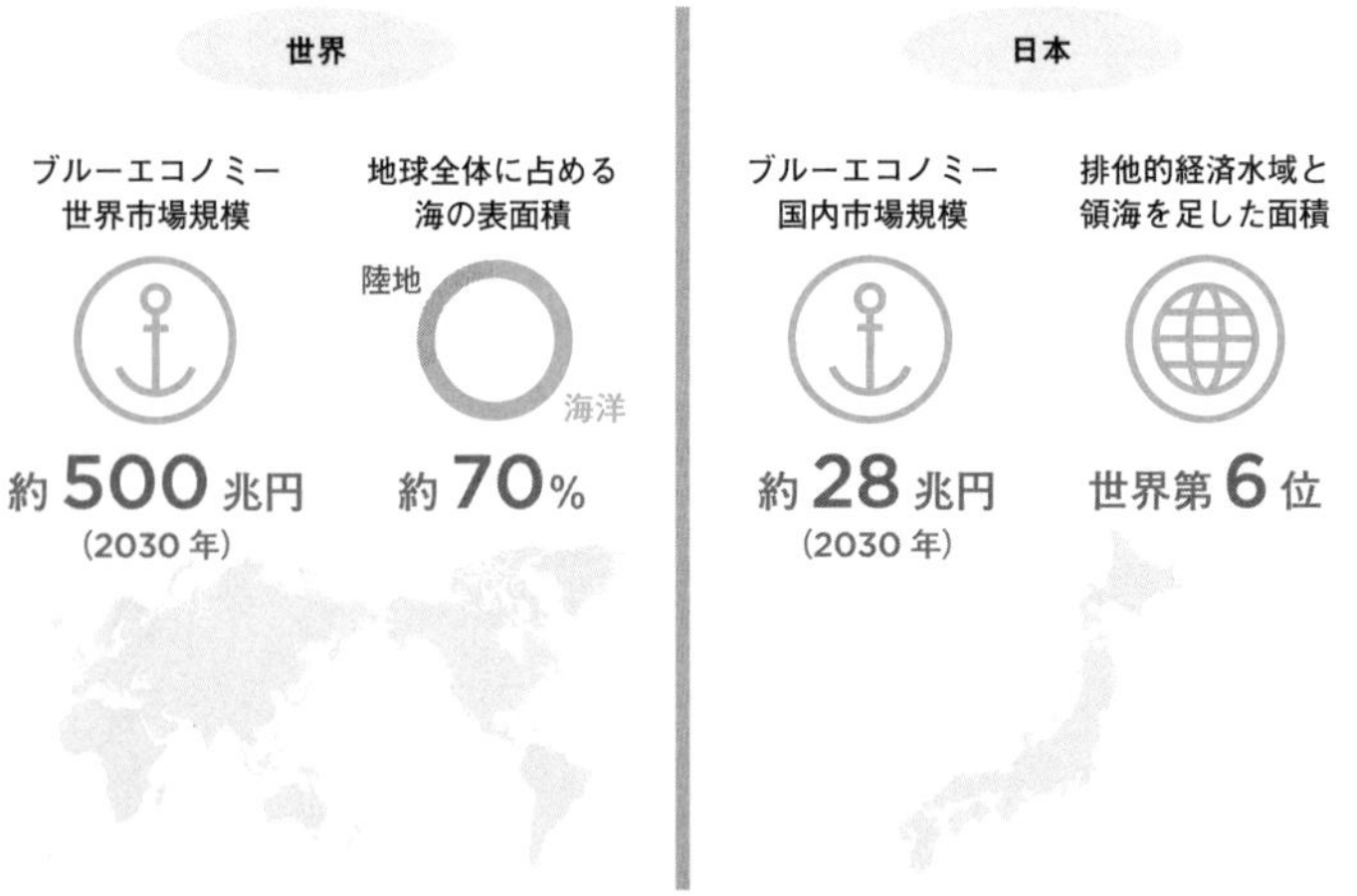

出所：OECD、European Commission、World Bank Groupなどの公開資料を基にデロイトトーマツ作成

値の向上も目指す考え方であり、ネイチャーポジティブ経済を具現化するポテンシャルを持つものだ。

　国内のブルーエコノミー市場規模は20年の約24兆円から、30年に約28兆円まで増える見込みだ。ただ、これはブルーエコノミーの認知が進んでいない時期における〝堅い〟予想といえる。今後、国や企業の間で認知が進めば、この予想を上回る成長ペースとなる可能性が高い。例えば洋上風力発電やメタンハイドレートなどの新興市場での技術革新が進み、その分野での投資が加速することもあるだろう。

　ブルーエコノミーの拡大のためには、海に対する投資を増やすこと、海洋産業活動の自由度と海洋資源の持続性を両立させられるルールづくりをすること、新たなスタートアップや技術への投資をすることなどが必要となる。これらをたゆまず進めれば、豊富な海洋資源を持つ日本にとって大きな成長機会が生まれる。

(2) 国土の過半を占める森林の活用

ネイチャーポジティブ経済においてもう1つ注目すべき領域は森林資源である。林野庁によると、日本の森林面積は全国で約2500万ヘクタール（25万平方キロメートル）に上る。実に国土面積の約3分の2を占めている。

「百年の森林（もり）構想」。こんなキャッチフレーズを掲げ、森林資源を生かして産業や雇用を創出する成果を上げげた取り組みがある。岡山県の北東部、鳥取県や兵庫県と接する山深い地域にある西粟倉村だ。人口約1400人の西粟倉村は、面積の約95％を森林が占める。林業の持続可能な経営を見据えて木材加工・流通・販売の基盤整備を進め、産業としての多元化に取り組んでいる。

その一環で、西粟倉村は15年から約5年間にわたり、地元での起業支援・育成プログラム「ローカルベンチャースクール」を運営してきた。それ以降は後継制度として起業型の

「地域おこし協力隊」を募集している。

今や人口の１割程度が移住者となり、地元発のローカルベンチャーが40社以上も生まれた。生み出した雇用は１００人を超える。森林を活用することで林地崩壊などを防ぐ災害対策を行うとともに、地元産木材を活用した製品加工業をはじめとする多種の産業を生み出し、雇用に結び付けた。

このように、持続可能性を考慮しながら森林資源を活用して産業化や地域活性化に取り組む動きが各所で生まれている。こうした芽を大きく育てることで、成長につながる新たな需要が創出されていくはずだ。


林業を取り巻く環境は、ＥＳＧ（環境・社会・企業統治）を重視する意識の広がりとともに世界中で大きく変化している。木材を持続可能な形で生産する森林が「優良な資産」としてＥＳＧ投資の受け皿となり、世界中で投資額が大幅に増加しているのだ。ＥＳＧ投資の一種であるインパクト投資の残高のうち、森林関連への投資が約10％を占めるまでになっている。[1] 今後も林業への投資資金の流入は加速するだろう。

日本の森林資源は、ＥＳＧ投資の流れに連動してグローバルから資金を集めることにより、ネイチャーポジティブ経済の中核として大きく発展する可能性を秘めている。もちろん、全国の森林すべてを生かすのは容易ではない。担い手不足の問題、放置状態の人工林の問題など、解決すべき課題は多い。それでも、豊かな自然を維持しながら資源としても活用していく発想が、日本の成長に大きく寄与するはずだ。

(3) 広がる宇宙空間関連の多様なビジネス展開

ここまではリアル空間における需要の機会として、ネイチャーポジティブの観点で地球上の自然資源の活用余地を見てきた。そこから視野を広げると、より大きな空間が広がっている。それは「宇宙」だ。

宇宙開発は、軍事目的を主とした米ソ冷戦時代を経て、民間主導によるビジネス開発のフェーズに移りつつある。起業家のイーロン・マスク氏率いる米スペースX、米アマゾン・ドット・コム創業者のジェフ・ベゾス氏率いる米ブルーオリジンなどのように、潤沢な資金を背景に惑星間宇宙飛行や有人宇宙旅行などの壮大な夢に挑む企業も出てきている。

宇宙に関するビジネスの機会を大別すると「地球上での関連市場の開拓」と「宇宙空間での新規市場の創造」の2つがある。これまでなかった需要を呼び起こすチャンスだ。

1点目の「地球上での宇宙関連市場の開拓」に関連して期待されるのが、ロケットなどの発着拠点「スペースポート（宇宙港）」だ。スペースポートの経済価値は、施設の利用そのもので生まれる価値にとどまらない。人工衛星の組み立てやモビリティー、宿泊施設などのサービス提供による価値、周辺の幅広い地域産業が高度化する価値（衛星の活用、エネルギーマネジメントシステムの確立、観光コンテンツの開発など）への広がりが期待できる。

スペースポートを核にして経済価値を創出しようと取り組むのが、人口約5400人の北海道大樹町だ。町と道内民間企業が出資した新会社を立ち上げて「北海道スペースポート（HOSPO）」を運営している。掛け声は「北海道に、宇宙版シリコンバレーをつくる」だ。日本政策投資銀行と北海道経済連合会は、HOSPOでの小型ロケット年10回、観測ロケット年2回の打ち上げを想定した場合の効果として、約2300名の雇用創出や観光客の約17万人増加などを見込んでいる。この結果、道内の年間の経済波及効果は267億円に上ると試算する。宇宙を起点とした新しいビジネスで地域に需要と経済効果をもたらす挑戦が始まっている。

また、2点目の「宇宙空間での新規市場の創造」については、有人宇宙旅行や宇宙輸送などを目指す民間企業が相次ぐ中、人間の生活圏を宇宙空間に広げる未来が現実味を帯びつつある。宇宙飛行士だけでなく研究者や技術者が宇宙に長期滞在して働く、旅行者がレジャー目的で宇宙空間に滞在する、といった状況になれば、宇宙空間での様々な新規市場が生まれるだろう。

多くの人が宇宙空間で滞在・生活できるようにするためには、日用品や衣類、食料、住宅、医療・介護、エネルギー、通信、運輸、健康管理、水・ごみ処理など、私たちの生活を取り巻くあらゆる産業を宇宙環境に対応させる必要がある。さらに、資源が限られる宇宙空間では高効率に生産し、資源を循環させていくことが求められる。つまり、宇宙関連の特定産業だけでなく、製造業からサービス産業まで、既存のあらゆる産業の「無重力環境対応」「高効率な生産・資源循環」が新たなビジネス機会になるのだ。産業の裾野の広さに強みを持つ日本では、宇宙空間に関連する広範な領域で新しい市場が拡大すると期待できる。

「日本は狭い」という意識で成長への期待をついつい失ってしまうのは、周囲だけを見ているからかもしれない。視野を広げて国土全体や海洋、そして宇宙空間を見渡せば、未開拓だった市場や未活用だったリソースが見えてくる。リアル空間を広く見る発想は、価値循環で成長を考える上での大事なポイントになってくるだろう。

機会3：仮想空間の拡大

3つ目の機会は「仮想空間」だ。既に人はコミュニケーションや娯楽、仕事の多くをインターネットに依存している。特に、2010年代に入りスマートフォンが一気に普及し、クラウドサービスが急速に拡大する中で、情報を収集するのも、買い物をするのも、誰かに連絡を入れるのも、インターネット上のサービスを使うことが当たり前になっている。もはや仮想空間にそれほどの成長余地はないと考える向きもあるかもしれない。

しかし、そんなことはない。デジタルデータの一意性を担保する技術の登場で、仮想空間上に「モノ」の概念が生まれるのだ。それによって仮想空間内で所有する資産の売買といった新しい経済活動が生まれたり、仮想空間内に新たな意思決定組織をつくり出したりできるようになる。加えて、アバター（分身）やロボットなどの技術が発展し、リアル空間で起こっていることを仮想空間で忠実に表現したり、仮想空間での現象をリアル空間に提示したりするようになり、リアルと仮想の切れ目が見えなくなっていく。コミュニケー

拡大する仮想空間

仮想空間で生まれる新たな経済活動や集団

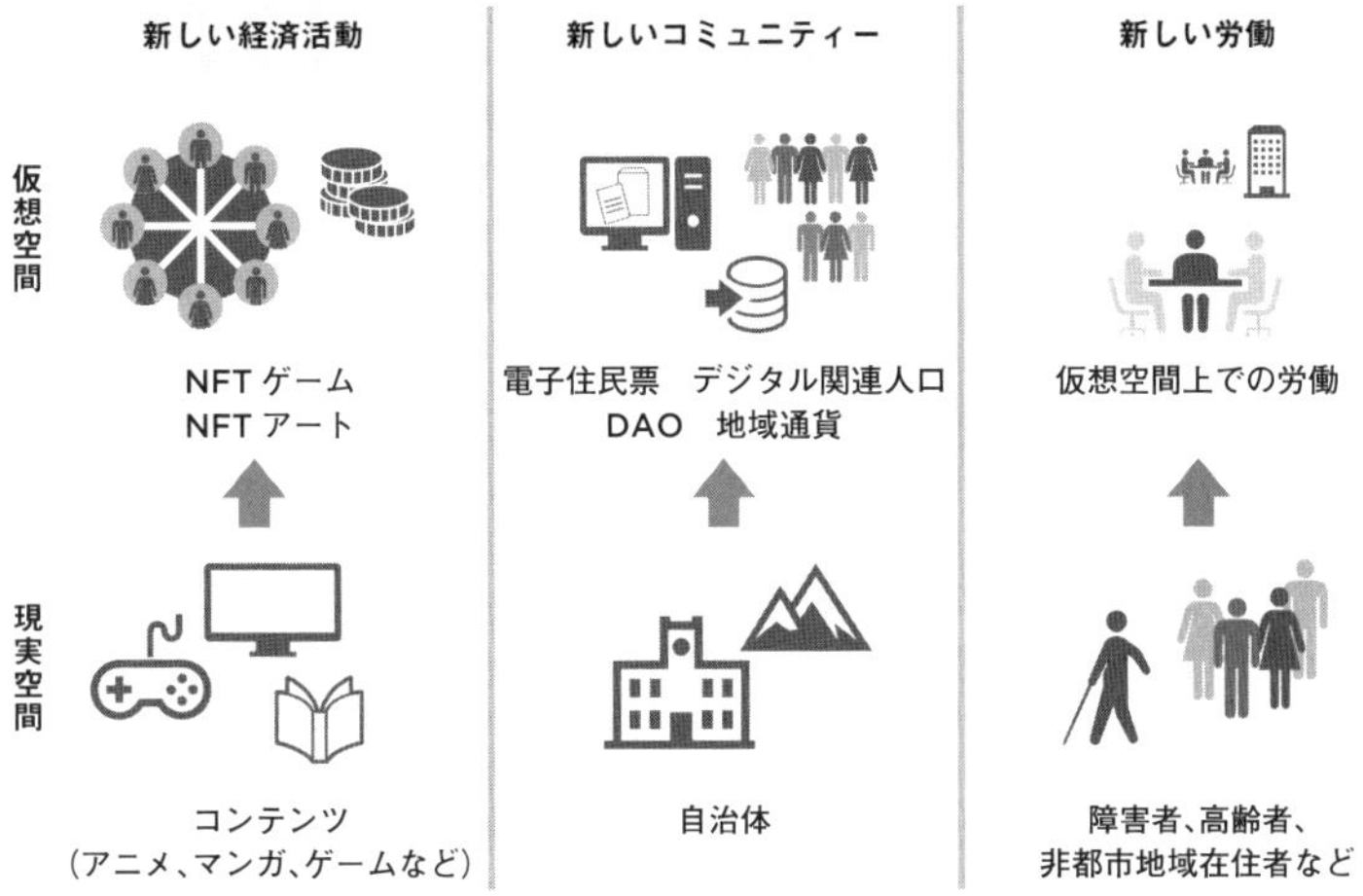

NFT：Non-Fungible Token　DAO：Decentralized Autonomous Organization

ションの媒介装置としての色合いが濃かったインターネットは、まるで現実を拡張したような仮想空間を表現する装置に変わっていく。そこに大きな成長の機会が潜んでいる。

これからの仮想空間によって広がる「新しい経済活動」「新しいコミュニティー」「新しい労働」の3つについて具体的に説明していこう。

(1) 新しい経済活動の広がり

仮想空間における経済活動において利用されている代表例が「暗号資産（仮想通貨）」だ。暗号資産は、トークンを通貨に見立てて流通させる仕組みで、取引が発生したときにトークンの所有権を変えることで流通を実現している。リアル空間でいえば、硬貨や紙幣の1枚1枚について、今誰が持っているかを記録し続けるイメージだ。リアル空間ではとてつもない作業量になってしまうが、仮想空間上なら実現できる。

1個のトークンを貨幣や紙幣に見立てたのが暗号資産なら、写真やイラストなどのデジタルデータに1個のトークンを関連付けて所有者を明確にできるようにしたのが、データの一意性を担保する「NFT（非代替性トークン）」と呼ばれる技術だ。このNFTが仮想空間において経済活動の発展を支えることになると期待される。

一意性を担保するとはどういうことか。一例として、10円玉などの硬貨で思い浮かべてみてほしい。財布の中に何枚か入っている10円玉は、価値としては同じ「10円」だ。ただし、それぞれの10円玉は1個しかない。何年につくられ、どの銀行に運ばれ、どこの商店で消費者の手に渡り……という流通の歴史は1個ずつ異なる。つまり、モノは一意なのだ。同じ形、同じ意味を持っていても、実体としては1個ずつが別物になる。

それぞれのデータが別物であることを仮想空間上で識別できるようにするのがNFTだ。それは改ざんを困難にするブロックチェーン技術を基に、個々のトークンを誰が所有しているかを追いかけ続けることで実現している。

この仕組みを利用して、アート作品のデジタル上での個別の所有を可能にしたのが

急拡大したNFT市場

NFT関連事業者の資金調達規模

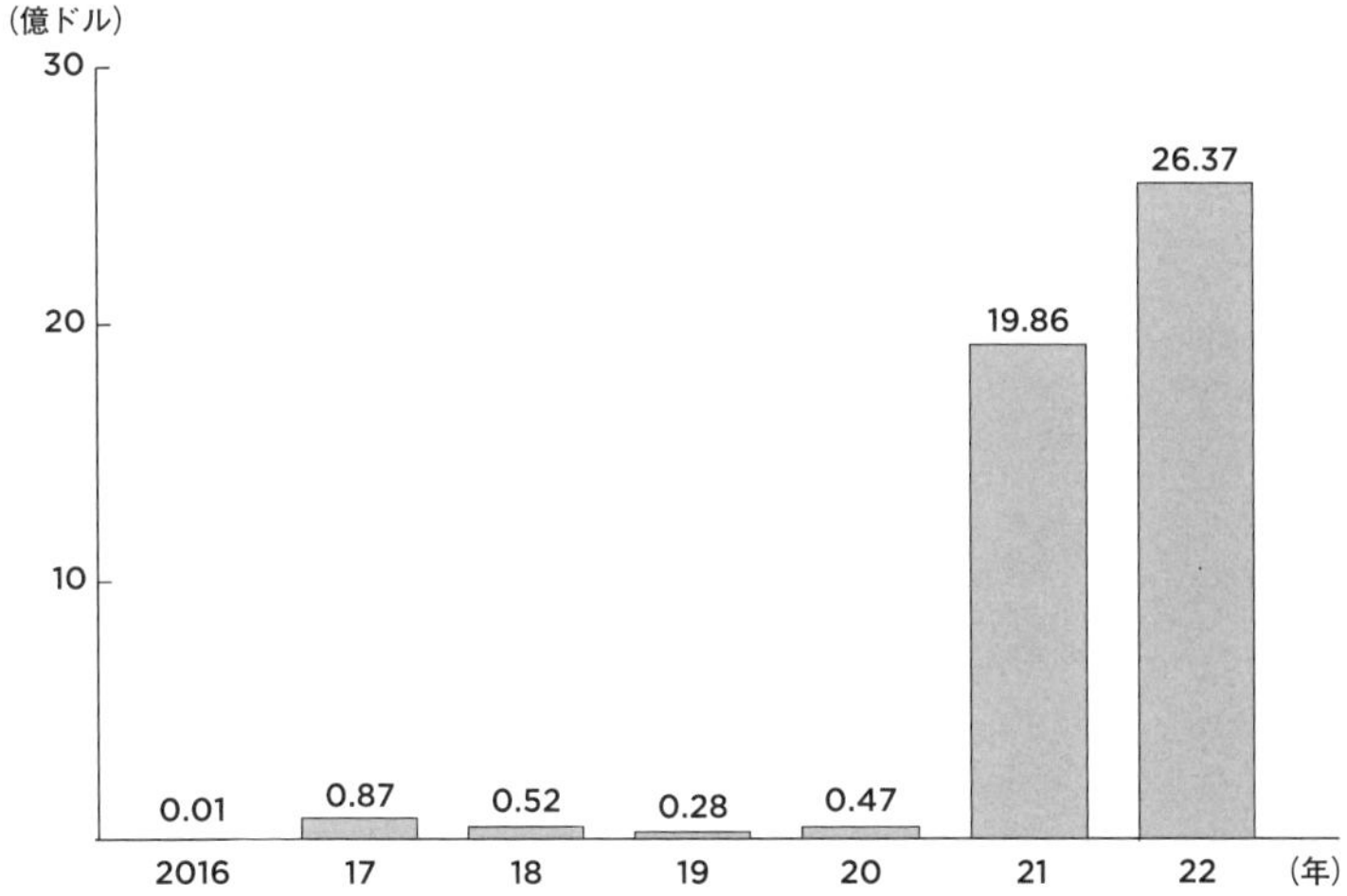

データソース：デロイト トーマツ「TechHarbor」

「NFTアート」だ。写真やイラストのデータを誰かが無断でコピーして所有したとしても、トークンの持ち主が所有権を主張できるようにするものだ。

このNFTアートのような使い方は、オンラインゲームで先行して広がっている。ゲーム内で使用するアイテムやキャラクター、土地などのデータをトークンにひも付けて、利用者同士で取引できるようにしている。ゲームをプレーすることで暗号資産を獲得できる「プレー・トゥ・アーン」の仕組みも広がっている。

これは、マンガやアニメ作品などのコンテンツに強みを持つ日本にとってもチャンスだ。古い作品など休眠資産の掘り起こしを含めてNFTを使った新たな取引を増やせたら、日本のコンテンツ産業のさらなる資金源となり市場拡大につながるだろう。２０２１年12月にオークション販売された「鉄腕アトム」のＮＦＴアートは、落札額が約５３００万円に上った。[2] ＮＦＴを使ったトレーディングカードゲームでも「鉄腕アトム」が使われ、欧米や中国を中心に海外からの購入希望が集まっているという。[3]

デロイト トーマツの調査では、世界のＮＦＴ関連事業者の資金調達規模が20年の約４７００万ドルから、22年には26億ドル超に急増した。暗号資産市場の急激な縮小でＮＦＴにも疑問を持つ人は多いかもしれないが、一意性を担保するというＮＦＴの特性を生かした新しい取引の市場は着実に大きくなっていくだろう。

(2) 新しいコミュニティーの広がり

仮想空間上には、現実空間を超越したコミュニティーも形成されていく。先行事例として注目されているのが、新潟県長岡市の山古志地域である。04年に発生した地震で壊滅的な被害を受けた山古志地域では、その後、地域を離れる住民が増えた。地震の前まで約２２００人いた住民数は、今では約８００人まで減少してしまった。

消滅の瀬戸際に立った山古志を存続させようと生み出したのが、地域の名産である鯉《こい》をモチーフにした独自のNFTデジタルアート作品「Colored Carp」だ。デジタルアートに関連付けられたトークンは電子住民票を兼ねており、その販売益を独自財源として地域に還元する仕組みだ。

NFTを保有する「デジタル村民」の数は地域の人口を上回り、1000人を超えている(22年12月時点)。デジタル村民が増えたことで、VR(仮想現実)やリアルで山古志に「帰省」する取り組みや、オンラインツアーへの参加、地元産野菜販売のECサイトやサブスクリプションサービスの利用が拡大した。リアルな経済にも効果が表れ始めている。

人口3万人余りの岩手県紫波町は、22年6月に「Web3タウン」の計画を発表。まちづくりや経済活動に多様な人材を呼び込んで地域課題の解決を進めようと、国内外どこからでも参加できる「DAO(分散型自立組織)」の形成に乗り出した。DAOは、その組織が配布したガバナンストークンを所有する人たちに議案への投票や議論への参加の権利を与える仕組みのこと。Web3技術を活用した地域通貨の発行やふるさと納税の実現、返礼品へのNFT利用、仮想空間を通じた個人や企業の誘致を実現し、DAOを通じて地域課題の解決や魅力向上の施策を具現化することを目指している。ゆくゆくは、紫波町のDAOの取り組みを段階的に全国に拡大し、世界にも拡張していく形での発展を見据えている。

過疎化の問題に直面している自治体が、仮想空間を使って財源や関係人口を増やし、リアル空間のアナログな方法だけでは成し得ない価値向上を実現する。そんな取り組みが、縮小するばかりと思われた地域経済の活性化に寄与すると期待される。

仮想空間を通じたコミュニティーの拡張は、地域経済に関わる領域にとどまるものではない。企業活動や趣味・娯楽、文化などに関わる様々なテーマを起点として、仮想空間を活用したリレーションと経済活動の広がりが生まれていくだろう。

(3) 新しい労働の可能性の広がり

仮想空間を通じた雇用創出や労働形態の多様化も起こる。

ＮＴＴは、障害があるなどの理由で外出が難しい人の就労機会を仮想空間によって拡大する仕組みを構築した。自社のＶＲ空間プラットフォーム「ＤＯＯＲ」上で、就労者が分身（アバター）を操作してバーチャルサロンのガイダンス業務を担う。就労の場を仮想空間に拡大することで、リアル空間では働くチャンスをなかなか得られなかった人たちが仕事を得て社会参画できる機会が広がる。

新型コロナウイルス禍で定着したテレワークは、オフィスでのコミュニケーションを仮想空間で再現するものだった。身体的な要素にとらわれずに自己の表現ができる仮想空間内で生活や仕事そのものを移していけば、障害者や高齢者、大都市以外の地域や海外に拠点を置く人など、様々な人の就労機会が増えていく。さらに、リアル空間で動作するロボットの性能向上や低コスト化が進めば、外出が難しい人が仮想空間を通じてリアルの工場で動くロボットを操作しながら働くといった機会も生み出せるだろう。

これまで見てきたように、今後は仮想空間で、リアル空間と同じような経済活動が可能となったり、リアル空間では実現できなかったコミュニティーが形成されたりすることで新しい経済圏が生まれる。さらには量子コンピューティングやデジタルツインなどの技術を活用しながら、仮想空間につくった「もう1つの世界」を起点にさらなる価値を創出し、現実世界に還元するという循環も生まれるだろう。現実世界の物理的な制約を取り払う仮想空間には、人口減少下であっても需要創出の機会が数多く転がっている。

専門家の視点④

メタバースの発展、アジアが支える

新しいデジタル経済圏を形成する基盤として期待が高まる「メタバース」。現実空間と同質のものを仮想空間上に構築するコンセプトで、エンターテインメントにとどまらず様々な領域で既存のビジネスや社会活動を変革する可能性がある。仮想空間での体験を現実空間のもののように感じさせるユーザーインターフェースについても、デバイスやサービスの市場が広がり始めている。

メタバースの発展の原動力となるのは技術革新と人口増加だ。特にアジアは、この2つの面から注目すべき地域となっている。韓国と中国は、5G（第5世代移動通信システム）の展開で世界をリードしている。また、アジアはスマートフォンや半導体の世界出荷量の4分の3以上を占める製造拠点でもある。

利用者側に目を向けると、世界の15～24歳の若者の60％以上がアジアに住んでいる。アジアはモバイルゲームの世界最大の市場であり、13億人のモバイルゲーマーがいる。
デロイト センター・フォー・エッジの最新のレポートでは、アジアでメタバースがGDP（国内総生産）に与える経済的なインパクトが、2035年時点で年間約8000億ドル（約104兆円）〜1兆4000億ドル（約182兆円）に上ると予測している。これはアジアの年間GDP全体のおよそ1・3〜2・4％に当たる数値だ。

メタバースに必要な技術や、人的資本、規制の枠組みを整備することで、農業や自動車、製造業、建設業、流通・小売業、観光関連、金融サービス、ヘルスケア、教育、政府・公共サービス、ゲーム・エンターテインメント関連など、幅広い産業でメタバース関連の取り組みが活発化し、経済に好影響をもたらすだろう。

「Vチューバー」も拡大に貢献

国別に見ると、最も大きな経済インパクトが予測されるのは中国だ。35年時点で年間4560億〜8620億ドルに上る見通しだ。中国のテクノロジー企業がプラットフォームとコンテンツの両面でサービス開発に取り組むことで、さらに大きな市場が生まれると期待される。特に自動車業界やヘルスケア領域でのメタバース活用が活発になりそうだ。

日本における35年時点のメタバースの経済インパクトは870億〜1650億ドルにな

りそうだ。ゲームやマンガ、アニメといったコンテンツ産業の強みを生かす形のビジネス展開が想定されるほか、小売りや観光など多くの分野で新たなサービスが生まれ、成長していく可能性がある。

日本発のトレンドであるVチューバー（バーチャルユーチューバー）の影響力は海外にも波及しており、コンサートやライブコマースなどによるマネタイズ（収益化）の機会の幅は今後も広がっていくだろう。日本ではイノベーションをもたらすデジタル人材の拡充やスタートアップエコシステムの発展が、今後の市場拡大の原動力になると想定される。

機会4：時間の蓄積が生み出す資産

第4の「増える要素」は日本に長年蓄積されてきた資産の活用だ。長い歴史によって積み重ねた文化的、技術的、生物的な伝統や経験、知識は間違いなく日本の強みといえる。蓄積された資産は、知的財産、社会資本や教育、アニメやマンガといったコンテンツまで幅広いものがある。この中には、今まで価値発掘の機会として捉えられていなかったものもあるだろう。

これまで着目の機会が得られずに埋没している場合もあるこれらの資産に、他ジャンルのアイデアや、グローバル展開、テクノロジーなどを掛け合わせる。それによって資産が本来持っている価値を掘り起こし、増幅させる。これが新たな需要を生み出す機会につながるはずだ。

具体的な掛け合わせの例として注目したいのが、「地域特有の宝×他ジャンルのアイデア」「健康寿命×グローバル研究開発」「熟練技能者の知見・経験×テクノロジー」の3つだ。

長年蓄積された資産も価値の源泉に

時間が蓄積された資産を生かす取り組み

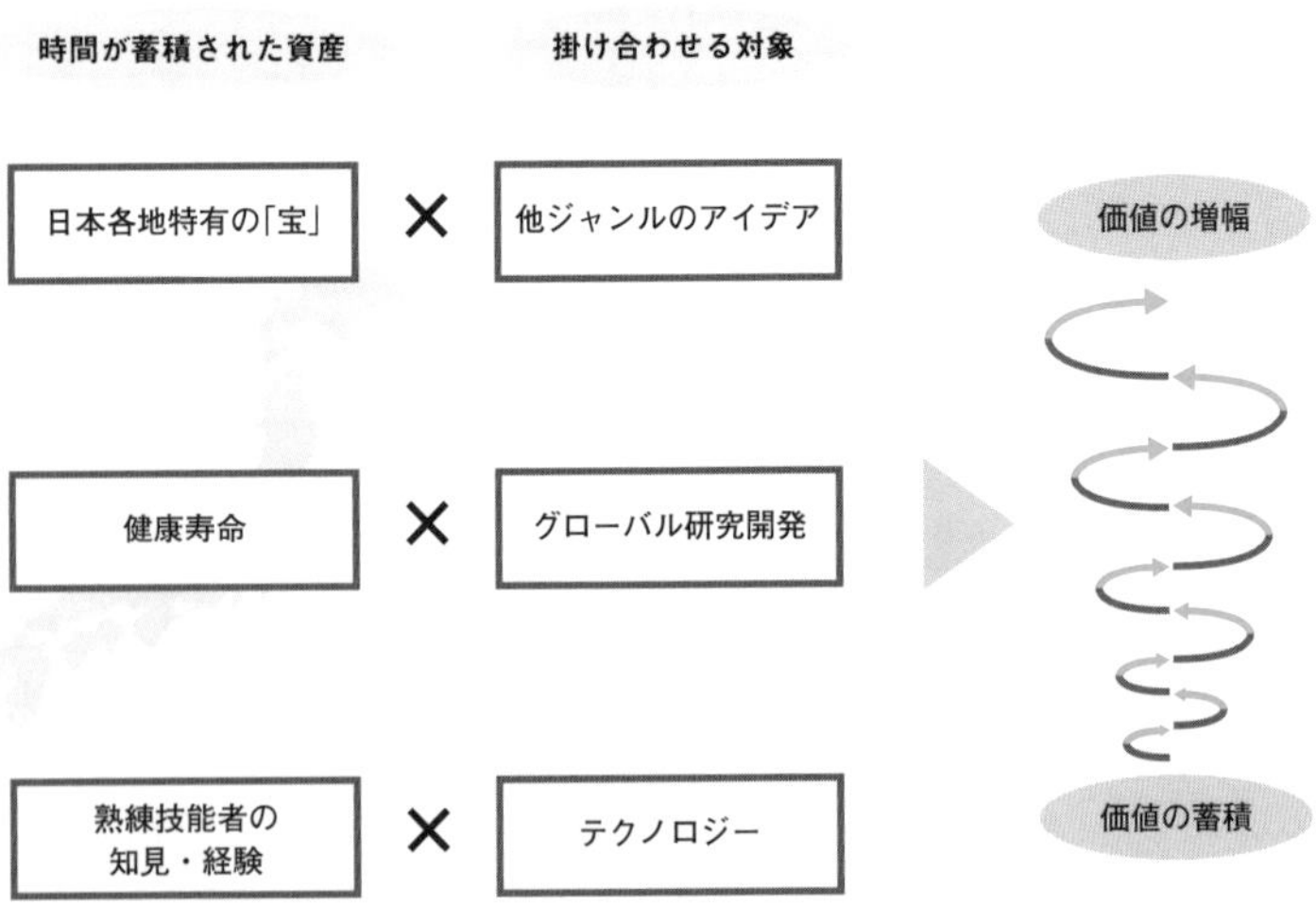

それぞれについて具体的に見ていこう。

(1)地域特有の「宝」×他ジャンルのアイデア

日本の各地には、長年にわたる時間の蓄積が生んだ特有の文化や環境がある。そんな地域の魅力を再発見し、価値を増幅させる代表的な取り組みが、特定の地域を舞台に数日だけ営業する野外レストランの「ダイニングアウト」だ。

仕掛けたのは地域の価値創造に取り組む企業であるONESTORY（東京・渋谷）。地域に残された自然や文化、歴史などの魅力を最大限に引き出せる場所を選び、著名なクリエーターが非日常感を与える体験をデザインする。レストランでは世界で注目されるトップシェフが地元の食材を生かしたメニューを提供する。わずか数日の営業が終わると、レストランは跡形もなく撤去される。料金は宿泊費込みで1人15万~20万円と高額ながら、即座に予約が埋まってしまうという。

ポイントとなったのは、トップレベルのシェフやクリエーターの起用や、数日営業という希少性である。その土地ごとに伝統的に育んできた資産である「宝」を、クリエーターやトップシェフという他ジャンルの新しい手段と組み合わせることで、「ここにしかない」価値を生み出している。

「高齢化・過疎化するばかりで何もない田舎だ」と地元住民が捉えていた土地も、外部の目から見ると「宝」のような観光資源が眠っていることがある。そうした地域の隠れた原石を掘り起こし、新しいサービスやテクノロジーと組み合わせれば、消費者の新たな興味を喚起し、これまでになかった需要の機会が生まれる。従来型の「観光」の枠を超えた形で、需要の創出や地元食材の高付加価値化、地域経済の活性化につながっていく。価値の増幅の余地はまだまだあるのだ。

(2) 健康寿命×グローバル研究開発

健康寿命が長い日本は、世界から研究対象として注目されている。年齢だけを考えていると、高齢化は「働き手が減る」とのマイナス面の印象が強くなるが、実は年を取ること自体が価値として認識されているわけだ。日本の高齢者そのものが研究開発の観点で価値を生んでいくという可能性は、日本の成長にとって重要な視点だ。

生物学的研究や疾病研究においては、組織や体液、それに付随する情報を含めた日本人の検体が「高い価値を持つ」として取引されている。これは、日本で蓄積された健康寿命にまつわるデータが大きな価値を生むことを示唆している。日本はグローバル規模でヘルスケア分野の研究開発に寄与するという存在感を発揮できるはずだ。

健康寿命を伸ばす研究だけでなく、寿命自体を伸ばすことを見据えたプロジェクトも始動している。その代表例は内閣府のムーンショット型研究開発事業の1つとして進められている。この研究では、老化細胞を除去する技術を40年に社会実装することを目指している。

ほかにも、高齢者の健康な生活を妨げるがんや認知症といった疾患の特効薬が開発されれば、健康な状態で労働に参加できる機会が増える。仮に健康状態を維持した上で平均寿命が１２０歳になるとすれば、従来は働き手の定年とされていた60歳はまだ人生の折り返し地点だ。かつては「高齢者」と扱われて就労の機会が減っていた年齢層の人たちが元気に働き、活発に消費するようになれば、日本の経済規模は大幅に拡大する。さらに、医療・介護費用の節約、社会保障費の低減といったメリットも生まれる。将来不安のためにとどまりがちだった日本のカネを循環させる効果が期待できる。

(3) 熟練技能者の知見・経験×テクノロジー

熟練技能者の知見や経験も日本に蓄積された貴重な資産だ。しかし高齢化による引退などでその技能が失われることが危惧されている。技能の伝承に関しては、これまでは口伝などの方法に頼ることが多く、後継者がいないなどの理由で貴重な技術が断絶してしまうケースも少なくなかった。

長い間の経験に裏打ちされた技術や感覚、経験知やノウハウを失わないためには、それらを記録・蓄積して活用する仕組みが必要になる。それを問題視した製造業や建設業では、これまでもカメラやセンサー、AI（人工知能）などを使用して熟練技能者のノウハウのデータ化や蓄積に取り組んできた。新たなテクノロジーをさらに活用していけば、ノウハウの蓄積と応用が進められるだろう。

この領域で未来の技術として期待されるものの1つが、人の脳と機械とを直接つなぐBMI（Brain Machine Interface）だ。現在は主に医療目的で研究が進められているが、技術の進展によって利用範囲が広がる可能性を秘めている。対象者が行動しているときに脳がどのように動いているのかを可視化できれば、これまで暗黙知だった熟練技能者のノウハウを別の人が再現しやすくなるだろう。時間的な蓄積が生み出した熟練技能と、日々進化する最新のテクノロジーを掛け合わせることで、新たな成長機会が生まれていく。

蓄積されたデータは、後進の技能者が使用するだけにとどまらない価値を生むはずだ。例えば、世界でのシェアが高い産業用ロボットや工作機械などの動作に応用し、「熟練技能者のノウハウを基に複数のロボットが最適に働く」といった新たな価値を提供することも期待できる。これは将来の人手不足の解消にも効く。

このように、日本で長年の時間をかけて蓄積されてきた資産に対して、その価値を増幅させるきっかけをもたらす要素（他ジャンル、グローバル、テクノロジーなど）と掛け合わせることで、新たな需要を創出する機会が生まれる。時間が蓄積した資産の価値に改めて目を向け、あらゆる掛け合わせを考えながら最大の価値を生み出すように活用していけば、普段気付いていない様々な場所に成長の機会が潜んでいるはずだ。

＊　＊　＊

ここまで、人口減少の中でも「増える要素」に注目して新たな需要創出につなげる4つの機会を整理した。「4つの機会」は、日本の成長に向けた需要創出のきっかけ、いわば「成長の芽」だ。リソースが限られる日本がこの芽を育て、持続可能な成長につなげていくためには、第3章で解説した「ヒト」「モノ」「データ」「カネ」の4つのリソースを循環させることが重要になる。

続く第5章では、環境・エネルギー、モノづくり、ヘルスケア、観光、地域創生という領域ごとに、4つの循環と4つの機会を組み合わせた需要創出シナリオを提示していこう。

人間の本性である「循環」を今こそ取り戻せ

早稲田大学
入山章栄 氏

×

デロイト トーマツ グループ
松江英夫

入山章栄（いりやま・あきえ）
早稲田大学 大学院経営管理研究科（ビジネススクール）教授
慶應義塾大学経済学部卒業、同大学院経済学研究科修士課程修了。三菱総合研究所を経て2008年に米ピッツバーグ大学経営大学院よりPh.D.を取得。同年より米ニューヨーク州立大学バッファロー校ビジネススクール助教授。19年4月より現職。『Strategic Management Journal』『Journal of International Business Studies』など国際的な主要経営学術誌に論文を発表している。

松江英夫（まつえ・ひでお）
デロイト トーマツ グループ 執行役
Chief Executive Thought Leader
経営戦略および組織変革、経済政策が専門、産官学メディアにおいて多様な経験を有する。デロイト トーマツ グループに集う多様なプロフェッショナルの知見をグループ全体で共有し、より高い次元のインサイトやソリューションを継続的に創出・発信するためのグループ横断的なプラットフォームであるデロイト トーマツ インスティテュート（DTI）の代表も務める。フジテレビ系列『Live News α』コメンテーター、中央大学ビジネススクール客員教授、事業構想大学院大学客員教授、経済同友会幹事、国際戦略経営研究学会常任理事、経済産業省「成長志向型の資源自律経済デザイン研究会」委員。

人口減少の環境下では、日本経済の停滞に目が向きがちだ。しかし発想を変え「増えていく要素」に着目し、それらをどのように循環させて生かしていくかを工夫することで、産業や社会の発展可能性が広がる。早稲田大学ビジネススクールの入山章栄教授と、デロイト トーマツ グループ執行役CETLの松江英夫が、今後の日本の成長シナリオのカギとなる「価値循環」について意見を交わした。

松江 「失われた30年」を経て、この先人口が減っていく中、日本はどのように成長できるのか。それを考える中で「価値循環」という概念を提唱しています。「価値循環」という発想で付加価値を高めていけば、日本はまだまだ成長できるはずです。

「循環」という言葉で一般にイメージされるのは、モノを無駄なく使うことに焦点を当てた「サーキュラーエコノミー（循環経済）」です。私は「循環」させる対象をモノだけではなく、ヒト、カネ、データなどのすべてのリソースに広げて考えることが重要だと思っています。

循環というのは「回転」と「蓄積」の組み合わせです。「回転」によって、滞っていたものを継続的な動きにして活動や取引の〝量〟を増やす。すると、それにより色々なデータやノウハウが「蓄積」されてきて活動の質が高まる。顧客のニーズがよりよく分かるので新たな付加価値も生み出せます。

入山章栄氏(右)と松江英夫(左)

このように「回転」と「蓄積」を通じて経済活動の量と質を共に高めることによって新たな付加価値を生み出す。すなわち「価値循環」を促すことで、これからの日本の可能性を大きく広げられると期待しています。

入山　「回転」と「蓄積」というのは、言われてみれば、まさにその通りですね。自分の行動を振り返ってみると、私も結構回転していますね。

私がよく訪問する場所の1つに京都があります。少なくとも1～2カ月に1回は必ず京都に行きます。離れた所に行くということ自体、様々な気付きや発見があるので大事なのですが、私は何度も行って「回転」しているんです。すると色々な「蓄積」が生まれて、見えてなかったものがだんだん見えてくる。それで「京都の魅力に、新たにこういうものを加えれば、さらに大きな価値を生み出せるに違いない」といった発想も生まれるようになります。

日本の場合、海外との人の交流や行き来という意味での回転がまだまだ少ないですよね。京都も例外ではありません。外国人観光客の人気ナンバーワンの場所なのに、短期滞在用のホテルはいっぱいあっても長期滞在型の施設がほとんどない。

京都が好きな人たちに何度も回転して訪れてもらい、さらには長期滞在でじっくりと京都の魅力を堪能し、経験や知見を蓄積してもらう。そんな場所があってもいいでしょう。少しくらい高い宿泊料金を払ってでも本物の京都を味わい尽くしたいという人は、世界中を見渡せば多数いるはずですから。

天然資源の豊富さに気付いていない

松江 非常に大きな可能性を感じるお話ですね。回転と蓄積に基づく価値循環の考え方を色々な分野に当てはめてみたら、日本には新しい付加価値を生み出せる機会がまだまだたくさんありそうです。そのとき、京都のように日本ならではの固有の魅力や強みといった伸びしろの部分とうまく掛け合わせると、一気に価値が上がる。

では、一体どんな伸びしろがあるのかということについて、人口が減っていく中で増えていく要素が何かないかと考え、4つの機会に思い至りました。その1つ目はグローバル。世界全体では今後も人口は増えていくので、その成長機会を積極的に取り込むべきだと。2つ目はリアルな空間。人口が減っていくので、1人当たりの利用可能なスペースが相対的には増えていく。未活用の海洋や森林、さらに宇宙空間も活用余地が大きい。3つ目はバーチャル空間。メタバースに代表されるように、バーチャル空間での活動余地はますます増えていくので、これを徹底活用する。

入山　興味深いですね。あと1つは何でしょうか。

松江　4つ目に、時間の蓄積があると思います。日本は長い歴史を持ち、世界に誇る長寿国です。そのアドバンテージは色々あって、これを利用しない手はありません。先ほどの京都のお話は、まさに「時間の蓄積」に着目した発想だなと思いました。

これら4つの機会を存分に活用して、循環させる対象となるヒト、モノ、データ、カネなどのリソースと掛け合わせて、回転と蓄積のメカニズムによって新たな付加価値を生み出していく。このような価値循環をデザインすることが、これからの日本の成長戦略を考える際の重要なポイントではないかと思っています。

入山 目のつけどころがとても良いと思います。リアル空間なども、確かに人口が減ると、人間がタッチする領域が減っていくので、その分活用余地が広がります。特に、先ほど話に出た海洋や森林に代表される自然ですよね。

日本は狭いと思い込んでいるけれども、実は天然資源がこれだけ豊富なことに多くの人が気付いていません。最近林業の改革などに取り組む人が出てきていますが、改めて可能性を考えると理にかなったことだと思います。また、日本の歴史や文化を考えると「時間の蓄積」を生かすという発想も絶対に外せませんね。

人生の「決められた時間軸」を取り払う

入山 「時間の蓄積」という点では、長寿国家として一人ひとりのヒトが蓄えた経験をどう生かすのかという視点も重要でしょうね。私は「寿命まであと35年くらいあると考えたら結構色々なことができるな」などと考えるタイプなのですが、その人が持つ時間軸の感覚って、とても大事だなと思います。日本人の多くはこれまで、決められた人生の時間軸に沿って生きる傾向が強かったのではないでしょうか。60歳で定年とか、何歳で大体このくらい、という。その感覚を取っ払ってあげるのがとても大事ですよね。

松江 その通りですよね。50代や60代の人たちは、これまでの人生やキャリアを通じて経験し、蓄積してきたものがいっぱいあるのです。それを何と掛け合わせたらもっと価値を発揮できるだろうか、と発想を転換すれば、定年なんかどうでもよくなります。むしろ「あれも、これもできるな」と可能性がどんどん広がっていくはずです。ところが、「自分はここまで」と限界を決めてしまい、そこからの「引き算」で生き方や可能性を考えているんですよね。これは個人としても日本全体にとっても、本当にもったいないことだと思います。

入山 実にもったいないですね。

松江 これから、健康寿命をもっと伸ばしていこうという方向になっていくでしょう。50代以上の人たちにも、狭い意味での仕事や会社勤めという枠を取っ払って、もっと多様な付加価値を生み出す活動をしてもらうようにすべきだと考えています。中には80代でバリバリの経営者もいますから。

もっと多くの人が、それぞれが蓄積した経験やノウハウを生かして活躍できるような「ヒトの循環」をつくり出すことで、新たな付加価値が生まれるようになれば、大きなパワーになるんじゃないかと思います。

そして、そういう人たちが若い人たちにアドバイスして「知の循環」を図っていけば、付加価値がさらに高まっていくことでしょう。私は「社会としての終身雇用」という言葉を使っていますが、日本においては「所属先は変わっても、健康で働く意思があるうちは誰にでも仕事を通じて活躍する機会が与えられる」という仕組みさえ整えられれば、成長のポテンシャルには計り知れないものがあると見ています。

「出戻り人材」は企業にとって最強

入山　あと、やはり日本の最大の課題は、海外の人材を十分に活用できていないことです。私が教えているビジネススクールに来る外国人留学生は、皆さん本当に優秀な人たちばかりです。「何で留学先として日本を選んだの?」と尋ねると、みんなやっぱり日本が大好きなんです。卒業後も本当は日本で働きたいのに、なかなか就職できないのです。日本の企業がこうした留学生を敬遠する理由は、彼らが就職して何年かたつと、その多くが一度母国に帰るからです。でも、一度母国に帰ってしまっても、また還流して日本に戻ってくる可能性はあるわけです。そうして「一回り」して戻ってきてくれたら最高じゃないですか、と常々私は企業の採用担当の方にお話ししています。日本を起点にヒトが還流するようにする、まさにヒトが循環することが大事なのです。

外国人に限った話ではありませんが、「出戻り人材」は企業にとって最強の人材ではないでしょうか。私はよく「知の探索」が大切だと言うのですが、ビジネスパーソンにとっての「知の探索」として一番手っ取り早いのは今いる会社を一度離れることなのです。「出戻り人材」たちは、一度会社を辞めて、他の会社や組織で「知の探索」をしてきて、そこで色々な見聞を広めて経験や知見を蓄積した上で「やっぱりこの会社でもう一度頑張ってみたい」と戻ってくる。だからエンゲージメント(貢献意欲)では誰にも負けないはずなのです。

松江 全く同感ですね。日本は大々的に移民を受け入れるわけではなく、日本での活躍を希望する外国人に対して高いハードルを課している側面があります。そこに「循環」という発想を持ち込んで、留学や仕事で一時的に来日した外国人に、母国に戻っても関係を継続してもらい、機会があればまた来てもらう。そういった形で広い意味での「関係人口」をグローバル規模で増やす発想が大切だと思います。

そうすることで、定住しなくても、リアルでの訪問・滞在やリモートでの様々な接点を通じて、海外とのヒトの循環と、それに伴うモノ、カネ、データの循環がどんどん増えていくことになります。

入山 人類は、一貫して移動を続けてきました。ですから、松江さんの言葉は本質を突いていてます。人類の発展というのは、実はヒトが移動して循環する歴史なんです。ところが日本では、過去数十年、そこがピタッと止まっていたわけですよね。人間の本性である「循環」を、日本人一人ひとりが取り戻すことが必要なのだと思います。

松江 本当にそうですね。価値循環を促すことで社会全体に大きなダイナミズムをつくり出す。それによって将来が明るくなるような成長シナリオを日本発で高く掲げて、新たな成長と繁栄の時代を切り開きたいですね。

第5章

日本を動かす 10の需要創出シナリオ

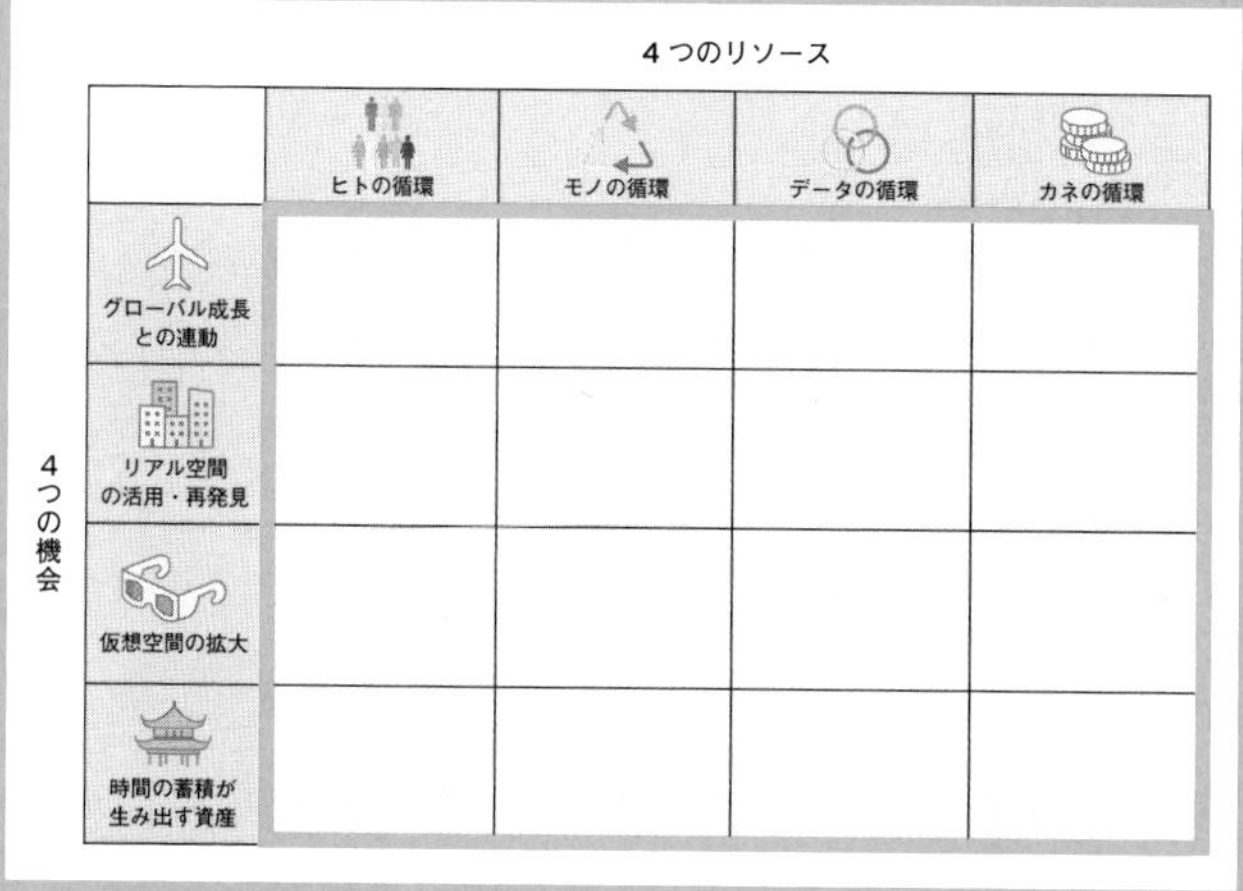

本書で提唱する新たな成長モデル「価値循環」は、第3章で紹介した「ヒト」「モノ」「データ」「カネ」の4つのリソースの循環と、第4章で解説した人口減の中でも増える要素に着目した4つの機会との掛け合わせによって実現するものだ。では、具体的にどのような価値循環を促せば新たな需要を生み出せるのか。

本章では、以下に列記するように、日本の成長において重要な役割を果たす5つの領域に焦点を当てて、10のテーマで成長シナリオを提示していきたい。いずれの領域も、これから日本が直面する社会課題に深い関わりがある。

これらは、価値循環の「4つの機会」に内包される日本固有の強みや特色を生かしやすい領域でもある。今後の日本では「社会課題の解決を需要として成長につなげる」という考え方が、従来以上に求められていく。日本の潜在的な強みを生かして社会課題を解決することにより、新たな需要を生み出して成長につなげられる。

環境・エネルギー
シナリオ1　再生可能エネルギー関連市場
シナリオ2　セクターカップリング

モノづくり
シナリオ3　静脈市場の開拓
シナリオ4　リサイクルクレジット取引市場
ヘルスケア
シナリオ5　〝長寿〟イノベーション・ハブ
シナリオ6　コネクテッド・ヘルス
観光
シナリオ7　〝循環〟ツーリズム
シナリオ8　観光データ・マーケティング
地域創生
シナリオ9　ライフワーク×観光
シナリオ10　再エネ×地域コミュニティー

まず「環境・エネルギー」の領域。カーボンニュートラル化に伴う化石燃料から再生可能エネルギーへのシフトは、今後ますます進行する。さらに日本は、多くのエネルギーや鉱物資源を輸入に頼る資源輸入国だ。世界情勢の変化に経済が影響を受けやすく、経済安全保障の観点からも「国内にある資源から最大限の価値を引き出す」という成長シナリオを描く必要がある。資源が乏しい日本における産業の生命線となる。

2つ目の「モノづくり」は、日本の高度経済成長の原動力として貢献する中で蓄積した技術や経験をはじめ多くの強みを有する領域だ。今後も日本の基幹産業であることは論をまたない。ただし、従来の「つくって売って終わり」というリニアな成長モデルへの風当たりが世界的に厳しくなる中、製造業は「資源再生業」へと役割を転換していく必要がある。蓄積してきた強みを生かしながら「循環」を促す新たなモデルにシフトすれば、他国がまねできない強力な成長シナリオを描けるだろう。

3つ目の領域は「ヘルスケア」だ。日本が世界のどこよりも早く直面する高齢化社会は弱点と捉えられることが多い。だが逆の見方をすると、世界に先駆けて日本が経験できる唯一無二の機会でもある。〝健康長寿〟という理想に向き合い、世界中からリソースを集めて優れた解決策を生み出せれば、日本は老化研究を核にヘルスケア産業をリードできる可能性を秘めている。ヘルスケア領域は移動や食事、運動といった日常生活から医療まで、非常に幅広く様々な関連サービスがあり、産業としての裾野が広い。「健康データ」を多くの場面で共有し循環できれば、数多くの新たな需要が掘り起こせるだろう。

4つ目の「観光」は、世界全体で増え続ける人口と需要を、日本として積極的に取り込みながら内需を伸ばす上で重要な産業の1つである。日本には、世界有数の長い歴史に育まれた固有の文化や豊かな自然資産が蓄積されている。その一方で、まだまだ観光資源として生かし切れていない部分も多く残されており、観光産業には大きなポテンシャルがある。観光客のニーズに着目しながらヒトやデータを軸にした価値循環を通じて新たな需要を創出する余地は極めて大きい。「観光大国」としての潜在力を開花させることで、観光関連産業は日本全体の成長をけん引する可能性に満ちている。

最後に挙げたのが「地域創生」の領域だ。人口減少に起因して、過疎化をはじめとする様々な社会課題が最も先鋭に表れるのが大都市圏外の地域である。地域社会という「場」で顕在化する課題を、産業分野の価値循環のアイデアを複合的に生かして解決することが、これからの日本の成長には欠かせない。価値循環に基づく需要創出のあり方をそれぞれの地域コミュニティーでいかに実装していくべきか、ユニークな成功事例をひもときながら成長シナリオを探る。

成長戦略を練るフレームワーク

価値循環マトリクスを用いた成長シナリオの提示例

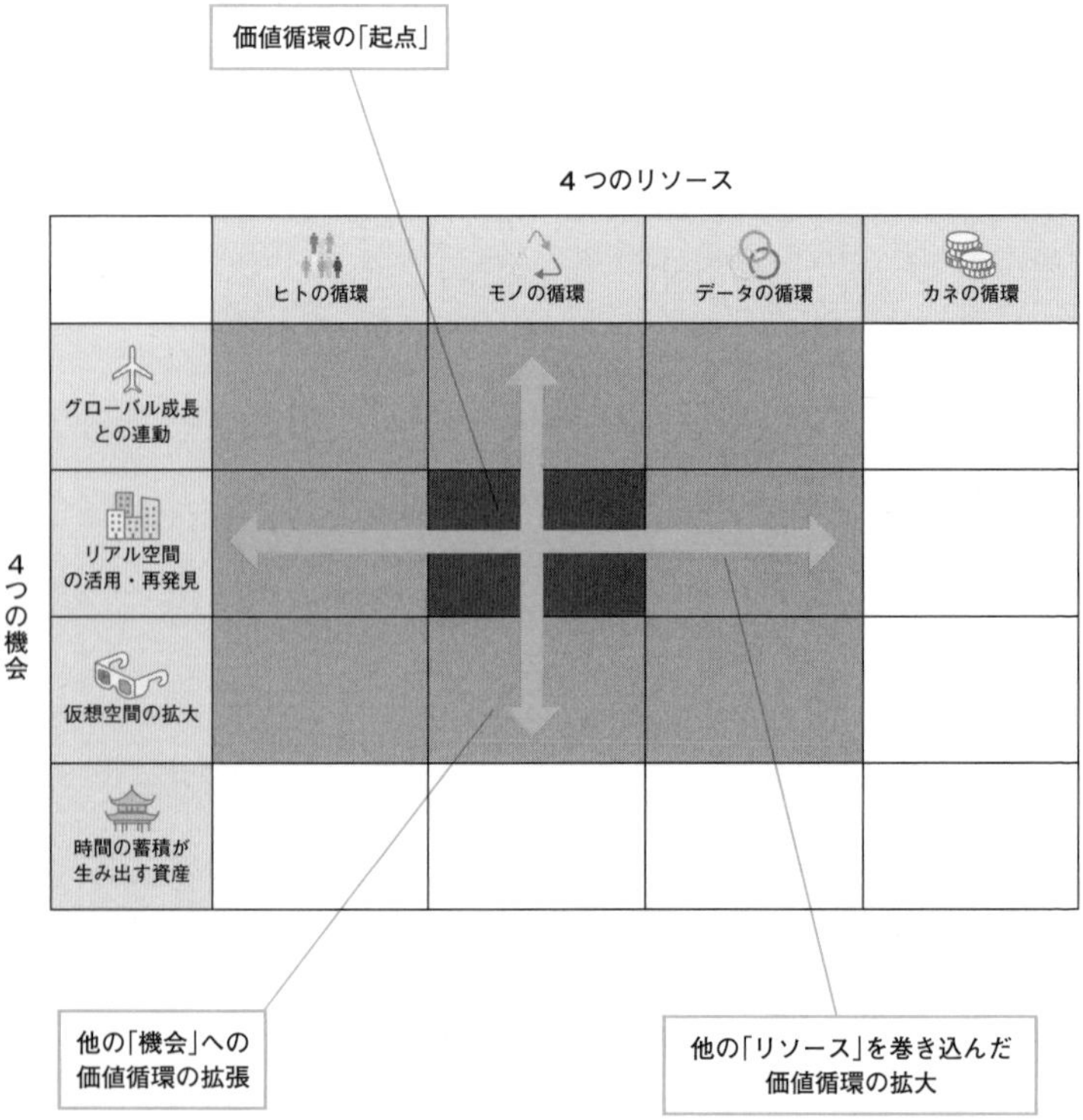

以下では、これら5つの領域で「新たな需要」創出の源になり得る10のテーマに焦点を当てて、「価値循環マトリクス」を活用して具体的な成長シナリオを見ていく。

成長シナリオの解説に入る前に、まず「価値循環マトリクス」の使い方を紹介する。最初に、成長シナリオを描く対象となるテーマを決める必要がある。次に、そのテーマに最も関連性が深いと考えられる「リソース」（横軸）と、新たな需要につながる「機会」（縦軸）がどれかを考える。その「リソース」と「機会」が交差するポイントが価値循環の「起点」となる。そして、「起点」において創出される価値循環が、他の「機会」に広がったり、他の「リソース」を巻き込んだりしながら、どのような大きな価値循環を生み出していくかを考えていく。このように「価値循環マトリクス」を用いて発想を膨らませることで、そのテーマにおいて将来どのような需要を生み、成長していくかというシナリオを描くことができる。

では、「価値循環マトリクス」を用いて、10のテーマに関する成長シナリオを見ていこう。

【環境・エネルギー】
再エネ移行が生む巨大需要を刈り取る

シナリオ1：再生可能エネルギー関連市場――再エネの供給と利用を結び付け循環させる
シナリオ2：セクターカップリング――既存と新規のエネルギーインフラを一体化させ循環させる

環境・エネルギー分野は再生可能エネルギーへの移行という大きな転換点を迎えている。日本が2050年までの実現を目指すカーボンニュートラル社会では、現在のエネルギーの主流である石油や石炭、天然ガスから、太陽光や風力をはじめとする再生可能エネルギーへの移行が不可欠だ。

移行の過程では、化石燃料を前提としてつくり上げてきた産業や社会インフラの大規模な再構築が必要となる。エネルギーの利用者側も工場から各家庭に至るまで、電動化や水

50年には50兆円規模の市場に

新たなエネルギーインフラに関する市場規模推計

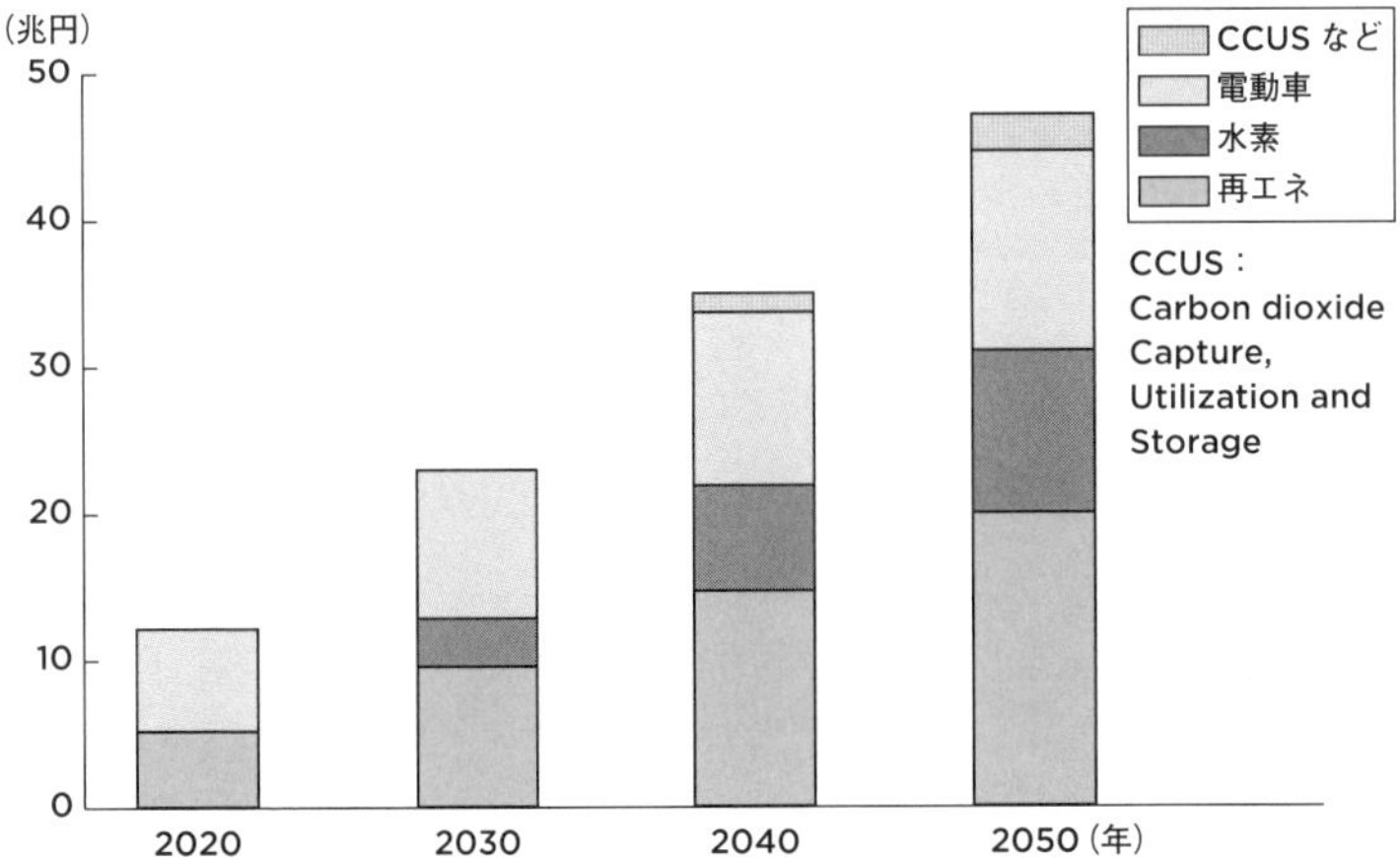

出所：経済産業省、資源エネルギー庁、International Energy Agencyなどの資料・データを基にデロイト トーマツ推計
注：再エネは発電の売り上げ総額、水素は取引量総額を概算した結果

素の利用が進んでいく。再生可能エネルギーへの移行は、社会全体を巻き込んだ転換なのだ。

デロイト トーマツの推計では、50年に日本の再生可能エネルギー市場は20兆円規模になる。それに加えて、エネルギーの媒介手段となる水素の市場は10兆円規模の見通しだ。経済産業省の「２０５０年カーボンニュートラルに伴うグリーン成長戦略」には、50年に国内で年間２０００万トン規模の水素の取引が行われるという試算がある。

また、ＢＥＶ(電気自動車)、ＰＨＥＶ(プラグインハイブリッド車)、ＨＥＶ(ハイブリッド車)、ＦＣＥＶ(燃料電池車)で構成される、いわゆる「電動車」も15兆円程度の市場規模になる。現状のエネルギー業界は、電力と石油が20兆円、ガスは5兆円規模の産業だとされており、それらと比べても新たなエネルギーインフラが大きな市場機会をもたらすと期待される。

この巨大な市場をてこにして日本が成長するために必要な要素を、価値循環の観点から考えてみよう。

再生可能エネルギーへの移行で生まれる成長シナリオの1つは、「フロー」から「ストック」への転換を生かすものだ。従来のエネルギー産業では石油や天然ガスの輸入に使われていたカネが、再生可能エネルギーでは発電設備への投資に代わり、国内に資本として蓄積されるようになる。エネルギー産業における需要の「質」が変わるわけだ。蓄積した資本によって付加価値を生み、そのカネを再投資に回して価値循環をつくり、新たな需要を生み出していける。

再生可能エネルギーへの移行で生まれる需要には、発電設備のほか、電力網などのエネルギー供給インフラの置き換え需要がある。それと同時に工場やオフィス、自動車といったエネルギー利用側も電化や水素利用の促進に伴う新たな需要が出てくる。こうして社会全体に需要の裾野が広がり、幅広い業界で新たな成長の芽が生まれる。

もう1つの成長シナリオは、既存エネルギーと新エネルギーの統合によって巨大な需要が生まれることが起点となる。現在のエネルギー産業は石油、ガス、電力とエネルギー源によって業態（セクター）が分かれており、それぞれが独自のエネルギー供給インフラを持っている。だが再生可能エネルギーへの移行が進むと化石エネルギーの需要が減り、その供給網を個別に維持することが難しくなっていく。

そこで起こるのが「セクターカップリング」だ。石油やガスなどの化石エネルギー、再生可能エネルギーなどの供給網を1つの「エネルギー網」として統合することを意味する。インフラの維持コストを下げることが可能になり、エネルギー産業全体の効率化が進む。それにより生まれたカネを投資に回すことで価値循環を生むことができる。

セクターカップリングにより、従来の「電力会社」や「ガス会社」といった概念が薄れ、「総合エネルギー企業」へと変わっていく。また、この複数セクターの統合という複雑なソリューションは、そのままパッケージとして海外にも展開できる。再生可能エネルギーという「モノ」の循環を起点に、国内外にわたる大きな循環を生み出していくのが環境・エネルギー領域における成長シナリオだ。

シナリオ1：再生可能エネルギー関連市場

再生可能エネルギーへの移行における最も大きなインパクトの1つは産業構造の変化だ。従来のエネルギー産業ではエネルギーに費やすカネの大部分が資源の購入に費やされ、産油国をはじめとする資源産出国に流出していた。これが再生可能エネルギーになると、国内の発電設備やインフラなどへの投資としてカネを使うため、その大部分を資本として国内に蓄積できるようになる。長年エネルギーの大部分を輸入に頼ってきた日本にとって、この「フロー型」から「ストック型」への転換は大きなパラダイムシフトとなる。

投資で国内に蓄積した資本によってエネルギーという価値を生み、そのカネをまた新たな投資へと回す。この「回転」と「蓄積」を意識的につくることで成長を目指す。

価値循環マトリクスで見ると、エネルギーという「モノ」を国内で循環させることで、新たな投資という「カネ」の循環を生み、それに関連した「ヒト」や「データ」の循環も増やしていく（矢印A）。

さらに再生可能エネルギーへの移行期には、新たなインフラの整備や更新といった需

再エネの供給と利用を結び付けて循環させる

シナリオ1：再生可能エネルギー関連市場

写真：PIXTA

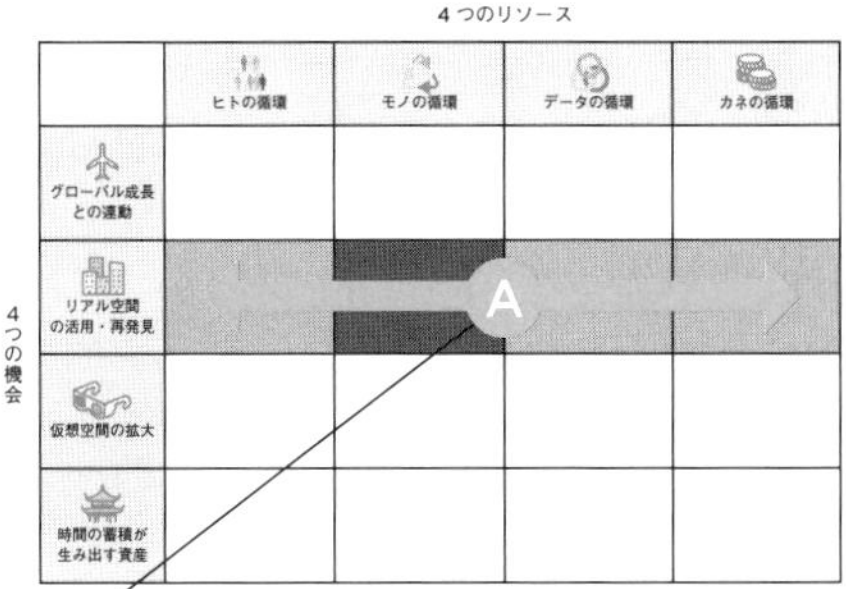

A

再生可能エネルギーへの移行により、エネルギー（モノ）の国内での循環が進む。新たなエネルギーインフラへの投資を通じて地域社会にもカネやデータの循環がもたらされ、再生可能エネルギーに関わる新たな雇用機会の創出がヒトの循環を促す

要も生まれる。エネルギーの供給者側では、蓄電池や水素によるエネルギー貯蔵、CO_2の回収と再利用、電力インフラの強化をはじめとする需要が生まれる。エネルギーの利用者側でも、石油やガスを利用した暖房設備のヒートポンプへの置き換えや、乗用車およびトラック・バスなどの商用車の電動化といった幅広い需要が発生する。また、鉄や化学などの産業分野では、従来の化石燃料エネルギーから水素化やバイオエネルギーへの置き換えが進む。

一方通行から循環へ

さらに、再生可能エネルギーの普及により、エネルギーの供給者と利用者の明確な境目がなくなる。

これまで、電力会社は巨大な発電所を持ち、各地に張り巡らせた送電線を使って電力を供給してきた。一方の利用者は、その電力に対して料金を支払うという一方通行の関係性だった。

再生可能エネルギーになると、その関係性が変わる。発電事業者が分散し、小規模な発電設備が各地に多数設置される。また、あるときは供給者側に、あるときは利用者側になる、いわゆるプロシューマー（生産消費者）も増える。企業が工場などにソーラーパネルを設置して自社で消費する電力を賄い、余剰電力を電力網に供給するようなケースだ。

例えばトヨタ自動車は20年4月、中部電力や豊田通商とともに再生可能エネルギー電源の取得・運営を手掛けるトヨタグリーンエナジー有限責任事業組合を設立した。将来はトヨタグループへの電力供給を目指すとしている。

こうして再生可能エネルギーへの移行が進み地産地消の比重が高まることで、エネルギーという「モノ」は一方通行ではなく循環するリソースとなり、それに付随してヒトやデータ、カネも循環するようになる。

カーボンニュートラル社会への移行がチャンスに

エネルギー源とエネルギー利用に関する新たな需要

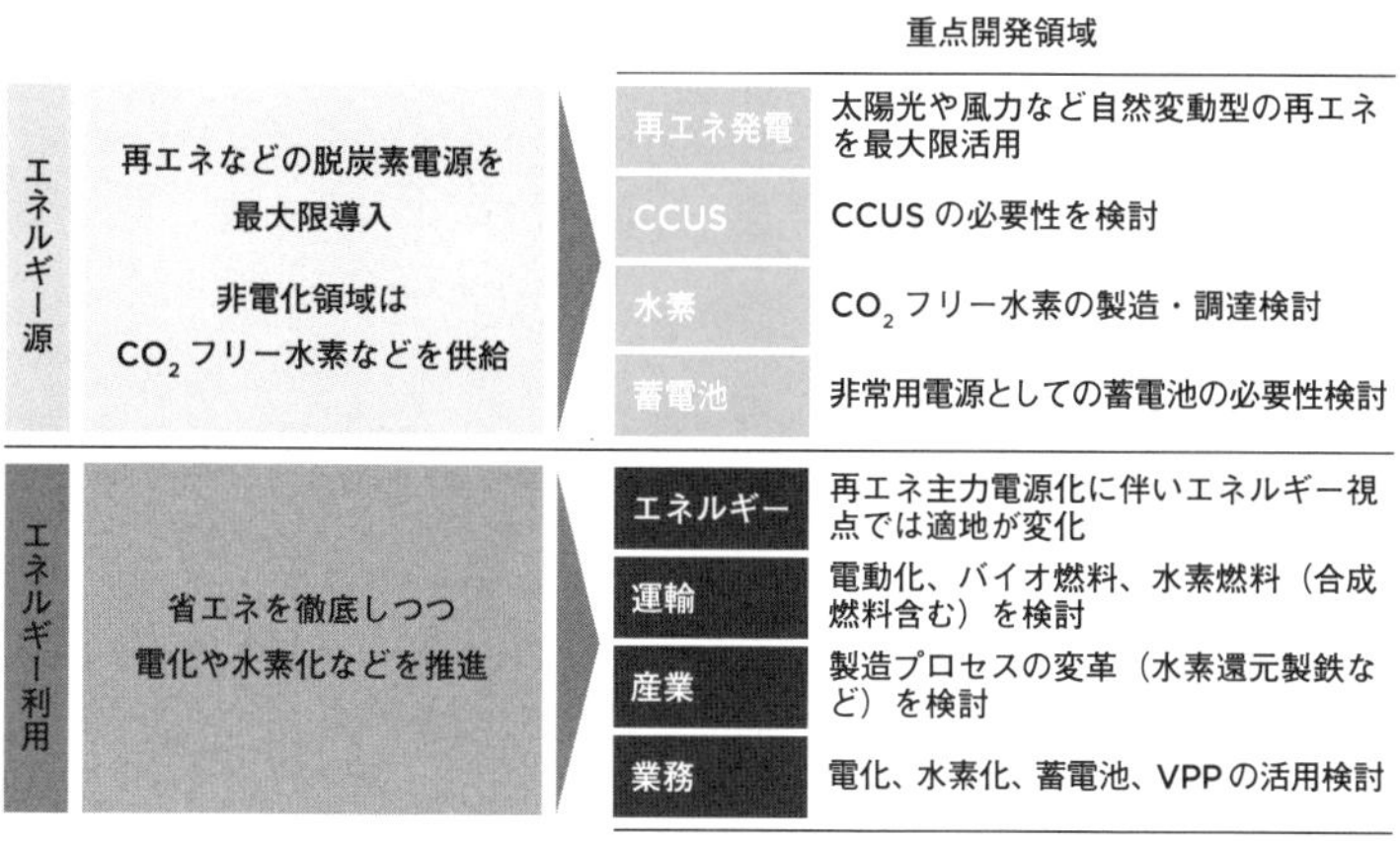

重点開発領域

エネルギー源	再エネなどの脱炭素電源を最大限導入 非電化領域はCO₂フリー水素などを供給	再エネ発電	太陽光や風力など自然変動型の再エネを最大限活用
		CCUS	CCUSの必要性を検討
		水素	CO₂フリー水素の製造・調達検討
		蓄電池	非常用電源としての蓄電池の必要性検討
エネルギー利用	省エネを徹底しつつ電化や水素化などを推進	エネルギー	再エネ主力電源化に伴いエネルギー視点では適地が変化
		運輸	電動化、バイオ燃料、水素燃料（合成燃料含む）を検討
		産業	製造プロセスの変革（水素還元製鉄など）を検討
		業務	電化、水素化、蓄電池、VPPの活用検討

立地の制約が少なく、誰もが参入しやすいという再生可能エネルギーの特性を生かせば、今まであまり活用されてこなかった地域にも需要を呼び込めるようになる。送電には託送料金（送電網の利用料金）がかかるため、発電と消費を1カ所に集めて地産地消するのが最も効率がいいからだ。

再生可能エネルギーは、風力、太陽光、バイオマスなど、各地域が持つ特性を生かした発電が可能だ。また、人口密度が低いほど未活用の地域資源が豊富で、地元の電力消費が少ない分、生み出した電力を活用しやすい。このため過疎化が進む内陸部などの地域でもエネルギーを起点とした産業誘致が可能になる。豊富なクリーンエネルギーを安価に調達できる利点を打ち出して企業を誘致すれば、地域での新たな需要や雇用が生まれるきっかけになる。

再生可能エネルギーを起点として産業誘致に成功している例が北海道石狩市だ。環境省の「脱炭素先行地域」に指定された石狩市は、涼しい気候と豊富な再生可能エネルギーを生かし、「再生可能エネルギー100%で運営するデータセンター事業」を進めている。利用している再生可能エネルギーは、太陽光や風力のほか、雪氷などの未利用冷温熱だ。すべて再エネで稼働するデータセンターの市内への誘致により、関連企業なども含めた産業の集積を目指している。既に複数の企業がデータセンターの建設を決めており、その一部は稼働済みだ。再生可能エネルギーという「モノ」の循環を起点にデータセンター産業を誘致し、その結果としてITエンジニアや設備技術者などの「ヒト」が集まり、地元の経済圏に新たな需要が生まれている。

資源エネルギー庁が進める「次世代エネルギーパーク」も、再生可能エネルギーを起点に「ヒト」を呼び込み、価値循環を生み出す試みだ。地域特性に応じて風力、太陽光、バイオマス、水力、地中熱、雪氷熱利用など幅広い再生可能エネルギーについて見学・体験できる施設で、北海道から沖縄まで全国66カ所に設置されている。

例えば福井県の22施設で構成される「若狭湾次世代エネルギーパーク」は、地域の原子力館や環境教育施設、VPP（仮想発電所）、再生可能エネルギーを利用したいちご農園といった施設を巡るモデルコースを設定し、教育旅行や家族旅行を誘致する「エネルギーツーリズム」を推進している。各施設の来館者の合計は16～18年の平均で年間約78万人に上り、29年度末には年間100万人を目指す。

このように再生可能エネルギーへの移行は、日本の各地域における「モノ」の循環の起点となり得る。これをきっかけに産業や観光を誘致することで、地域に「ヒト」の循環を生み出し、「データ」や「カネ」を巻き込んだ新たな需要を生むことができる。

シナリオ2：セクターカップリング

化石エネルギーから再生可能エネルギーへの移行においては、電力、ガス、石油、再生可能エネルギーなどエネルギー源ごとに分断されてきた従来のセクター間の壁を破り、共通化していく「セクターカップリング」が重要になる。

再生可能エネルギーへの移行により、化石エネルギーの需要は減っていく。するとガソ

既存と新規のエネルギーインフラを一体化して循環させる

シナリオ2：セクターカップリング

B

リアル空間でのエネルギーの需給を、仮想空間を使ってシミュレーションし、データの循環を生み出す。さらに、エネルギー関連社会インフラの構築・運用ノウハウなどの時間の蓄積を生かし、セクターカップリングを実現する様々なソリューションを構築・展開する

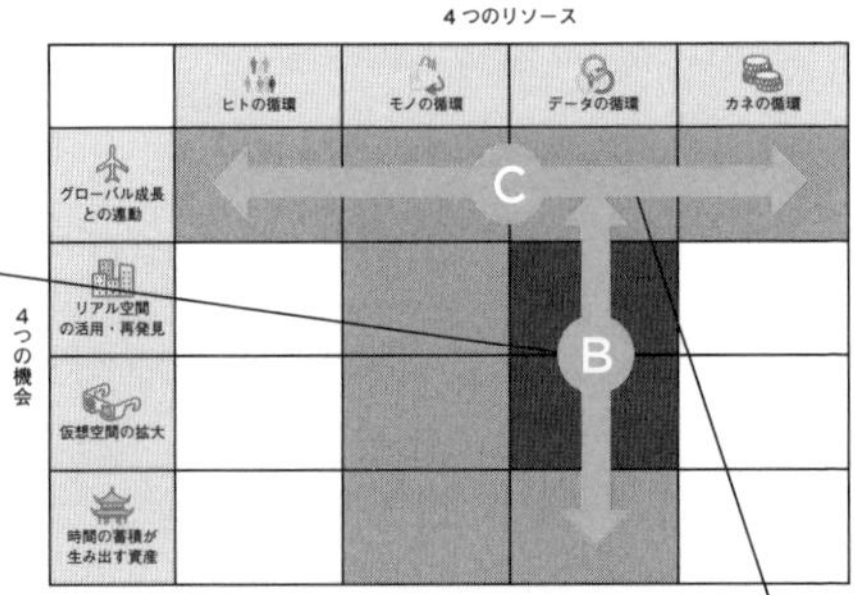

C

セクターカップリングに関するソリューションを「日本発」でグローバルに展開し、再生可能エネルギーへの転換を進める諸外国の需要を取り込む。輸出、ライセンス供与、日本での海外技術者の育成などを通してヒト、モノ、データ、カネの循環を加速させる

写真：PIXTA

リンスタンドやタンクローリー、都市ガス供給網など、従来の化石エネルギー供給インフラの維持が難しくなっていく。そこで各エネルギーを水素や電力などに変換して共通化してムダを省き、効率化しようというのがセクターカップリングの考え方だ。

セクターカップリングには色々なケースが考えられるが、例えば水素をエネルギーキャリアとして用い、電力系統やガス・液体燃料と連携する方法がある。再生可能エネルギーの余剰電力を用いて水素を生成しておけば、車両の燃料として使用したり、CO_2と反応させてメタン化させて都市ガスの代替として利用したりできる。従来のセクターの垣根を越え

エネルギー源による分断を解消

セクターカップリングの実現イメージ

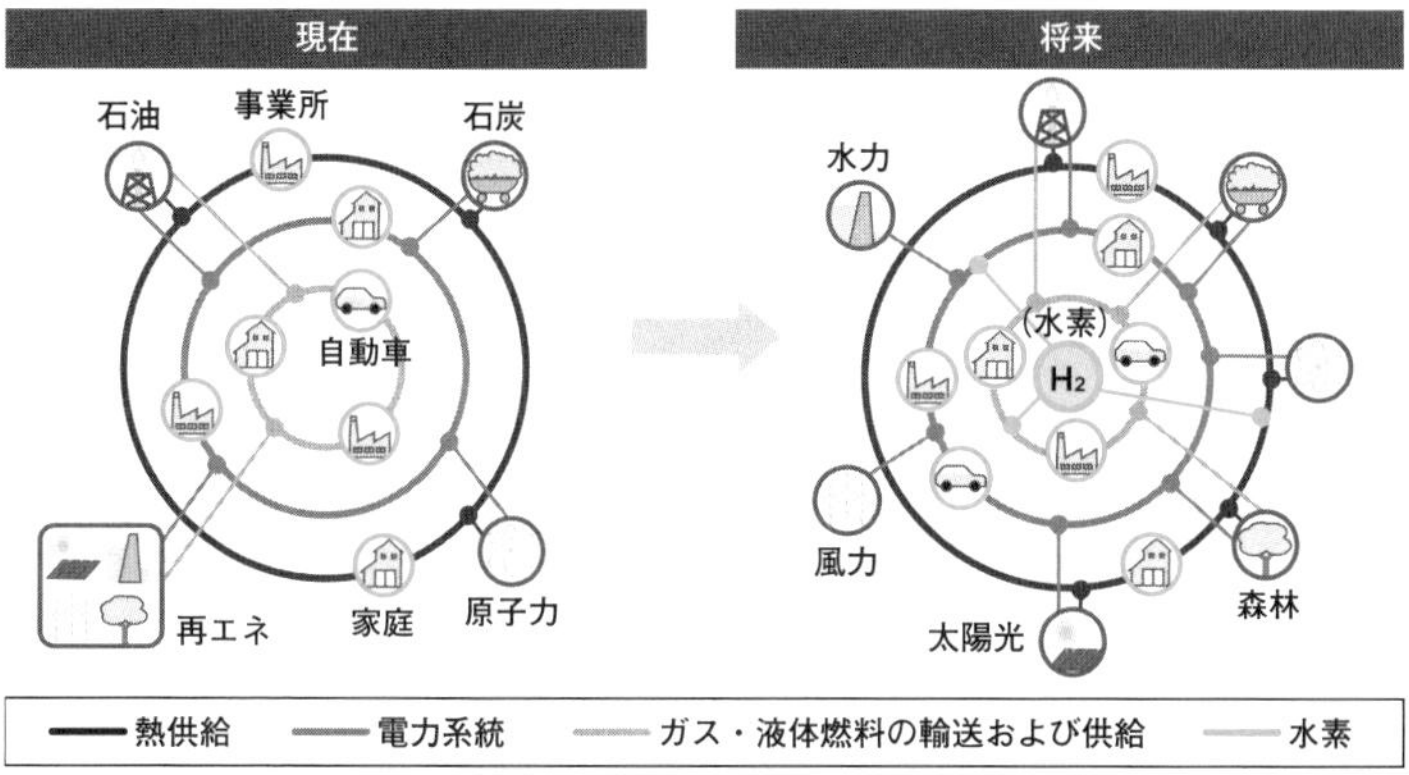

出所：International Energy Agency, "Technology Roadmap - Hydrogen and Fuel Cells", 2015/6, https://www.iea.org/reports/technology-roadmap-hydrogen-and-fuel-cells, License: CC BY 4.0

注：This is a work derived by Deloitte Tohmatsu Group from IEA material and Deloitte Tohmatsu Group is solely liable and responsible for this derived work. The derived work is not endorsed by the IEA in any manner.

た縦横無尽のモノの循環により、再生可能エネルギー由来の電力を最大限に活用できるようになる。

このセクターカップリングを実現するには複雑な制御が欠かせない。例えば、電力網を安定させるには、常に需要と供給が釣り合う「同時同量」が原則となる。供給と需要をそれぞれリアルタイムで正確に把握して管理しなければならない。

先に述べたように、再生可能エネルギーが普及すると、電力の供給源は大型の発電所から工場などのプロシューマーや個人の家庭にも広がっていく。さらに再生可能エネルギーは天候により出力が大幅に変わるため制御の難度が高くなる。数が大幅に増えた供給源の発電状況や利用者側の電力消費状況などのデータを取得し、それに基づく複雑なシミュレーションを繰り返しながら水素の生成や蓄電池への貯蔵などを実行していく必要がある。

これは価値循環マトリクスで考えると、「リアル空間」におけるエネルギーの需給について、「仮想空間」を使ってシミュレーションして「データ」の循環を起こすことだと捉えられる。これに、エネルギーに関連する社会インフラの構築・運用ノウハウなどの「時間の蓄積」や「グローバルの成長との連動」まで、4つの機会を掛け合わせることで市場を生み出していく（矢印B）。

新サービスを生み、海外展開も

セクターカップリングが進めば、エネルギー供給が最適化されて余剰電力などの有効活用が進む。加えてエネルギー供給インフラの共通化によって産業全体の固定費低減や効率化も可能になる。こうした生産性向上によって生まれたカネを投資に回すことで新たな需要が生まれていく。

その可能性の1つが「エネルギーデータビジネス」だ。従来はサービスごとに閉じていた「データ」の循環が進むことで、顧客の抱える潜在需要を掘り起こして様々なサービスや製品を提供できるようになる。

一例として、電気の使用量をリアルタイムで可視化するスマートメーターのデータ活用がある。スマートメーターは、電気の使用量を計測する家庭や事業所の電気メーターを置き換えるものだ。通信機能を内蔵するため、従来のように検針員がメーターの数値を目視しなくてもリアルタイムで電力の消費データを取得できる。これを活用すれば、電力使用量に基づいて地域内の世帯数や空き家の数といった情報が分かるようになり、例えば自治体の防災計画策定やお年寄りの見守りサービスなどに活用できる。電力・ガス、自治体、医療福祉、小売り・流通、金融、不動産・住宅、宅配サービスなど、幅広い産業で新サービス開発の機会が生まれ、新たな需要を掘り起こせる。

セクターカップリングを実現するための新たなソリューション構築も大きな需要を生み出す。セクターカップリングの実現には、水素生成や貯蔵、蓄電池、スマートメーターなどの設備に加え、データをリアルタイムで分析・シミュレーションして複雑な制御を実行するためのデジタルソリューションも必要となるからだ。難度が非常に高いセクターカップリングの実現を通じて培った製品やソリューション、知的財産などは、今後再生可能エネルギーへの移行を加速させる必要に迫られる海外諸国でも高いニーズがあるだろう。

日本は、エネルギーインフラを支える幅広い産業分野で高い技術力や製品力を持つ。それも、国土が狭く自然災害が多いという難しい制約に対応したものだ。そのソリューションは海外の様々な地域に広く応用できるだろう。日本が持つ知見やノウハウなどを知的財産化するとともに、日本発の新たなエネルギーインフラを海外の国・地域にも拡張すれば、新たな成長機会を開拓できるはずだ。

これは価値循環マトリクスでいうと、「ヒト」「モノ」「データ」「カネ」のすべてのリソースの循環と「グローバルの成長との連動」との掛け合わせとして示される（矢印C）。単体の設備や製品として輸出するのではなく、日本で構築したセクターカップリングを「日本発」のソリューションとして打ち出していくことが重要だ。海外企業にライセンス提供したり海外技術者を日本で育成したりするなど、新たなエネルギーインフラを軸にグローバルな価値循環を生む流れを意識的に組み込めば、世界各国において持続的な需要を生み出せる。

専門家の視点⑤

「グリーンカラー」が50年までに3億人増

温暖化ガスの排出を正味ゼロにする「ネットゼロ社会」への移行に際して、新しいカテゴリーの労働者である「グリーンカラー労働力」が注目されている。グリーンカラー労働力とは、脱炭素化に向けた新しいスキルセットを備えた労働力のことを指す。既存の労働者のグリーンカラーへの転換を含め、2050年までに世界で3億人ものグリーンカラー労働力が新たに誕生しそうだ。

デロイト・エコノミクス・インスティチュート（各国・地域で活動するデロイト所属エコノミストで構成）の分析によると、現在の世界労働人口の約4分の1に当たる8億以上の雇用が、ネットゼロ社会への移行と極端な気候変動により、非常に脆弱な状態に置かれている。

203ページの図で示した「グローバルジョブ脆弱性指数」は、気候変動の影響や、ネットゼロ社会への移行に必要なコストを政策によって緩和しない場合に、雇用が失われる危険性の高さを相対的に示したものだ。色の濃い地域ほど、雇用が失われる危険性が高い。

例えば気温上昇による熱ストレスや海面上昇の影響を受けやすい農業や建設業や、化石燃料中心のエネルギー産業や重工業では、必要な政策が実行されない場合に多くの雇用が失われる可能性が高い。それらの産業の構成比が高い地域の色が濃くなっている。特にアジア太平洋地域とアフリカでは影響が深刻で、インドや中国など、これらの地域の雇用の40%以上が危機にさらされている。

脱炭素を推進するグリーンカラー労働力

産業革命はブルーカラー労働者を増やし、ホワイトカラー労働者も生み出した。それと同様に、排出量ネットゼロへの移行は新しいスキルを持つグリーンカラー労働者を生み出しつつある。グリーンカラーとは、脱炭素に関わる労働者のことだ。グリーンカラーとその他の労働者を分けるのは労働者の業種や働く地域、スキルではない。オフィスワーカーか肉体労働者かといった区別とも無関係だ。

デロイト・エコノミクス・インスティチュートの試算によると、政府が脱炭素化に向けた協調的かつ適切な政策を迅速に実行すれば、最大限の経済成長と雇用創出が実現し、50

アジア太平洋地域とアフリカの影響が深刻

世界各国の「グローバルジョブ脆弱性指数」

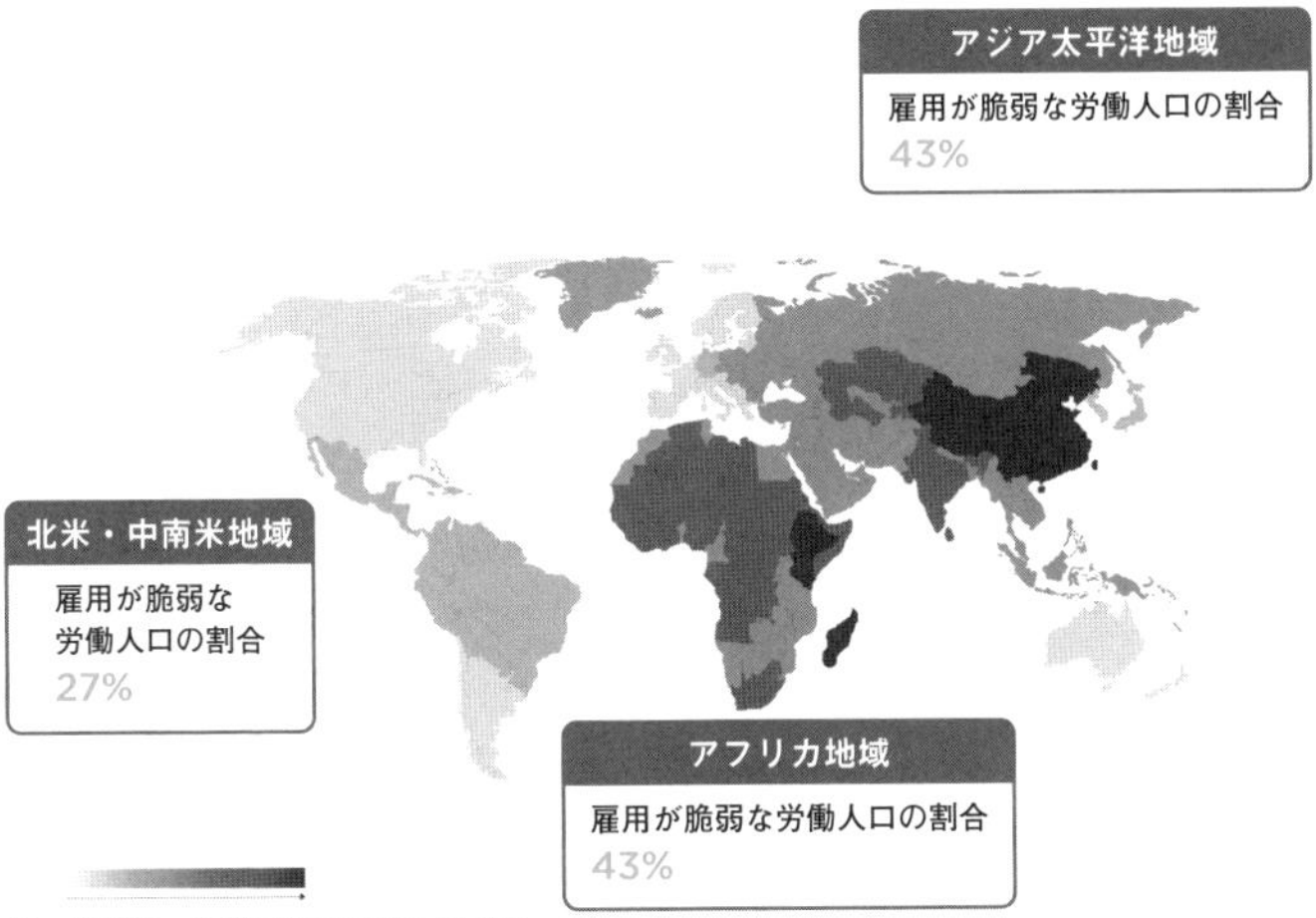

注：色が濃いほど雇用の脆弱性が高い

年までに3億人以上のグリーンカラーの雇用を新たに創出できる。

デロイトはグリーンカラーのスキルに関する分析もしている。既存スキルのマッピングを行った結果、グリーンカラー労働力に必要なスキルの80％以上は、現在の労働力の中に既に存在することが判明した。既存の多くの労働者が現在の仕事を続けるとしても、全くゼロからのトレーニングを受ける必要はなく、部分的なリスキリングやスキルアップによってグリーンカラー労働力となれることを示している。

【モノづくり】製造業から「資源再生業」へ

シナリオ3：静脈市場の開拓――動脈と静脈をつなげて循環させる
シナリオ4：リサイクルクレジット取引市場――廃棄物を価値化し、資源として循環させる

モノづくり領域で重要なトピックになっているのは「持続可能性」だ。新たな資源の消費をできるだけ抑え、既に社会の中にある資源を可能な限り再利用すべきだという機運が欧州を中心に高まっている。

加えて、リチウムイオン電池材料に使うレアメタル（希少金属）など一部の資源は産出国に大きな偏りがあり、その供給は国際情勢の動向に大きく影響されやすい。経済安全保障の観点からも、既にある資源を有効利用する体制をつくる重要性が高まっている。

こうした社会環境の変化を背景に、採掘した資源を原料として製品を製造し、使い終わったら廃棄する一方通行の「リニアエコノミー」から、組織間の資源や廃棄物の共有・他の用途での活用、故障した製品の修理、廃棄物の回収・再資源化等を通して一投入資源当たりの価値を高めるという循環型の「サーキュラーエコノミー」への移行が世界的に進んでいる。この流れが日本にも本格的に到来するのは間違いない。今後日本のモノづくりは「製造業」から「資源再生業」への移行が求められることになるだろう。

「資源再生業」に移行すると、これまで資源輸入のために海外に流出していたカネが、資源を回収する国内産業に回るようになる。これにより国内投資が増え、さらなる付加価値を創出する形の循環が生まれる。さらに国内で構築した「資源再生業」のソリューションを海外に展開すれば、グローバルの需要も取り込める。

いち早くサーキュラーエコノミーに移行すれば日本のモノづくりは成長できるはずだが、産業レベルでも組織レベルでも、リニアからサーキュラーへという大きな変化に対応し切れていないのが現状である。リニアエコノミーが主流だった高度経済成長期に大きな成功を収めてきた日本は、その成功体験の呪縛から完全に抜け出せていない。

技術開発の余地が大きく残る

この現状を打破する成長シナリオの1つ目は、原料から製品を生産する「動脈産業」と、廃棄物となった製品を回収して再加工・再利用をする「静脈産業」の一体化だ。このような一体化により生み出される産業を、本書では「資源再生業」と呼ぶ。

従来のリニアエコノミーでは、動脈産業が経済活動の中心に位置付けられてきた一方、自治体や廃棄物処理業者などが主な担い手だった静脈産業は「産業」として同等に捉えられることが少なかった。だが、資源の価値が相対的に上がっている今、「モノ」の循環が生み出す価値も高まっている。サーキュラーエコノミーでは、動脈産業と静脈産業を一体化し、廃棄物を資源として再生することが成長の手段となる。

これまで重視されてこなかった静脈産業には、研究開発や改善の余地が大きく残っている。本格的に静脈産業に投資し、日本の強みであるモノづくりの技術を生かして動脈産業と一体化した新たな産業として育てれば、需要を生み出せる。

2つ目の成長シナリオは、廃棄物の「履歴データ」を整備してその価値を証明できるようにすることによってもたらされる。「どのように使われ、どう処理されたか」をデータで証明すれば、廃棄物が様々な原料を含む資源となり、動脈産業の「廃棄」は、静脈産業の「仕入れ」へと姿を変える。リサイクルに適正な対価が支払われるようになり、新たな需要が生まれる。

これらの2つのシナリオが結び付くことで、日本の「製造業」はこれまで蓄積してきた強みを生かしながら「資源再生業」へと生まれ変わる。そして、再生された資源には付加価値が付くようになる。日本は勃興するサーキュラーエコノミーをリードし、より大きな成長ステージを切り開いていけるはずだ。

シナリオ3：静脈市場の開拓

経済産業省の「環境産業の市場規模・雇用規模等に関する報告書」の産業別統計表によると、日本の製造業の市場規模（製造品出荷額等）は2019年に約322兆円だった。その一方で「静脈産業」の市場規模は約50兆円しかない。サーキュラーエコノミーが浸透し、回収され再利用される資源に正当な価値が認められるようになれば、静脈産業は現在と比べて何倍もの規模に達し、動脈産業に近い規模にまで成長する可能性を秘めている。

産業革命以降の100年、200年にわたり、動脈産業には巨大な投資が続いてきた。これにより、鉄鉱石や石油をはじめとする天然資源からモノをつくるコストは下がり続けた。技術は成熟し、モノをこれ以上安くつくるのは難しいと思えるほどの水準まで来てし

動脈と静脈をつなげて循環させる

シナリオ3：静脈市場の開拓

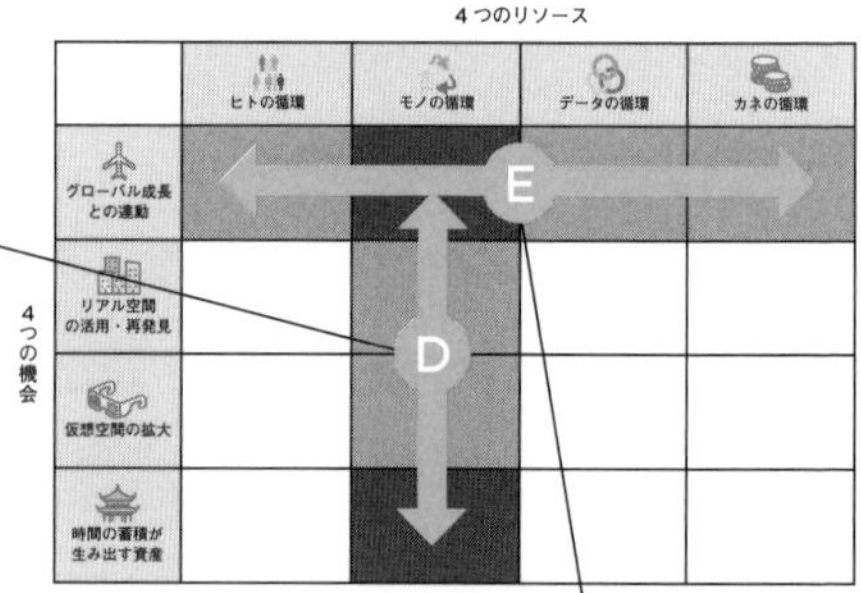

D

モノの循環と、日本の製造業が培ってきたモノづくりの技術や経験（時間の蓄積）を掛け合わせることで、「動脈産業」と「静脈産業」の一体化を進め、製造業を「資源再生業」に移行させる

E

国内で築いた資源再生業としての基盤やノウハウを「日本発」でグローバルに展開して、ヒト、モノ、データ、カネのすべてのリソースの循環を加速させる。さらに資源再生に関わる国際的なルールメーキングをリードしてグローバル規模での新たな需要創出を促す

写真：PIXTA

まった。一方、これまであまり重視されてこなかった静脈産業は、動脈産業ほど成熟していない。技術開発の大きな余地がある。

今後は動脈産業と静脈産業を1つの産業と考えて一体化し、これまで動脈産業で培ってきた高い技術力を静脈産業にも生かしていくことが必要だ。回収、粉砕、分別、再資源化など、静脈のあらゆる現場ニーズに対応したソリューションを開発・提供すれば、新たな市場が広がっていく。

この新しい産業の可能性を価値循環マトリクスで考えてみよう。起点となるのは、サーキュラーエコノミーという「モノ」の循環と、日本の製造業が培ってきたモノづくりの技術や経験という「時間の蓄積」の交点だ。そこから縦方向に視点を広げ、後述するリサイクルクレジットなどの「仮想空間」や、従来のモノづくりに使われてきた工場や設備といった「リアル空間の活用」へと発想を広げていけば、日本の強みを最大限に生かしながら製造業から資源再生業への移行を果たせるだろう（矢印D）。

資源再生には高度な技術が要求される。プラスチックであれば素材をチップなどにしてそのまま活用するマテリアルリサイクル技術や分子レベルまで分解するケミカルリサイクル技術、CO_2であれば分離・触媒技術、金属であれば抽出技術が必要だ。例えば、食品トレーに使われるプラスチックには食品のかすやにおいが残りやすく、特にマテリアルリサイクルする場合はこれを除去する必要がある。そうした不純物やにおいを処理する分野では、触媒や水処理膜といった分野の日本の先進技術が生きてくる。

また様々な素材が混ざった回収物の再資源化には、回収物を粉砕する技術も重要だ。その際に粒子の大きさを均一にそろえると高い精度で素材を分別・選別できるようになる。ここには一定の技術やノウハウが必要であり、長年にわたって材料や製造技術を研究し、知見を積み重ねてきた日本の技術を生かせる。これまで粒子の製造や物質制御に関する技術は動脈産業の材料製造における機能の高度化や先進材料の開発などに活用されてきたが、リサイクルにも応用すると技術の利用範囲が一気に拡大するだろう。

分別した素材の再資源化も重要だ。例えば家電や半導体製品に含まれるレアメタルなどの抽出は難度が高く、複数の企業や大学などの研究機関がその手法を研究している。ほかにも、ＡＩ（人工知能）による画像認識と産業用ロボットを組み合わせた、廃棄基板を仕分けする装置の開発も進んでいる。

このように静脈産業に必要な技術には動脈産業と共通する部分があり、日本が培ってきた技術を発揮できる余地が大きい。動脈産業の技術やノウハウを静脈産業で再生・再利用するモノへと適用し、その品質を継続的に向上していけば、新たな需要を喚起し、資源再生業を成長産業へと変貌させられるはずだ。

「エコソリューション」を輸出してきた鉄鋼業界

日本国内で築いた資源再生業としての基盤やノウハウをグローバル展開することでも新たな需要を生み出せる。価値循環マトリクス上では、「モノ」の循環を「グローバルの成長との連動」と掛け合わせたものと考えられる（矢印Ｅ）。

日本で構築した高品質な資源再生ソリューションを、同じく循環経済への移行を目指す東南アジアなどの海外諸国に輸出すると新たな需要が生まれる。グローバルの大きな需要を取り込んでいくことも、日本のモノづくりにとって重要な成長シナリオとなる。資源再生ソリューションを日本国内で構築し、それを海外に輸出するのは、日本の得意分野でもある。参考になる例として、日本の鉄鋼業界の事例を紹介しよう。

日本の鉄鋼業界は、粗鋼生産に関わるオペレーションを「エコプロセス」と呼び、エネルギー効率の改善や副生ガスの利用、さらには廃プラスチックや廃タイヤなどの外部資源の有効活用まで含めたトータルでの生産性改善と環境負荷低減を過去数十年にわたって推進してきた。これにより、日本の鉄鋼業界は、諸外国と比べて約20％も低いエネルギー消費量での粗鋼生産を実現するなど、エネルギー効率で世界トップの水準を誇る。[1]

日本の鉄鋼各社は、こうした優れたエネルギー効率を背景に、省エネ技術を含む粗鋼生産に関するオペレーションを「エコソリューション」として世界各国に技術輸出してきた。2013年には、日本が主体となって開発した鉄鋼生産からのCO_2排出量・原単位計算方法が国際規格「ISO 14404」として発行され、インドや東南アジアを中心に世界各地の製鉄所での省エネ診断調査で使われるようになった。それも日本のエコソリューションの輸出増加に寄与している。資源再生に関わるソリューションとして世界の需要を喚起するためには、このようにモノづくりで蓄積した技術を生かして資源再生に関わる世界のルールメーキングに参画することも重要になるだろう。

また資源再生ソリューションのグローバル展開を進めることは、海外市場を含めたグローバルなモノや資源の循環を戦略的に構築するきっかけにもなり得る。これにより、海外への輸出の形で一度流出した資源を日本に還流させる流れをつくり出せれば、日本としての資源確保にとっても有効と考えられる。

日本鉄鋼連盟の21年の自動車（4輪車すべて）向けの鉄鋼受注から推計すると、日本の自動車業界は年間で約1800万トンの輸入鉄鉱石から製造した鉄鋼を使用している形になる。しかし、そのうち日本国内で販売される新車は約50％にすぎない[2]。残りは海外に輸出しているのだ。さらに、消費者が利用して中古車となった後にも輸出されている。日本の自動車の登録抹消台数のうち、約30％が中古車輸出に回るという[3]。

輸出自体が問題なのではないが、資源循環の観点から考えると、せっかく海外から輸入した資源が流出してしまっているといえる。そこでグローバル規模に拡大した「モノ」の循環をデザインし、海外に出た資源がまた日本に戻る流れをつくることも重要になるだろう。より効率的でムダのない資源循環を実現できる。

リニアからサーキュラーへのモデルチェンジを進め、動脈産業と静脈産業の一体化を通じて「モノ」の循環を生み出す。さらにそれを「グローバル」にも拡大して新たな需要を取り込む。それが日本のモノづくりの成長シナリオとなる。

シナリオ4：リサイクルクレジット取引市場

動脈と静脈を一体化した資源再生業を実現するために、廃棄物の「資源化」を進めることも日本の成長への手段となる。

従来の静脈産業の拡大を妨げる大きな要因の1つに、売り手と買い手の間の情報格差がある。金属やプラスチックなどのリサイクルでは、原料となる廃棄物の「質」が重要だ。不純物が多かったり適切な処理がされていなかったりする廃棄物からは良質なリサイクル素材をつくれないためだ。「どのようなルートで回収されたのか」「どのような処理をされたのか」といった情報があって初めて、回収した廃棄物に適切な値付けができ、「資源」として流通するようになるのだ。

そこで欠かせないのが「データ」だ。回収した廃棄物の履歴をデータによって保証することで価値が明確になり、市場が形成される。改ざんが難しいブロックチェーン技術を活用して回収や分別の履歴を記録し、その価値を証明する「リサイクル証明書」の仕組みを確立すれば、買い手は安心して廃棄物を購入できるようになるだろう。例えば、同じプリント配線基板の廃棄物であっても、買い手は出所が分からないものには高い値段を付けら

シナリオ4:リサイクルクレジット取引市場

写真：PIXTA

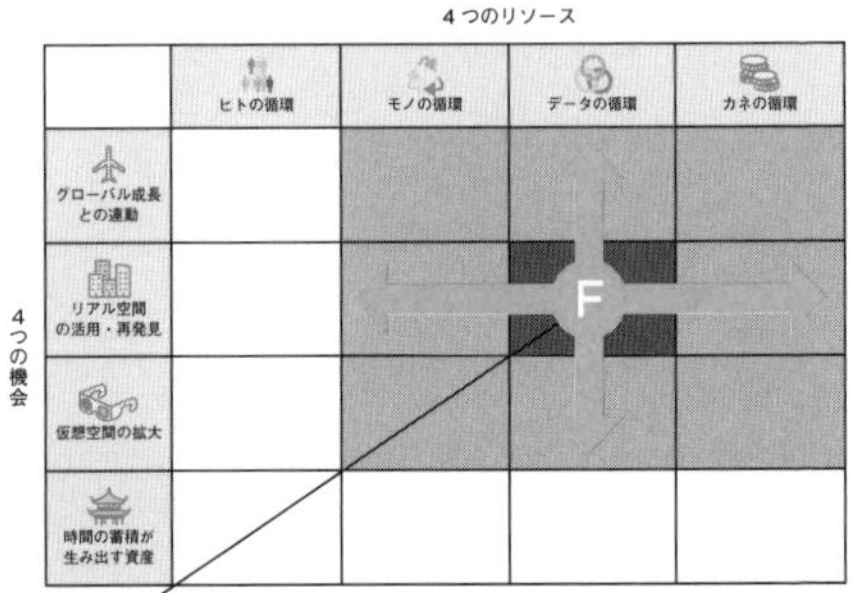

F

廃棄物の履歴をデータで可視化し、データの循環を起点にモノやカネの循環を促す。さらに、ブロックチェーン技術などを駆使してリサイクル履歴を可視化・保証してリサイクル品の価値や市場性を高め、グローバル規模でのモノ、データ、カネの循環を生み出していく

れない。だが「A社が生産したスマートフォンをB社が回収および一定水準以上の品質を担保し分別した基板」だと証明されていれば、レアメタルの含有量や分別方法、品質の高さも明確になり、資源として再利用しやすくなる。

プラスチックのリサイクルにも機会が生まれる。日本では食品用のプラスチックとその他のプラスチックは厳密に分けられている。この2つが混ざると、汚染物質の混入の危険があるため原則として食品用プラスチックとしては再生できなくなってしまう。そこで個々のプラスチックの成分や利用履歴を簡単に証明する仕組みを構築すれば、リサイクルのハードルが一気に下がる。

価値循環マトリクスで考えると「データ」の循環を起点として横方向に広げ、「モノ」や「カネ」の循環を促していく形だ。さらに、このような証明の仕組みを「仮想空間」に持ち込むと新たな需要の可能性が広がる（矢印F）。

カーボンクレジット市場にならう

例えば、CO_2の排出量をクレジット（排出権）として取引できるカーボンクレジットにならい、リサイクル証明書を裏付けとして資源再生量を取引できる「リサイクルクレジット」の市場を創設してはどうだろうか。今後、新たに天然資源を使うことへの風当たりはますます強くなり、分野によっては一定比率以上のリサイクル原料の使用を義務付ける動きも出てくるだろう。そんな中、リサイクルクレジット市場があればリサイクルという行為自体の価値が高まり、それが新たな需要を生み出す。また、国を超えてリサイクルクレジットを取引できれば、データやカネの循環がグローバルに広がっていく。

リサイクル証明書の先駆けともいえる取り組みは既に始まっている。その1つが、旭化成が主導するプラスチック資源循環プロジェクト「BLUE Plastics」だ。旭化成は、再生プラスチックの資源再生を可視化するオープンなデジタルプラットフォームを構築し、企業や消費者がアクセスできるようにする実証実験を始めた。

このプロジェクトの大きな特徴の1つは、最初から消費者の巻き込みを視野に入れていることだ。消費者がスマートフォンのカメラで再生プラスチック製品に付いているＱＲコードを読み取ると、再生プラスチックの使用率だけでなく、回収から再生までの履歴を確認できるようにする。参加企業各社の連携により、廃棄物がどのようなルートで、どのような再生割合でリサイクルされたかをサプライチェーンをまたいで把握できる仕組みを実現したという。これらの履歴データはブロックチェーンで管理しているため、改ざんされる心配は少ない。

こうして再生プラスチックの履歴を証明する仕組みが整えば、消費者は安心してリサイクル製品を購入でき、企業は環境貢献度を可視化しリサイクルの促進につなげられる。このプロジェクトの推進母体である「BLUE Plastics Salon」には、約80社（２０２３年2月時点）の様々な企業が参画している。

より広範囲にデータを連携させる取り組みとしては、ドイツを中心に進む「Catena-X」がある。自動車メーカーや自動車部品メーカー、ＩＴ企業、素材メーカーなど幅広い分野の企業が結集し、自動車産業のサプライチェーン全体で製造工程や輸送工程を含む各種データを共有するための標準づくりを進めている。まだ枠組みを議論している段階だが、具体的な使用例として各工程のCO_2排出量のモニタリング、部品のトレーサビリティー向上、需要予測や生産計画などを挙げている。

サプライチェーン全体でCO_2排出量を共有できれば、生産活動の効率化や温暖化ガスの排出削減を進めやすくなる。また個々の部品の製造過程や含有材料、使用・修理履歴などのトレーサビリティーが向上すれば価値評価の精度が向上し、中古部品やリサイクル材料が取引されやすくなる。結果として「Catena-X」に参加する個々の企業が競争力を増すとの目算がある。

このようにリサイクル証明書をはじめとする「データ」の循環をモノづくりに取り込むと、廃棄資源の価値が高まり、「リサイクル取引市場」のような新たな需要が生まれる。日本のモノづくり産業全体の新たな成長余地となるだろう。

日本のモノづくりの成長シナリオは、リニアからサーキュラーへのモデルチェンジをいち早く進めることがカギとなる。そのためには動脈産業と静脈産業の一体化を進め、これまで海外に流出していたカネを国内投資に回し、価値循環を生み出すことが重要だ。さらに国内で構築したソリューションを海外に展開すると、新たな需要を開拓できる。

さらに「データ」を活用して廃棄物の履歴を証明するプラットフォームをつくれば資源としての価値が高まり、リサイクルという行為により高い付加価値が付くようになる。シナリオ3と4で示した施策を一体となって進められれば、日本のモノづくりは新しいステージで成長できるはずだ。

【ヘルスケア】健康長寿社会の実現で世界をリード

シナリオ5：〝長寿〟イノベーション・ハブ――長寿を強みにグローバル規模でリソースを循環する

シナリオ6：コネクテッド・ヘルス――健康データを循環させて業種を超えてサービスを広げる

日本のヘルスケア分野には、世界に誇るべき「資産」が数多く存在する。例えば保健医療の質やアクセスの評価では主要7カ国（G7）の中で最上位にあり、日本の医療サービスの水準は「世界最高レベル」と評価されている。[4] また日本は世界有数の長寿国でもある。基礎研究においても、2012年以降4人のノーベル生理学・医学賞受賞者を輩出しており、この領域での学術水準の高さを世界的に印象付けている。

一方で、課題も山積している。高齢化に伴い医療費支出が年々増大し、医療への需要が高まる中で医師不足が深刻になっている。また先端医療を提供できる地域が偏るなど、地域間の医療格差も存在する。

このようなヘルスケア分野でもともと持つ強みを生かし、構造的な問題を解決していけば、日本は人類全体の健康増進に貢献し、グローバル規模でヘルスケア産業をけん引する存在になれる可能性を秘めている。

日本の強みを生かす成長シナリオの1つは、ヘルスケアに関する研究者が集うイノベーション・ハブを日本につくることだ。長寿社会で高齢者が多い日本は、老化のメカニズムを研究する上で理想的な環境にある。そこで日本を老化研究の拠点と位置付け、関連研究の推進や企業の誘致を進めてはどうだろうか。最先端の技術と研究環境を求めて世界中から研究者やビジネスパーソンが集まり、グローバルな「ヒト」の循環のハブとして、新たな需要を生むはずだ。

もう1つの成長シナリオは、高齢化を背景としたヘルスケア分野の課題を解決する手段として「データ」を活用することだ。リキッドバイオプシーや生体センサー機器の発達により、今後ますます多くの健康データを取得できるようになる。これらのデータを利用して「健康スコア」の形で個人の健康を可視化し、これを医療だけでなく他産業まで含めて活用していくことで、新たな需要を掘り起こせるだろう。

シナリオ5：〝長寿〟イノベーション・ハブ

日本は、世界に先駆けて少子高齢化が進んでいる。この長寿人口をマイナスの課題と捉えるのではなく「資産」として捉えれば、長寿高齢社会という強みを生かした成長シナリオを描ける。

高齢者のヘルスケア関連データを軸として、日本をグローバルにおける老化（長寿）研究の「テストベッド」にする。それによって、高齢疾患や老化メカニズムを研究する世界中の研究者やビジネスパーソンを呼び込み、この領域での「頭脳循環」を促す一大研究拠点を目指していくというシナリオだ。

日本には、長い期間健康に過ごしている高齢者が多くいる。このような高齢者を研究対象とし、生活習慣を調査したり各種検体を取得して分析したりすることで、日本人の長寿や健康寿命の長さを支える要因の解明につながる研究ができる可能性がある。いずれ世界の国々も高齢化していく。その中で、高齢化の先頭を行く日本はヘルスケア分野の格好の研究拠点となり得る。

シナリオ5：“長寿”イノベーション・ハブ

写真：PIXTA

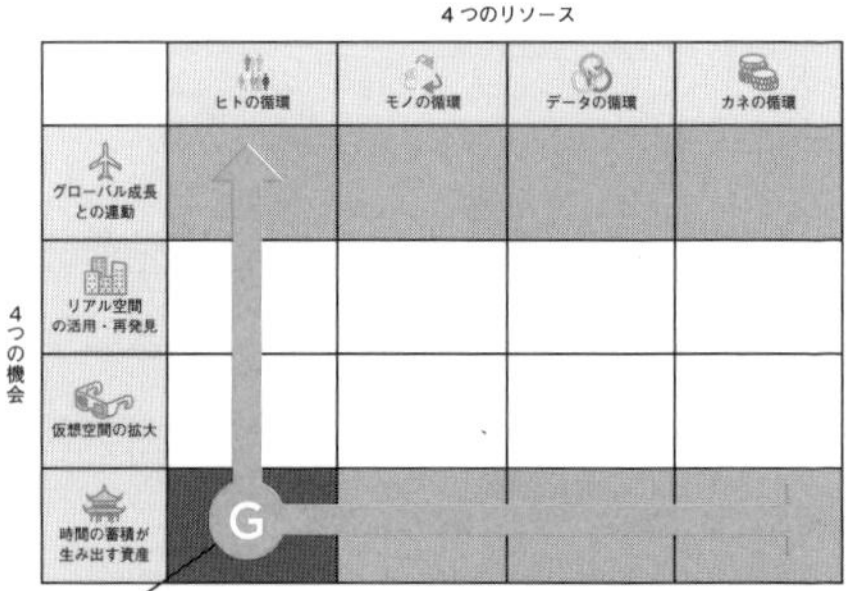

G

日本が誇る長寿社会や高い医療水準（時間の蓄積）に着目し、高齢者のヘルスケア関連データを軸として、日本をグローバルにおける老化（長寿）研究の「テストベッド」とする。世界中の研究者やビジネスパーソン、研究開発資金を呼び込み、「ヒト」「モノ」「データ」「カネ」の循環を生み出す

日本は老化に関連があるとされるオートファジーの研究でノーベル生理学・医学賞を受賞した大隅良典氏をはじめ先進的な研究で存在感を放っている。また、内閣府のムーンショット型研究開発事業における「炎症誘発細胞（慢性炎症の原因となる老化細胞）除去の研究」や、京都府立医科大学内藤裕二教授らの「長寿のカギを握る腸内細菌の研究」などは、老化のメカニズム解明を一歩先に進める研究として期待されている。

国内で25年100兆円の市場

日本のヘルスケア領域での研究開発クラスターは、諸外国と比べて規模が小さく、産業集積効果が十分発揮されていないと指摘されることが多い。その中で「老化（長寿）研究」は、日本ならではのテーマになり得る。老化研究はまだ始まったばかりで、中心となる地域や研究施設はまだ世界に存在していないからだ。「時間の蓄積」と「ヒト」の循環を起点とする価値循環をグローバルの視点から組織的・体系的に促すことで、世界的な需要を喚起するイノベーション・ハブをつくれる可能性がある。

全世界から研究者やビジネスパーソン（ヒト）だけでなく、研究開発資金（カネ）も呼び込み、長寿国として長年にわたり蓄積してきたヘルスケア関連データを最大限に活用する。それによって、世界最先端の老化防止薬、認知症などの加齢性疾患やフレイル（虚弱）の治療薬、さらにこれらに関連する様々な健康増進ソリューションなどの開発を加速させられる。25年には日本国内だけで１００兆円とされる高齢者市場は、グローバル規模での産業創出のきっかけとなるだろう[5]。

これを価値循環マトリクスに当てはめると、「時間の蓄積」と「ヒト」の循環の掛け合わせを起点に、「モノ」や「データ」、そして研究資金という「カネ」の循環を生み出していくイメージになる。さらにそれを「グローバルの成長」と関連するリソースの循環につなげる形だ（矢印G）。

ヘルスケアは「ウェルビーイング」(心身の健康や幸福)とも密接に結び付く。自己実現や幸福感の領域まで研究対象を広げれば、経済成長とウェルビーイングの実現を両立する未来都市としての世界の中でのポジションが確固たるものとなる。老化研究を含むヘルスケア領域を起点としながら、より広い視野でウェルビーイングの実現を目指す「協創型社会」。そのモデルを世界に先駆けて示し、全世界に届けていくことで新たな需要を生み出していけるはずだ。

シナリオ6:コネクテッド・ヘルス

ウエアラブル端末をはじめとするデジタル機器の発達で、個人の健康や医療に関わるデータが数多く取得できるようになった。例えば心拍数や運動量などを計測するスマートウオッチや、ベッドに置くと睡眠の質や時間などを計測してくれる睡眠センサーなどがある。自宅のトイレに設置すると自動的に尿検査を実施してくれる製品も発表されている。こうした健康データの活用により、ヘルスケア分野だけでなく、日常生活に関わる幅広い産業で新たな需要を生み出せるはずだ。

この分野の成長シナリオとして提案したいのが、健康状態を可視化した「健康スコア」

健康データを循環させて業種を超えてサービスを広げる

シナリオ6：コネクテッド・ヘルス

H

個人の「健康スコア」（データ）の効果的な循環と活用を通じて、個人の健康状態やリスクを可視化し、医薬品や医療関連製品にとどまらない幅広い健康需要を喚起する。健康に関わるデータを起点に、ヒト、モノ、カネの循環を加速していく

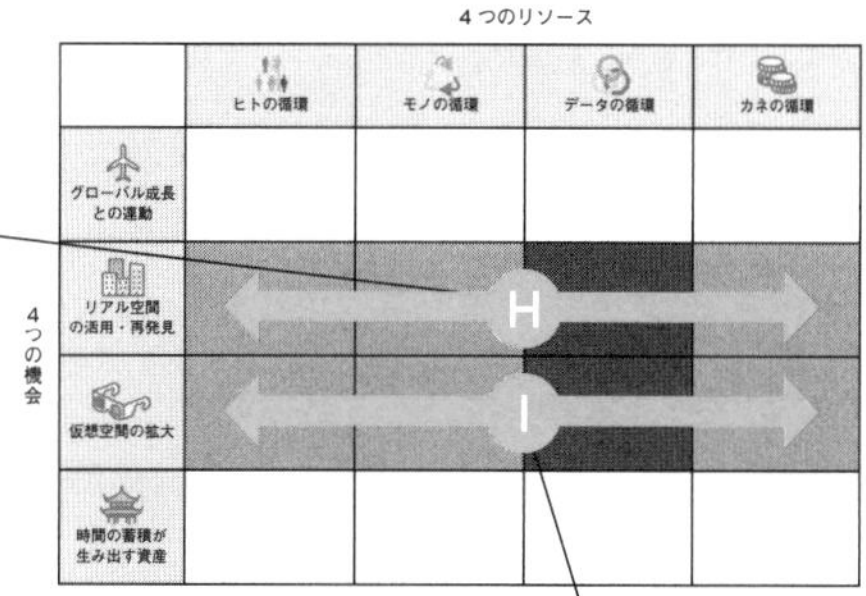

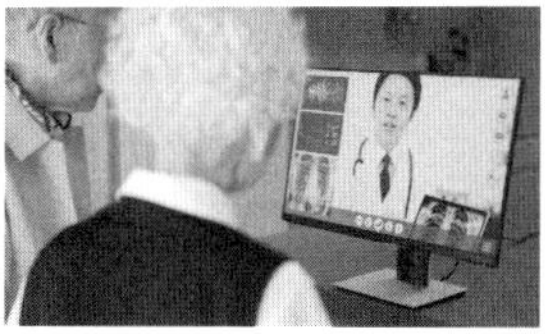

写真：PIXTA

I

個人の健康データを常時収集・分析する「AIホスピタル」の実用化により、診断だけでなく治療行為の提供も仮想空間を使って実施できるようになる。医療従事者などのヒトの効果的な配置と循環が促され、医療提供体制の効率性向上によって生み出されるカネが医療サービス高度化に向けた再投資に回る

を起点とするビジネスの創出だ。各種センサーが収集したデータを基に、自分の健康状態を表す「健康スコア」としてリアルタイムで算出し、健康リスクやその要因などを可視化する。人々がそのスコアに基づいて最適なヘルスケアソリューションや健康投資などを主体的に判断できる。

その兆しといえる取り組みが神奈川県の「未病指標（ME―BYO INDEX）」だ。未病指標とは、自分が「健康」と「病気」のグラデーションのどこにいるのかを、生活習慣、認知機能、生活機能、メンタルヘルス・ストレスの4領域から数値などで「見える化」するものだ。県民は、県が運営するスマートフォン用アプ

リを使って未病指標を簡単に測定できる。

事業者からすれば、こうした「健康スコア」によって、一人ひとりの生活者に最適な製品やサービスを提案できる機会が生まれる。医薬品や医療関連製品に加え、健康プログラムや遠隔医療などのサービス、医療ＭａａＳ（モビリティー・アズ・ア・サービス）など活用範囲は広い。個人の健康状態やリスクの可視化で新たな健康需要が生まれる。

これを価値循環マトリクスで考えると、「リアル空間」の「データ」の循環を起点に、横方向に需要を広げていく形となる（矢印Ｈ）。「健康スコア」を軸とした「データ」の循環はヘルスケア分野の外にも広がっていく。例えば保険であれば、個人の健康状態を基に、より細分化した商品をつくれるようになる。食品分野では、健康改善をサポートするメニューのサブスクリプション（定額課金）サービスが登場するかもしれない。さらに住宅や自動車、家電、ＩＴ、外食、各種サービス産業など、あらゆる業種や業界で健康スコアを活用した新たな需要が生まれ、「ヒト」や「モノ」「カネ」の循環が広がっていく。その結果、「健康スコア」をベースにあらゆるヒト・モノ・サービスが双方向につながる「コネクテッド・ヘルス」が実現し、一人ひとりに最大限の価値をもたらすヘルスケアソリューションが提供されていく。

このデータの循環は医療サービスの提供体制にも革新をもたらす。その変化を象徴するのが、内閣府の戦略的イノベーション創造プログラムの中で取り上げられている「AIホスピタル」。ウエアラブル端末などを使用して常時収集した個人のデータをAIで分析し、医師による診断や治療方針の選択をサポートする構想だ。

病気の診断や治療方針の決定には幅広い知識が要求され、その分野の専門医でないと最適な治療方針を選択するのは難しい。このため、医師が少ない地域では症例が少ない病気などの最適な治療を受けるのが難しく、地域間の医療格差の一因となっていた。

専門医であっても、患者の診療履歴や健康状態を細かく把握した上で費用対効果も考えながら最適な医療サービスを選択するのは容易ではない。AIホスピタルでAIが診断や治療方針の選択をサポートすることで、地域間の医療格差を軽減したり、医師の業務負荷を削減したりできる効果が期待される。価値循環マトリクスでいえば、「仮想空間」を活用して「データ」の循環を起こし、他のリソースの循環にも広げていく形となる（矢印I）。

医療の生産性向上で開発投資に

データを活用したサービスの提供で、医療サービスの生産性は大幅に向上する。AIを活用した医療サービス全体の最適化が進むことで、25年に54兆円に上ると試算される巨大な医療費の費用対効果が高まり、医療費支出の適正化が期待できる。削減されたコストは次なるイノベーションへの投資となって循環し、新たなＡＩや先端医療の研究開発を進める原動力になる。診断精度や治療効果が不十分な疾患に対する先端医療へのさらなる投資も促される。このように、医療費支出の削減から再投資という「カネの循環」により、医療サービスの水準が継続的に改善されていく。

さらに診療だけにとどまらず、いずれは手術のような実際の医療行為も、遠隔手術ロボットなどの技術を使って場所の制限なく提供できるようになっていく。５Ｇ（第５世代移動通信システム）をはじめとする通信技術の向上により、患部の映像や医師の動作などを遅延なく伝えられるようになった。21年には弘前大学医学部附属病院で、遠隔手術の実証実験が実施された。高速通信回線を通じて１５０キロメートル離れた別の病院にある手術支援ロボットを遠隔操作し、問題なく操作できることを確認している。

仮想空間を活用した医療サービスの取り組みも始まっている。順天堂大学は22年、日本ＩＢＭと組んでＶＲ（仮想現実）やＡＲ（拡張現実）を活用した医療サービス「バーチャルホスピタル」の研究開発に取り組むことを発表した。病院をメタバース上に再現し、アバターを使って他の患者や家族と交流することで患者のメンタルヘルス改善に取り組むなど、新たな治療法を研究している。これらの技術を活用すれば、日本が持つ世界最高レベルの医療サービスを、日本全国はもとよりグローバル規模で提供し、新たな需要を取り込むことも可能になる。

「健康スコア」を通じたコネクテッド・ヘルスの実現のためには、自治体やヘルスケア企業、データプロバイダー、医療施設などを巻き込んだ「データ」の循環に加え、それを支える知識・スキルを具有した医師や技術者などを含む「ヒト」の循環を可能にするエコシステムが必要になるだろう。様々なプレーヤーの間で有機的な連携を進めるためには、複合的なスキル・知識・経験を持つリーダー人材の発掘・育成も重要なテーマになる。

また「健康スコア」に基づく「データ」の循環を促すためには、個人や企業が自ら積極的にデータを提供する仕組みを構築する必要がある。その際には「デジタル自己主権」（どのデータをどこに循環させるかをデータ提供者が自主的に判断できる権利）を取り入れていくことも重要だ。

データ利用によって得られる収益の一部をデータ提供者に還元する仕組みや、データ提供者の許可なくデータが二次利用されることを防ぐためのモニタリング制度や関連法令の整備なども検討すべきだろう。さらに、データ自体を共有せずにその要素を分析する最新のプライバシー強化技術（ＰＥＴｓ）でデジタル自己主権を技術的に担保するなど、先端技術の活用も合わせて推進する必要がある。

【観光】
「観光大国・日本」のポテンシャル最大化

シナリオ7：〝循環〟ツーリズム――観光客と働き手の双方でヒトの循環を促す
シナリオ8：観光データ・マーケティング――観光データの循環で先読み需要を開拓する

日本には、世界でもトップクラスの豊かな観光資源がある。変化に富んだ多様な自然、歴史的価値の高い建造物や遺跡、無形の文化資産などの日本固有の自然や文化は、世界中の多くの観光客を引き付けている。

それを象徴的に示すのが、世界経済フォーラム（WEF）が発表する「観光魅力度ランキング」だ。WEFが独自に算出した「旅行・観光開発指数」に基づく2021年のランキングで、日本は名だたる観光地を有する他の国々を抑えて世界一に輝いた。幅広い評価項目の中でも、特に公共交通機関などの観光客向けインフラや、歴史的な文化財を含め

日本は観光魅力度を生かし切れていない

名目GDPに占めるインバウンド収入の割合（2019年）

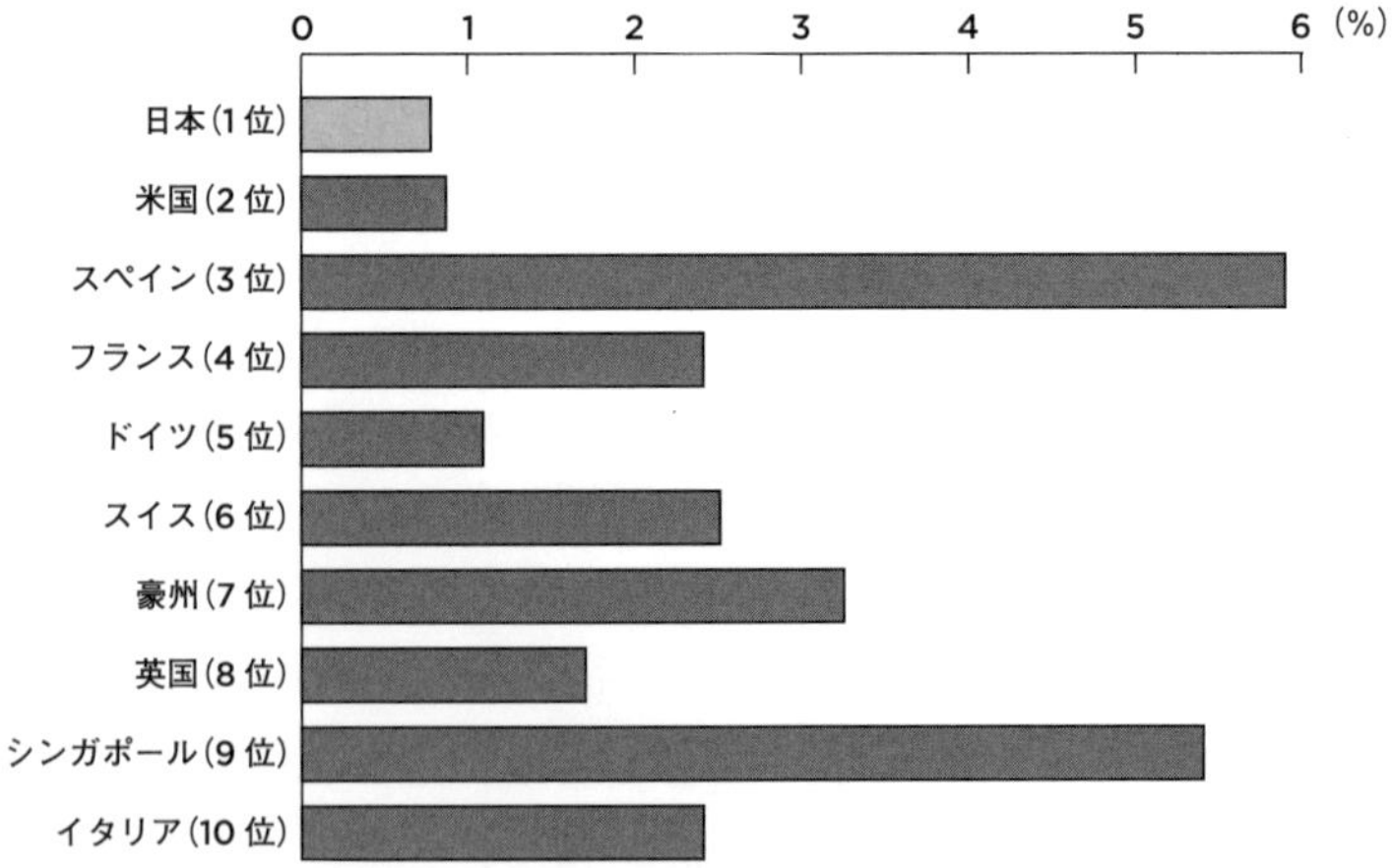

データソース：世界経済フォーラム（WEF）、IMF
注：カッコ内はWEFの2021年国際観光魅力度ランキングの順位

た観光資源の豊富さなどが高い評価を受けた。今、日本は世界で最も魅力的な観光地の1つなのだ。

その一方で、日本の観光産業は恵まれた観光資源を十分に生かしているとはいえない。例えば外国人観光客の国内消費などから算出する「インバウンド収入」がGDPに占める比率で他国と比較すると、日本は「観光魅力度ランキング」の上位10カ国のうち最下位となっている。観光地としての世界有数の魅力を十分に収益につなげられていないのが日本の現状だ。言い換えれば、日本の観光産業にはまだまだ大きな需要を生む「伸びしろ」がある。

日本の観光資源の潜在力を十分に発揮

するために必要なものは何か。観光産業の基本となるのは観光客、つまり「ヒト」の移動だ。ヒトが普段住む場所を離れ、別の場所で非日常を楽しみ、また日常に戻っていく。そんな観光におけるヒトの動きに「循環」の考え方を取り入れたらどうなるか。そんな観点から新たな需要を生み出せるだろう。

もう1つ重要なポイントは「データ」だ。観光産業は本来、需要予測や観光客一人ひとりに合わせたカスタマイズなど、幅広い場面でデータを活用してサービスの品質を向上し、付加価値を高められるはずだ。ところが現状では各事業者が自社の範囲内でデータを活用するにとどまっており、せっかくのデータが分断されてしまっている。観光客が目的地に興味を持ってから実際に観光に出かけ、帰宅するまでを一連の「観光体験」と捉え、各段階で接点となる事業者が連携し、分断されているデータを循環させる。それによって、観光客に途切れないサービスを提供できるようになり、需要の拡大につながるはずだ。

観光分野において「ヒト」の循環、「データ」の循環を起点にどのような需要を生み出せるのか、具体的に見ていこう。

シナリオ7：〝循環〟ツーリズム

これまでインバウンド観光は「地域を訪問した観光客にいかに価値を提供するか」という発想が中心だった。だが観光客の滞在中だけでなく、帰国後まで接点を持ち続けられれば、国を超えて消費を続けてもらうことで新たな需要を生み出せる。これが第4章でも紹介した「インバウンドのアウトバウンド化」の考え方だ。価値循環マトリクスで考えると、「ヒト」の循環と「グローバル」の交点を起点とし、「モノ」の循環、さらに「データ」や「カネ」の循環へと横方向に広げていくシナリオだ（矢印J）。

従来の観光は、帰宅したら終わってしまう一過性のイベントだった。ここに循環の考え方を持ち込んで、観光客一人ひとりと深く長期的な関係性を築き、需要を開拓する。観光客の帰国後にどんな情報を提供したら喜ばれるのか、どんな価値提供の機会があるのかを考えると、新たな需要の掘り起こしにつながる。

例えば、観光客が訪れた場所について四季折々の季節の様子を届けたり、滞在中に気に入った食材を越境ＥＣで販売したりと、アイデア次第で観光客との接点を維持できるは

観光客と働き手の双方でヒトの循環を促す

シナリオ7:“循環”ツーリズム

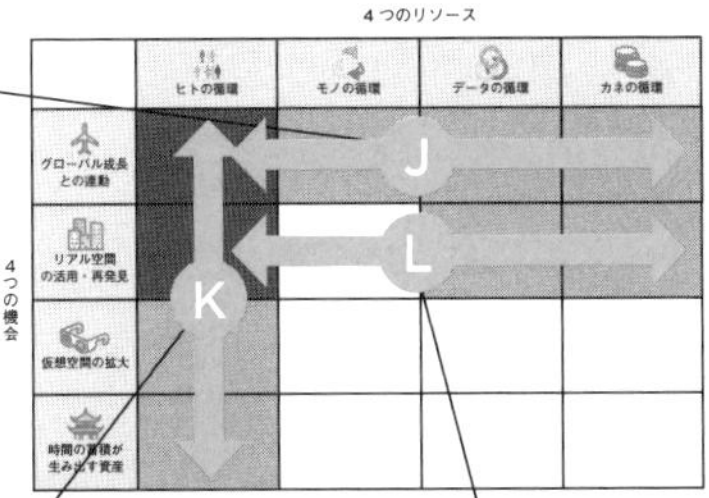

J

増加するインバウンド観光客に対して、日本滞在中はもとより、帰国後まで接点を持ち続ける。これにより、リピート需要や越境EC を通したモノの購買などを促し、モノの循環やそれに伴うデータ、カネの循環を継続的に促す

写真：PIXTA

K

これまで観光の対象と見なされていなかった遊休資産や自然資源(リアル空間)、地域の伝統文化(時間の蓄積)などを駆使して従来の観光の枠組みにとらわれない新たな体験型のツーリズムの機会を開拓する。これにより、国内外から観光客を呼び込んでヒトの循環を生み出す

L

「業務プロフェッショナル認定制度」の創設などを通じて、観光に関わるプロフェッショナル人材のキャリア形成を支援する。さらに、観光事業者とのマッチングシステムにより、季節的な繁閑に応じて人材が地域をまたいで循環しながら活躍できる仕組みをつくる

ずだ。越境ECで「モノ」の循環が生まれれば、それに伴いデータやカネの循環も生まれる。

今後、観光産業がグローバルの成長機会をさらに広く取り込んでいくためには、地域を訪れた観光客との関係性を1回限りで終わらせずに継続させ、「関係人口」化していく発想が重要だ。国を超えて消費を促し、地域へのリピート訪問につなげる形で新たな需要を生み出せるようになる。

「ヒトの循環」と「グローバルな成長との連動」を起点に、各種の成長機会を掘り起こすシナリオもある(矢印K)。

まず「リアル空間の活用」について考

えてみよう。日本の各地には過疎化によって増加している空き家や耕作放棄地や、訪問客が減った商業施設などのリアル空間が多数ある。こういったリアル空間を活用して「ヒト」の循環を生み出す視点だ。

近年、観光分野では従来の観光の枠組みにとらわれない新たな体験型のツーリズムが登場している。農村に滞在して農業を体験する「グリーンツーリズム」や、地域に滞在して地域の自然環境や歴史文化を学ぶ「エコツーリズム」などが一般的になりつつある。同様の発想で、過疎化によって増える様々なリアル空間を、新たな形のツーリズムに活用できるはずだ。

日本が培ってきた「時間の蓄積」との掛け合わせも考えられる。例えば、アニメや映画のロケ地を巡る「聖地巡礼」に代表される「コンテンツツーリズム」、健康維持や増進を目的とした「ヘルスツーリズム」、日本の高レベルな医療を目的とした「医療ツーリズム」などは、いずれも日本が過去から培ってきた資産を活用して「ヒト」の循環を生み出すものだ。発想を広げれば、地元のお祭りや独自の風習、日常生活さえもコンテンツになる可能性を秘めている。

このように今後増えていく「リアル空間」や「時間の蓄積」に目を向け、観光産業以外の事業者とも積極的に連携すると、新たな形の観光を通じた需要を創出できるだろう。

働き手の「循環」も不可欠

観光産業が成長していく上では、もう1つのヒトの循環が重要なカギを握る。それは「働き手」の存在だ。日本の観光産業は慢性的に人材が不足しており、既にある需要さえも十分に満たせない状態になりつつある。観光分野で新たな需要を生み出そうとするのであれば、その需要を満たすために働く人々の体制を整備しなければならない。

観光産業に携わる人材の高齢化に加え、近年の新型コロナウイルス禍によるインバウンド観光客の急減によって、観光業界から人材流出が進んだ。一段と深刻になっている人材難を解決しなければ、観光分野の成長シナリオはおぼつかない。

そのために求められるのが、1人の観光人材に幅広い場所で活躍してもらう循環だ。具体的には「業務プロフェッショナル認定制度」の創設が1つの方策となるだろう。観光業に関わる様々な業務において、一定の水準をクリアした人材を「業務プロフェッショナル」として認定し、公的な資格を付与する。その上で資格を持つ人材と観光事業者とのマッチングシステムをつくることで、プロフェッショナル人材の循環を促せるのではないだろうか。

価値循環マトリクスで考えると、働き手の人材という「ヒト」の循環と観光地という「リアル空間」の交点を起点とし、横方向へ広げていく形だ（矢印L）。

はっきりした四季があり、国土が南北に広がっている日本は、季節ごとに「見ごろ」を迎える観光地があり、繁忙期と閑散期の差が比較的大きい。繁忙期には人手が足りずに高需要を取り込み切れない機会ロスが発生する一方で、閑散期には人材の稼働が高まらない課題が生じてしまう。このため働き手としての人材の循環が高まれば、繁閑のギャップによって生じるロスを軽減できる。それだけで現状でも取り漏れていた需要を満たせるのだ。

このマッチングシステムに登録したプロフェッショナル人材は、地域や季節に応じて複数拠点を移動しながら働くことを選択できる。これにより、繁忙期のエリアに人材を集めるなどの人材配置の最適化が進みやすくなり、需要の取り漏れの解消にもつながる。

働き手にとっては、認定を受ければ全国どこへ行っても「業務プロフェッショナル」として一定の待遇が保証されるメリットがある。また多くの観光地で経験を積むことは、自身のキャリア形成や人材としての市場価値の向上にもつながる。

もともと、日本の観光に携わる人材は質が高く、「おもてなし」に代表されるきめ細かい接客は、多くの訪日観光客から高く評価されている。そんな高いスキルや経験を持つ優秀な人材が循環しやすい環境をつくれば、人材難の軽減だけでなく、全国的なサービスレベル向上にもつながるはずだ。

さらに、優れた人材が全国規模で循環すると、従来は地域や人にとどまっていたスキルやノウハウの流通が促される効果も生まれる。人材のスキルやノウハウの〝回転と蓄積〟でより高い付加価値を提供できるようになれば、観光客1人当たりの単価も上がり、観光産業全体の成長にも寄与する。

シナリオ8：観光データ・マーケティング

観光分野においてこれまで捉え切れていなかった需要を掘り起こし、さらに市場を拡大していくには「データ」の循環が欠かせない。日本の観光産業はグローバルと比較してデジタルの活用が進んでいるとはいえず、デジタル技術やデータ活用による成長の余地が大きい。

例えば、前述のWEFの旅行・観光開発指数と、ホテル・レストラン・レジャー活動のデジタルプラットフォームの利用スコアをグラフにすると、旅行・観光開発指数が高い国ほどデジタル活用が進んでいる傾向が見られる。ところが日本は旅行・観光開発指数の水準に比べてデジタル活用度が目立って低い。生産性を高めるデジタル活用は、収益性に直結する。それによって生まれる余力を、新たな需要の創出につながる取り組みに積極的に振り向けるべきだ。

観光分野のデジタル活用に課題

国ごとの観光魅力度とデジタルプラットフォーム利用度

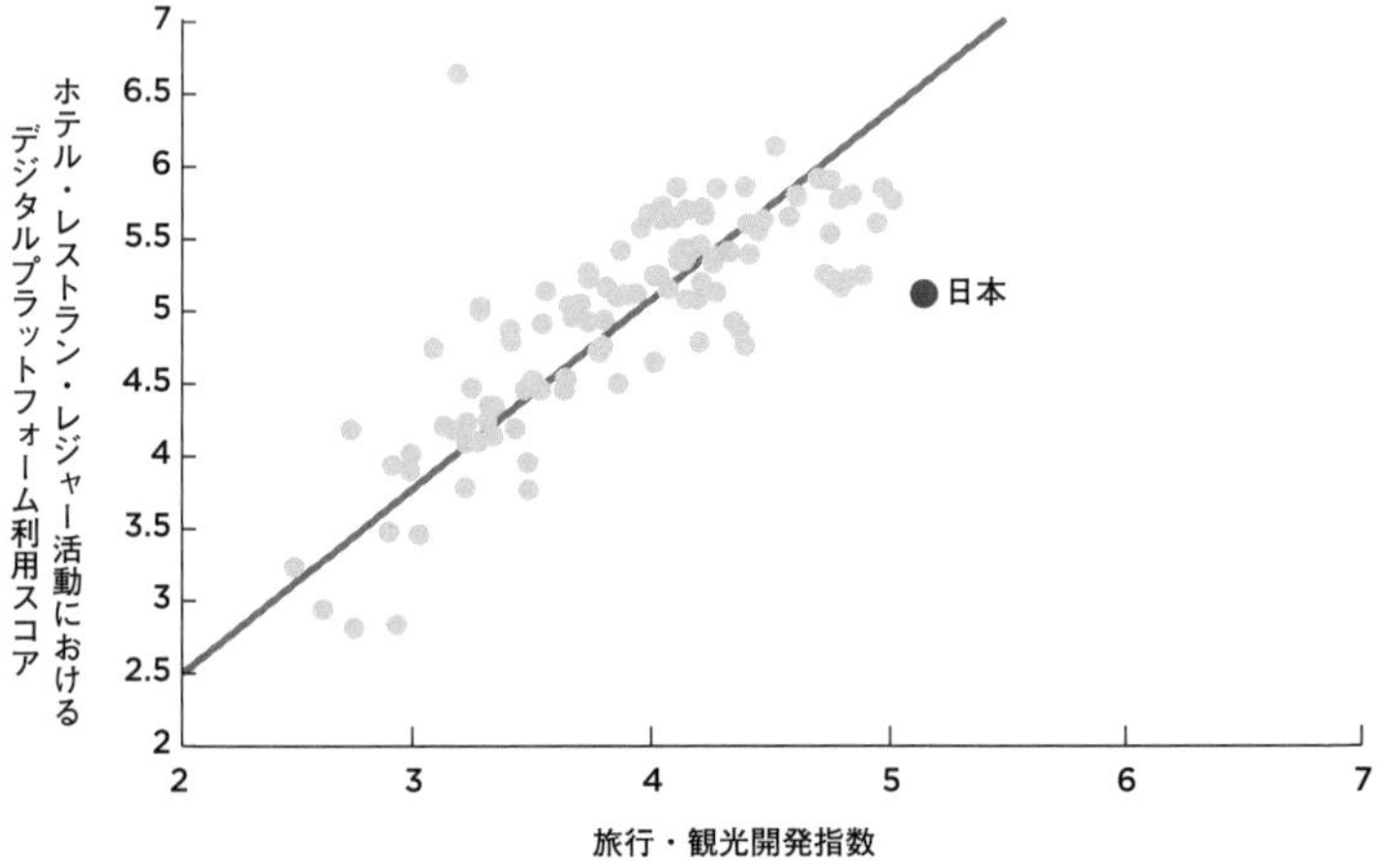

データソース：世界経済フォーラム（WEF）

観光は、目的地の選定から始まり、各種施設やサービスの予約、観光地への移動、現地でのモノやサービスの購入、宿泊などと数多くのステップがあり、それぞれに事業者と観光客との接点がある。そして、それぞれのステップでの観光客の行動に伴ってデータが発生している。

ところがこれらのデータが各事業者の自社内にとどまり、断片化されているのが現状だ。データが本来持つ可能性を最大化するには、事業者や地域の枠を超えて観光データを統合し、観光客一人ひとりのニーズを分析して把握していくことが重要となる。観光客の需要を高い精度で「先読み」し、データに基づく最適な提案によって新たな需要を掘り起こせる

観光データの循環で先読み需要を開拓する

シナリオ8：観光データ・マーケティング

写真：PIXTA

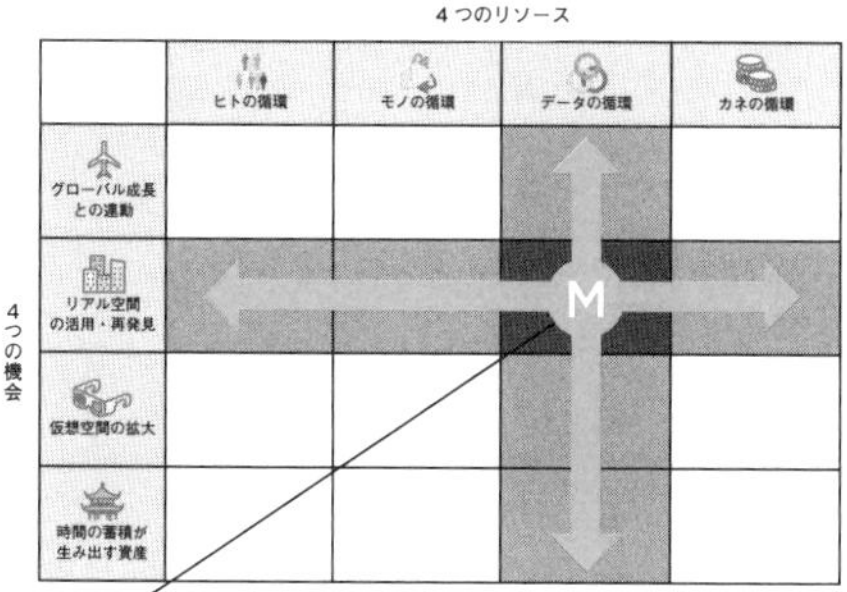

M

地域全体で観光データを集約・一元化するデジタル基盤を構築する。リアル空間にある観光客とのあらゆる接点から観光データを集め、循環させることで、統合的なマーケティングに生かす。これにより、観光客誘致、リピート訪問促進を軸としてヒト、モノ、カネを循環させる

のだ。

価値循環マトリクスで考えると、「データの循環」と「リアル空間の活用・再発見」を起点とし、データ活用範囲を縦に広げていく。それと並行して、リアル空間が生み出した観光データを統合的なマーケティングに生かし、ヒト、モノ、カネの循環を促していく（矢印M）。

観光局がデータを一元化したツェルマット

データに基づく観光マーケティングで成果を出している例が、世界でも有数の山岳リゾートとして知られるスイスのツェルマットだ。スイス南部、マッターホルン山の麓に位置するツェルマットは、

大都市圏から遠く離れた山奥の小さい村ながら、スイス統計局によると年間62万人の訪問客、151万泊の滞在（2019年）がある観光地だ。ツェルマットでは景観保全のために宿泊施設の建設に制限があり、5年間で施設数やベッド数はほぼ横ばい。それにもかかわらず、訪問客は5年間で35％も増加している。

この高い集客力を支えているのが、ツェルマット観光局による観光データの一元化だ。ツェルマットにはロープウエー会社や鉄道会社など多くの事業者が存在するが、観光客がどこから予約を入れても、その予約データは観光局のデータベースに保存される。それだけでなく、このデータベースには外部の宿泊予約サイトから集まった宿泊データもすべて集約されている。観光局は、この網羅的な観光データによって来訪者のニーズや興味・関心を細かく把握し、効果的なマーケティング活動を立案している。

観光局が蓄積するデータは個人に関するものに加え、ホテルや各種施設の予約データ、ウェブ上の行動履歴なども含む。観光局が運営するウェブサイトを訪れると、観光客はアクティビティーやイベントの予定を確認しながら旅行の計画を立案できる。その内容に応じてレストラン予約やスキーバスの割引といったオファーが提示され、同行者の分までまとめてチケットを予約できるようになっている。観光局主導によるデータを駆使したマーケティングで顧客単価の向上を図っている。

ここまでデータが一元化されていれば、例えば宿泊施設などの価格設定にも利用できるだろう。データを用いて高精度な需要予測をすれば、ディスカウントのタイミングや料金を最適化して適切な収益を確保できるようになる。一元化したデータに基づく意思決定により、地域内の事業者同士のディスカウント合戦を防ぎ、地域全体で足並みをそろえた価格設定ができるようになる。

このように観光データの循環は、観光客のニーズを先読みして潜在需要を喚起させるだけでなく、施設利用のダイナミックプライシング導入などを可能にし、観光事業全体の収益性向上にも寄与する。

温泉街でデータを集約

日本でも、ツェルマットのような海外の先進モデルにならった動きが小規模ながら始まっている。兵庫県の城崎温泉では、地域の数十軒の旅館が、宿泊予約客の宿泊日程、人数、金額、居住地などの情報を共通のデータ基盤に集め、それを個々の旅館や地域全体で活用する取り組みをスタートした。分断されていたデータをつないで循環させることで、マーケティングの精度を高められるだけでなく、宿泊施設の料金最適化や、需要予測に基づく人材配置や食材の仕入れなどが可能となり、収益性の向上が期待できる。

地域単位でのデータ活用に向けた取り組みは拡大に向けて動き始めている。観光庁はデジタルトランスフォーメーション（DX）事業の一環として、城崎温泉で試験的に導入したシステムの普及に乗り出した。城崎温泉に続き、22年後半には栃木県の那須温泉や福島県の飯坂温泉など11の地域に、同様のシステム導入に向けた支援をした[6]。

今後はこうした地域単位の取り組みを地域横断的に統合して、全国規模の「統合観光データ基盤」を構築してはどうだろうか。各地の観光来訪者の属性や行動実績、消費実績に関する観光データ、さらには各種口コミ評価などを網羅すれば、データを起点とした需要創出の可能性は大きく広がる。

「データ」の循環を起点として、適切な価格設定により収益を最大化し、これまで見落としていた需要を掘り起こしていくことで、日本の観光地としての潜在力を引き出し、成長につなげられるはずだ。

【地域創生】
価値循環を組み込んだ地域活性化の推進

シナリオ9：ライフワーク×観光――ライフワークをきっかけに長きにわたるヒトの循環をつくり出す
シナリオ10：再エネ×地域コミュニティー――再エネを軸に地域のリソースを循環させる

これまで、環境・エネルギー、モノづくり、ヘルスケア、観光の4分野にわたって成長シナリオを見てきた。5番目の分野として取り上げるのは「地域創生」だ。大都市以外の地域は、人口減少や過疎化などの影響を真っ先に受ける、いわば日本にとっての課題の縮図だ。

地域創生の取り組みは、価値循環による成長シナリオを実際に社会に実装し、発展させていく上で重要な役割を果たす。これまで見てきた産業分野の成長シナリオを念頭に、ヒト、モノ、データ、カネが地域に根差して循環する〝地域循環〟をいかにつくり上げるのかを考えていこう。

ここで挙げる2つの成長シナリオは、いずれも地域固有の資源と「ヒト」や「モノ」というリソースの循環を掛け合わせ、一過性の関係ではなく長く持続する関係性を築いていくものだ。まず1つ目は、ライフワークとなる活動をきっかけにして、それに観光の要素を盛り込むことで、地域におけるヒトの循環を生み出すシナリオだ。ヒトがライフワークを通して地域との長期間にわたる関係をつくると価値循環が生まれやすくなる。つまり、「ライフワーク×観光」によって地域循環をつくるのだ。

2つ目は、再生可能エネルギーを中心に外部のヒトと地域のコミュニティーを結び付けるシナリオだ。地元で生み出した再生可能エネルギーを、地域外に提供して得た「カネ」を起点に「ヒト」や「モノ」の循環を促し、需要を生み出していく。「再生可能エネルギー×地域コミュニティー」の地域循環だ。

シナリオ9：ライフワーク×観光

日本には47都道府県、約1700の市区町村があり、各地域がそれぞれ異なる個性を持つ。

ライフワークをきっかけに長期的なヒトの循環をつくり出す

シナリオ9：ライフワーク×観光

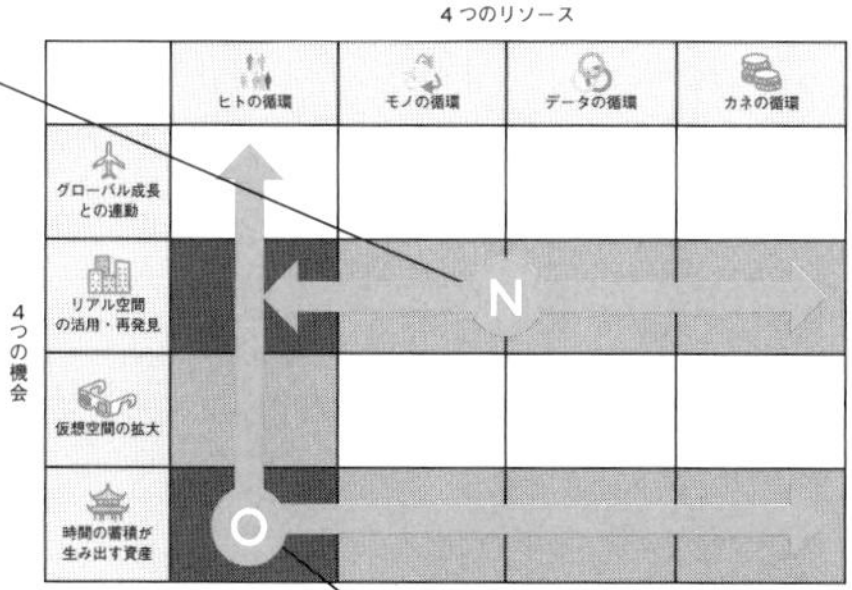

N

［島根県海士町の例］「副業島留学」などを通じて島に人を誘致し、島のリアル空間の中で地域の課題解決などに関わる体験機会を提供する。これにより、移住者や関係人口を増加させるとともに、ECなどを通じた新たな需要創出につなげる

O

［沖縄県の例］空手というコンテンツ（時間の蓄積）を生かして、仮想空間も駆使してグローバル規模で空手の愛好家を沖縄に引き込む。空手コンテンツを起点にしたツーリズムの提供により、モノ、カネ、データの循環も生み出す

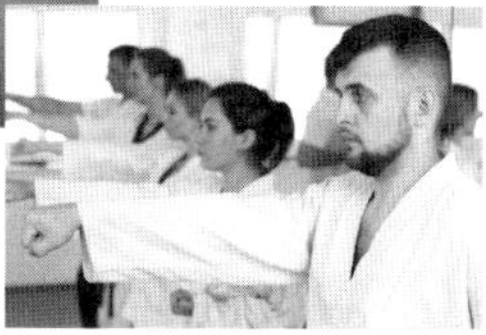

写真2点：PIXTA

その地域にしかない自然資源や景観、歴史、食習慣、方言、伝統芸能などの独自性を活用して域外から人を呼び込み、「ヒト」の循環を目指す。その最も基本的な形が観光だが、より踏み込んで人と地域との深い関係性を築いている事例もある。人が生涯にわたって取り組み続ける「ライフワーク」を通した関係を築くことで、長期にわたって地域と関わる「関係人口」を増やしているのだ。

島根県沖に浮かぶ隠岐四島の1つにある島根県海士町《あまちょう》。海士町では「仕事」というライフワークをきっかけにリアル空間の活用と「ヒト」の循環との掛け合わせを実現する。それを「モノ」や「カネ」

の循環につなげ、新たな人を島に誘致したり、島の特産品を域外で販売したりするなどの需要創出に成功している（矢印N）。

海士町は人口わずか2300人の島。50年間で島の人口は約3分の1まで減少し、急激な過疎化と少子高齢化に悩んでいた。そこで海士町は、年単位で島に住み、地元コミュニティーに参加する移住者の誘致を目指すというユニークな施策に打って出た。

その1つが「島留学」だ。例えば若い世代向けの「複業島留学」は、2年間海士町に住み、地元の複数の事業に携わりながら島暮らしを経験するものだ。企業人やフリーランスが、自分の仕事をしながら島の仕事にチャレンジすることも可能だ。留学生が住む家（シェアハウス）は行政が手配し、仕事探しについては地元の隠岐で持続可能な地域づくりを進める「島前ふるさと魅力化財団」がサポートする。職場は行政関連から観光、教育、水産業まで幅広い。

2年間地域に溶け込んで「自分ごと」として課題解決に取り組むと、留学生たちにとって海士町は第2のふるさととなる。実際に島留学中に海士町のファンになり、島を離れた後でもまた訪れたり、移住したりする人も少なくない。2020～21年の約2年間で約200名が島留学を体験し、20名が島に移住したという。移住した人が今度は留学生の受け入れ側となって島の魅力や生活を発信し、新たな「ヒト」を呼び込む形の循環も生まれている。また、一度「島留学」を体験した人は戻っても海士町の熱心なファンであり続けることが多い。島外に広がった関係人口に対し、ECなどを通じて新たな需要につなげている。

空手の体験稽古をオンラインで

海士町は仕事という「リアル空間」の活用により「ヒト」の循環を生み出しているが、文化という「時間の蓄積」を起点に「ヒト」の循環を生み出している例もある。それが沖縄空手の取り組みだ。

空手は世界で1億3000万人の愛好者がいるといわれる強力なコンテンツだ。[7] 沖縄はそんな空手発祥の地として知られており、新型コロナウイルス禍の前には毎年約7000人もの観光客が空手の稽古体験などができる「空手ツーリズム」で訪れていた。特に海外の空手愛好家は、来日した際により深い体験を望む傾向がある。空手の稽古で訪れる外国人の滞在期間は一般観光客の2〜3倍で、滞在中の消費額は2倍以上というデータもある。富裕層が家族全員で来日し、長期滞在しながら修行するケースもあり、空手だけで経済効果は年間10億円に上るという。[8]

ところがコロナ禍により沖縄を訪問する外国人観光客が激減した。そこで始めたのが、ビデオ会議ツールを活用した空手のオンライン体験稽古だ。20年10月より有料版の提供をスタートした空手のオンライン稽古は、8カ月間で合計22回開催され、38カ国から1100名もの生徒が参加したという。[9] リアルの世界で移動できない中、オンラインを活用した関係人口拡大を進めたのだ。

さらに仮想現実（VR）を活用して沖縄空手の体験を提供する取り組みもスタートしている。より臨場感が高いVRを使って迫力ある沖縄空手体験を提供し、ファンを増やす試みだ。こうした仮想空間の活用はコロナ禍で生み出された工夫だったが、人が自由に移動できるようになった後も、関係人口拡大の重要な手段になるだろう。

空手も、人が趣味として長期間楽しむライフワークの1つだ。沖縄では「時間の蓄積」が培った空手というコンテンツを起点に「ヒト」を循環させ、それを「仮想空間」や「リアル空間」、そして「グローバル」と掛け合わせて価値循環を生み出している。さらに、空手コンテンツを起点にしたツーリズムの提供により、横方向に広がる「モノ」「データ」「カネ」の循環も生まれている（矢印O）。

海士町と沖縄空手の両方の事例に共通するのは、それぞれ「仕事」や「趣味」という、ライフワークを起点に人を呼び込み、長期的な関係性を構築していることだ。地域に人を呼び込むためには、必ずしも絶景や歴史的な建物といった観光資源が必要だとは限らない。日常生活や趣味を起点としたライフワークに目を向けてみると、そこに新たなヒントがあるのだ。

シナリオ10：再エネ×地域コミュニティー

「再生可能エネルギー」という「モノ」の循環を起点に価値循環を生んでいる地域もある。再生可能エネルギーには、一部地域に集積する従来の化石エネルギーと異なり、地域ごとに分散して設置できる特徴がある。このため、これまで「活用方法がない」と考えられてきた土地を利用して、新たな需要を生み出すきっかけにできる。

その手段の1つとしてソーラーシェアリング（営農型太陽光発電）がある。ソーラーシェアリングとは、農地に支柱を立てて上部空間に太陽光発電設備を設置し、農業生産と発電とで太陽光をシェアする取り組みだ。農作物の売り上げに売電による収入が加わることで、農家の所得向上や、農作物だけでは採算を確保しにくい耕作放棄地の有効活用につながる手段として期待されている。

通常、農地に太陽光発電設備を設置すると地目（土地の用途）の変更が必要になり、固定

再エネを軸に地域のリソースを循環させる

シナリオ10：再エネ×地域コミュニティー

写真：PIXTA

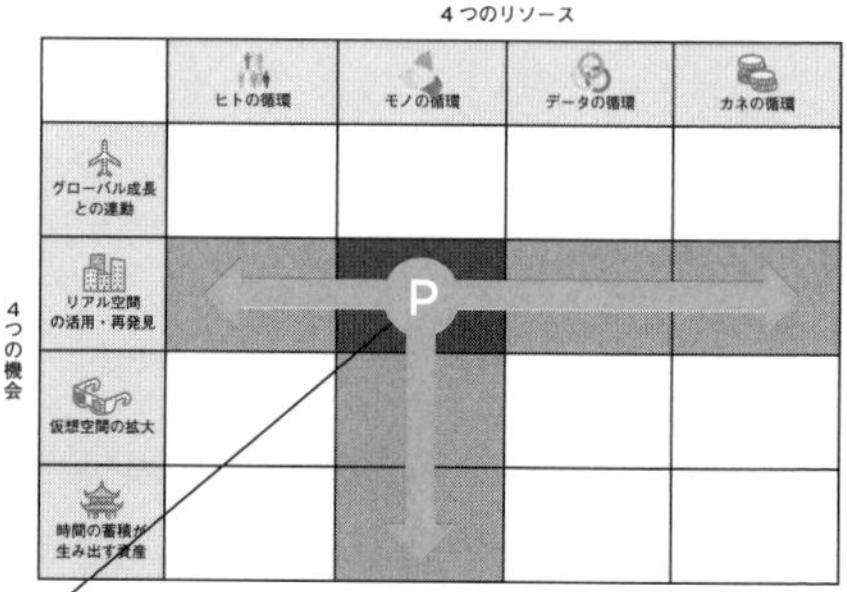

P

［匝瑳市の例］耕作放棄地（リアル空間）に再生可能エネルギー（モノ）を掛け合わせたソーラーシェアリングを行い、売電収入を地域活性化に活用する。地域での時間の蓄積も生かして域外の移住者や関係人口を増やすことにより、地域の中で持続的なヒト、データ、カネの循環を生み出す

資産税が大幅に上がる。だがソーラーシェアリングは農地扱いのまま発電ができる。農林水産省は「営農型発電設備」として一定の条件を満たした土地に対して農地法に基づく一時転用許可を出すなど、ソーラーシェアリングの取り組みを推進している。

千葉県匝瑳市《そうさし》では、ソーラーシェアリングをきっかけとした地域創生の取り組みが民間主導で始まっている。1年以上にわたり作物を育てていない、いわゆる耕作放棄地の増加が大きな課題となっていた匝瑳市では、そんな耕作放棄地を有効活用しようと地元NPOなどがソーラーシェアリングに乗り出した。

農業だけでは採算が合わないと見られていた耕作放棄地も、太陽光発電による売電収入の一部を営農者のサポートに回して農業を再開できた。ユニークなのは、売電収入の一部を地域創生の取り組みに充てていることだ。地域の課題解決のために設立した「豊和村つくり協議会」を通じ、就農支援や新規移住者対策、耕作放棄地再生、都市・農村交流などの地域再生事業を支援し、ソーラーシェアリングをきっかけとした地域創生を目指している。

例えば、田舎暮らしを望む移住希望者に空き家をリノベーションしてあっせんするなど手厚い支援をして、移住を促進している。また「収穫祭」など、来訪者や移住者と地元の人との交流を深めるイベントも実施している。これらの取り組みが奏功し、既に近隣市町村も含めて約60人がこのエリアに移住したという[10]。

19年の大型台風で地域が大規模停電に見舞われた際には、ソーラーシェアリングで生み出した電力を使って充電できる地元市民向けの無料の充電ステーションを開設。スマートフォンやノートパソコンなどを充電できるようにした。匝瑳市のソーラーシェアリングは、地域にとって欠かせない存在になりつつある。

100組以上の家族が定期的に通う

匝瑳市では、収穫した農作物を使った加工品を開発・販売したり、民泊やエコツアーを手掛けたりといった6次産業化による新たな需要の創造の取り組みも行われている。これらの資金にもソーラーシェアリングの売電収入の一部を回している。

例えば移住のサポートや農業体験サービスを提供するNPO法人は、自分の食べるお米を自分で作れる「my田んぼ」をスタート。都心から約2時間という匝瑳市のアクセスの良さもあり、現在100組以上の家族が定期的に匝瑳市に通って自分たちが消費する農作物を育てているなど、「ヒト」の循環を生んでいる。

また匝瑳市のソーラーシェアリングでは、アウトドアブランドの「パタゴニア」が発電した電力を直営店で使用したり、カリフォルニア発のセレクトショップ「ロンハーマン」が施設を新設するなど様々なプレイヤーが関与している。匝瑳市で発電した電力を店舗で使用するほか、ソーラーパネル下での有機農業なども手掛けている形だ。この電力トレーサビリティーの実現にはブロックチェーン技術を用いており、「データ」の循環も生み出している。

このように匝瑳市では、耕作放棄地という「リアル空間」に再生可能エネルギーという「モノ」の循環を掛け合わせ、さらに地域コミュニティーと一体となった取り組みを進めている。これによって地域に「ヒト」「データ」「カネ」の循環を生み、新たな需要を創出している（矢印P）。

ここで紹介した事例は、いずれもライフワークや再生可能エネルギーのような地域固有の資源を活用し、地域外のヒトと長期的な関係を結んで価値循環を生み出している。価値循環の起点となる資源は地域によって異なるだろう。これまで見てきた環境・エネルギー、モノづくり、ヘルスケア、観光という産業分野の成長シナリオを参考に、地域コミュニティーが持つ資源を「ヒト」「モノ」「データ」「カネ」の各リソースと掛け合わせ、地域に根差した循環で価値を生み出す〝地域循環〟を実現することが成長への第一歩となる。

＊　＊　＊

ここまで、5つの領域について、価値循環に基づく日本の成長シナリオを〝10のテーマ〟として大胆に描き出してみた。

「価値循環マトリクス」を活用し、まず、それぞれのテーマについて「循環」させるリソース（「ヒト」「モノ」「データ」「カネ」）と「機会」を掛け合わせて新たな需要の所在を明らかにする。

さらに、それらを相互につなぎ合わせて、より大きな潜在需要を創出する。こうした戦略立案が有効であることが見えてきたはずだ。

改めて大切なのは、これからの成長は、新たな「需要」を生み出すことによってのみ、成し得るということだ。この点については、第1章でも、日本の長期停滞の真因について、「高度経済成長期から残存する供給体制」が「飽和した国内市場における需要不足」に見合っていない構造的なギャップにあることを指摘しながら示してきた。

日本政府はこれまで幾度となく〝成長戦略〟を掲げ、その都度国家予算を投下してきた。現在、政府はこの先の成長戦略として「科学技術・イノベーション」「スタートアップ」「GX」「DX」の4分野に重点を置いて官民の投資を加速させるとの方針を打ち出している。さらに「バイオテクノロジー」「量子技術」「AI」「6G(次世代移動通信システム)」「半導体」など、先端技術に関わる重点的な投資を検討している。確かにこれらは成長をけん引する要素として重要なものばかりである。

しかしながら、政府が掲げる成長戦略を推進しても、前述のような需要不足による構造的なギャップを解消し切れないままであれば、日本が長期停滞を抜け出すことは難しい。成長戦略が着実に成果を上げるには、いかに新たな需要創出に結び付けるかに最大の焦点を置くことが重要なのだ。

「技術で勝ってビジネスで負ける」を反省

これからの日本は、「技術で勝ってビジネスで負ける」という過去の失敗を反省し、未来に生かす必要がある。ややもすると、従来の「技術ありき」の発想に寄りかかり、「技術に投資すれば経済は成長できる」とついつい考えがちだ。

本当に目指すべきは、「マーケットありき」という需要側の発想からスタートすることだ。技術について語る場合でも、それが生かされる潜在的なニーズや未開拓の用途などを、ユーザーの体験やその総体としての社会システムの次元まで掘り下げて発想することが不可欠だ。イノベーションという言葉も、需要側の立場から「全く新たな市場をつくり出す」という意味で用いるべきだろう。

本章では、日本の潜在的な強みを生かしながら社会課題解決を〝需要〟につなげるという視点に立って、価値循環によってもたらされる「新たな需要」の創出のあり方を述べてきた。今後、企業や国、自治体のあらゆる立場で成長戦略を検討する際に、本書で提案する「価値循環マトリクス」を活用して「需要創出」の視点を意識的に盛り込めば、より実効性が高い成長シナリオを生み出せるはずだ。

次章では、日本が将来にわたって持続的に成長するために、22世紀までを視野に入れた長い時間軸を展望してみたい。そこでは、価値循環という成長モデルに取り組むことの意義、さらには「成長」の定義、そして日本が世界の中で果たすべき役割など、日本が進むべき未来の姿が見えてくる。

第6章

世界に先駆けた「22世紀型」成長モデルへ

本書の冒頭で指摘したように、日本の経済的な長期停滞の真因は、人口減少に起因する「将来不安」から始まっている。人口が減ると需要も減り、経済は縮小の一途をたどるのではないか、という発想から成長期待が低下した結果、消費や投資が抑制され、日本経済のダイナミズムを奪ってしまった。

これに対し、本書では「価値循環」という新たな考え方を提示し、人口減少下でも持続的な経済成長ができる可能性を示してきた。「価値循環」による成長は、人口減少下における日本の新たな成長モデルである。そして未来に視野を広げると、いずれ世界中でこの「価値循環」が必要になってくることに気付く。

世界がモデルチェンジを迫られる

日本、そして世界が向かう先を中長期的に見据えるには、近年起こっている現象に目を向けて分析し、対応を検討するだけでは不十分だ。過去から未来に向けた１００年単位の長い時間軸の視点から、大きなトレンドを把握すべきだ。

時計の針を、約１００年前の20世紀初頭まで巻き戻してみよう。英国から始まった産業革命が世界に広がった後、日本に資本主義経済システムが根付き始めた時期だ。

統計サイトのOur World In Dataによると、1900年ごろの世界人口は20億人に満たなかった。そこから約120年で、世界の人口はなんと4倍の80億人にまで増えた。これは人類史上初めての爆発的な人口増加である。人口増加と並行して起こった第2次産業革命の本格化、重化学工業の発展、石油エネルギーの活用といった技術革新を背景に、人類はかつてないほど大量のモノを生産するようになった。

この過程で、人々の身の回りはモノで満たされた。プラスチックの雑貨や合成繊維の洋服、インスタント食品、全自動洗濯機、電気掃除機、テレビなどの家電製品、そして自動車まで、安く便利な製品が次々と登場した。人々の暮らしぶりは日々向上し、モノを手に入れることが幸せに直結するとの考えが主流になった。

人口拡大を背景に、尽きない需要の中、モノをつくればつくるだけ売れ、豊かになっていく時代。20世紀は、そんな「拡大」の世紀だったといえる。

ところが21世紀に入ると、そんな急激な「拡大」はいつまでも続かないことがはっきりしてきた。工業化に伴って各地で発生した環境汚染は先進国から途上国まで広がり、森林伐採や乱獲による生態系の破壊も急激に進んだ。さらに人類に決定的な事実を突き付けたのが、地球温暖化だ。

民間シンクタンクのローマクラブは「成長の限界」と題した報告書を72年に発表し、人口増加や環境汚染が続けば、100年以内に地球の成長は限界に達するという予測で世界に衝撃を与えた。[1] それから50年が経過した現在、地球温暖化による気候変動は、猛暑や猛烈な台風など目に見える形で私たちの生活を直接的に脅かしている。

いまだ世界人口が増え続ける中、このままでは地球環境が破綻してしまうという懸念が世界で共有され始めている。従来の「拡大」型の社会構造を引きずりながら、必死にモデルチェンジしようとしている——。これが21世紀の世界の姿ではないだろうか。

今度は時計の針を先に進め、将来に目を向けてみよう。22世紀の入り口である2100年代初頭、世界はどうなっているのだろうか。

まずは最も確かな将来予測といわれる人口動態を見てみる。国連の推計によると、世界人口は2022年11月に80億人を突破し、増加傾向にある。しかし、その伸びは次第に緩やかになり、80年代に104億人でピークを迎える。その後しばらくは横ばいで推移し、2100年ごろに人口が減り始めると見られている。地域や国による差こそあれ、2100年には日本だけでなく多くの国が人口減少の問題に直面することになる。

同時に進行するのが高齢化だ。同じく国連の予測をひもとくと、2100年には64歳以下の各年代の人口は減少もしくは横ばいで推移し、65歳以上の高齢者の数が増えていく状況にある見通しだ。まさに日本が現在直面しているような少子高齢化が、世界規模で進行するのだ。

つまり、世界の国々が現在の日本とよく似た問題に直面することになる。人口拡大をベースとする需要拡大は望めなくなり、地球全体が将来不安に覆われるかもしれない。医療サービスや社会保障システムの維持が世界的な社会問題となるだろう。もう80年もすれば、そんな社会が現実のものとなり得るのだ。

「拡大の世紀」と「縮小の世紀」のはざまで

世界は、人口増加を背景に拡大してきた「20世紀型」の社会から、人口減少と高齢化を前提とした「22世紀型」の社会へのモデルチェンジをいや応なしに迫られる。その間に挟まれた現在、つまり21世紀は、この大きな転換を成し遂げるための世紀なのだ。そしてこの移行期の中間点である2050年は、新たな成長モデルを確立するための重要な分岐点となるだろう。

50年には、インドやサハラ以南のアフリカなどで人口が増加する一方、61の国や地域では22年比で1%以上人口が減ると予測されている。先進国を中心に多くの国が人口減少局面に差し掛かり、それと並行して高齢化が進んでいく。

「世界経済が成長しているのに日本経済だけが停滞し、一人負け状態になっている」。現在は多くのメディアでこんな論調が見られる。現状の数字だけで比較すれば、それは事実だ。だが視点を変え、100年単位の長い時間軸で眺めたらどうなるか。遅かれ早かれほとんどの国が直面する人口減少のタイミングを、日本は50年早く迎えているだけだという見方もできる。

その観点で見れば、本書で提唱してきた「価値循環」は、これから日本を含む多くの国々で必要とされる「22世紀型」の新たな成長モデルであると分かる。現在の日本経済は人口減少を背景とした将来不安により長期停滞に苦しんでいるが、これは新たな成長モデルをつくり上げていくための「得がたい経験」であり、むしろ圧倒的なトップランナーとして世界に先駆けた経験をしているアドバンテージがあると捉えられるのではないだろうか。

人口が減りゆく中で需要を生み出すにはどんなビジネスモデルを構築すべきか。高齢者が増え、健康寿命が延びていく社会ではどんな社会制度が必要になるのか。長い人生を幸

世界の人口は2100年ごろにピークアウト

世界の人口の推計

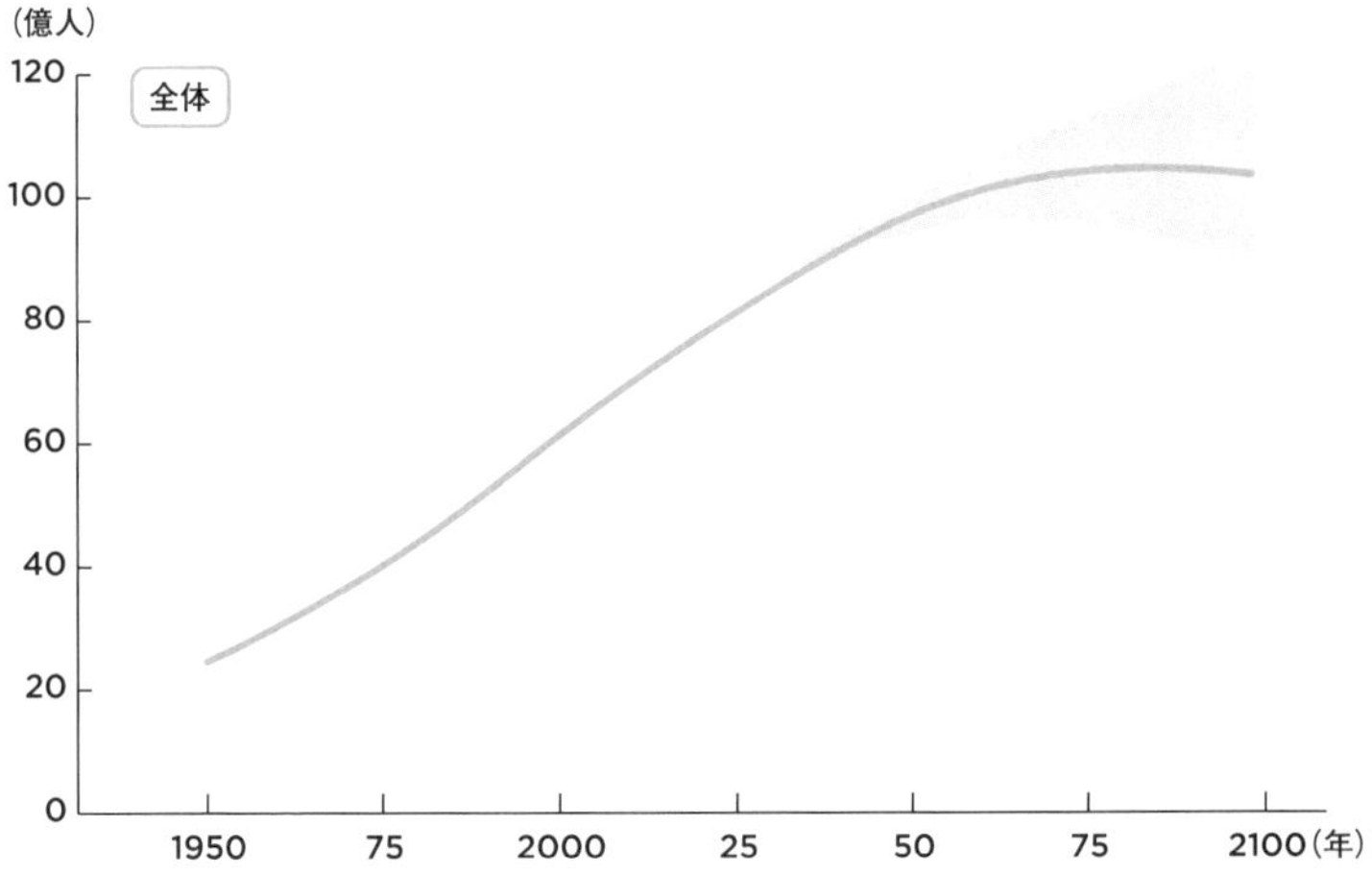

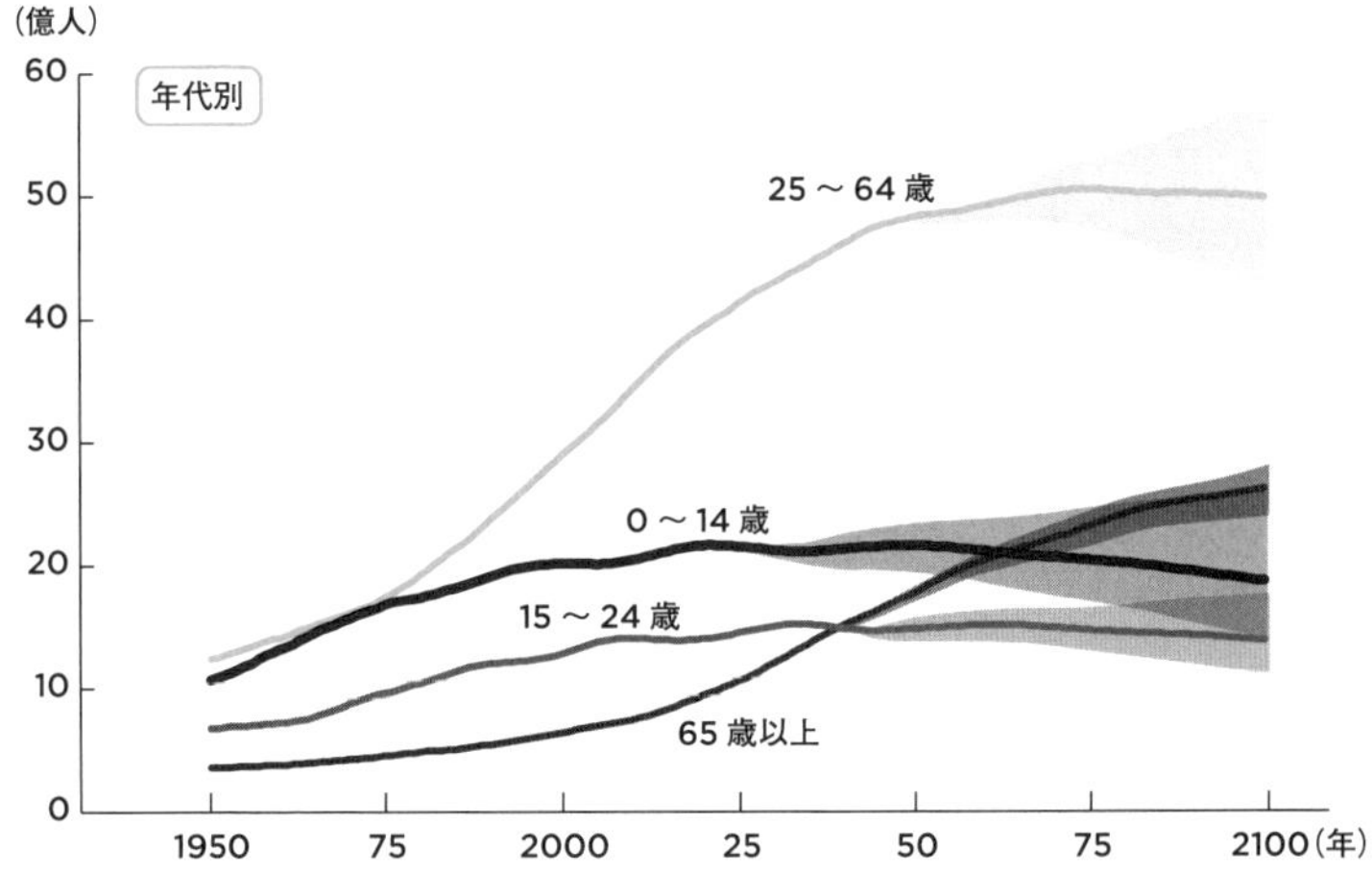

データソース：国際連合
注：薄い色で示した範囲は95%予測区間

せに生きられる社会とはどんな社会なのか。これから世界が直面するこれらの課題に対して日本が一足先に試行錯誤し、解決策を見つけていくチャンスがそこにある。「22世紀型」の社会を描く上で、日本は世界に先駆けた唯一無二のフロントランナーとなれる。そのためにも、日本は「失われた30年」の経験からの学びを原動力として、50年に向けて新たな発想で成長のモデルを確立することが必要だ。

目指す姿はウェルビーイング大国

この先の世界においては、「成長」の意味を改めて見直すことも大切になる。これまで人類は、規模の拡大による経済成長を追求してきた。しかし「拡大」が行き詰まってきた21世紀には、経済成長に限定せずに「成長」の意味自体を問い直す動きが出てきている。

注目すべきは「経済規模の拡大の追求だけでは人々の幸福につながらない」との観点である。地球環境や社会の安定、一人ひとりの内面的な充足などにも目を向けていく必要がある。人々が〝幸福を感じられる状態〟の継続的な改善・向上も広義の「成長」として捉えるのが、目指すべき本来の姿ではないだろうか。

ここでカギとなるのが〝ウェルビーイング〟の概念だ。1946年に採択された世界保健機関（WHO）憲章では、健康とは「肉体的にも精神的にも社会的にもすべてが満たされた状態にあること」と定義されている。そして、この中の「満たされた状態」に相当する英語がWell-being（ウェルビーイング）である。今後人類が追求すべき「成長」においては、経済面だけではなく、より多面的に幸福の要素を満たすウェルビーイングを追求することが求められる。

成長の物差しも変わってゆく。多面的な成長を実現するには、国の経済規模を示す「GDP（Gross Domestic Product、国内総生産）」だけでなく、国民の幸せの規模を示す「GDW（Gross Domestic Well-being、国内総充実）」などを指標として、目指すべき社会の現状を測っていくことも必要となる。日本でも内閣府が2019年から満足度および生活の質を表す指標群、いわゆる「ウェルビーイングダッシュボード」を設置し、統計データを用いて人々の生活を様々な角度から描き出そうと試みている。

2050年に向けて単なる経済的成長だけでなく、内面的な充足、つまりウェルビーイングも含めた「多面的な成長」を目指す――。これは日本が世界に先駆けて価値循環による成長モデルを具現化していく際に欠かせないポイントだ。

5年後の人生を悲観する日本人

日本の「人生満足度」の世界順位の推移

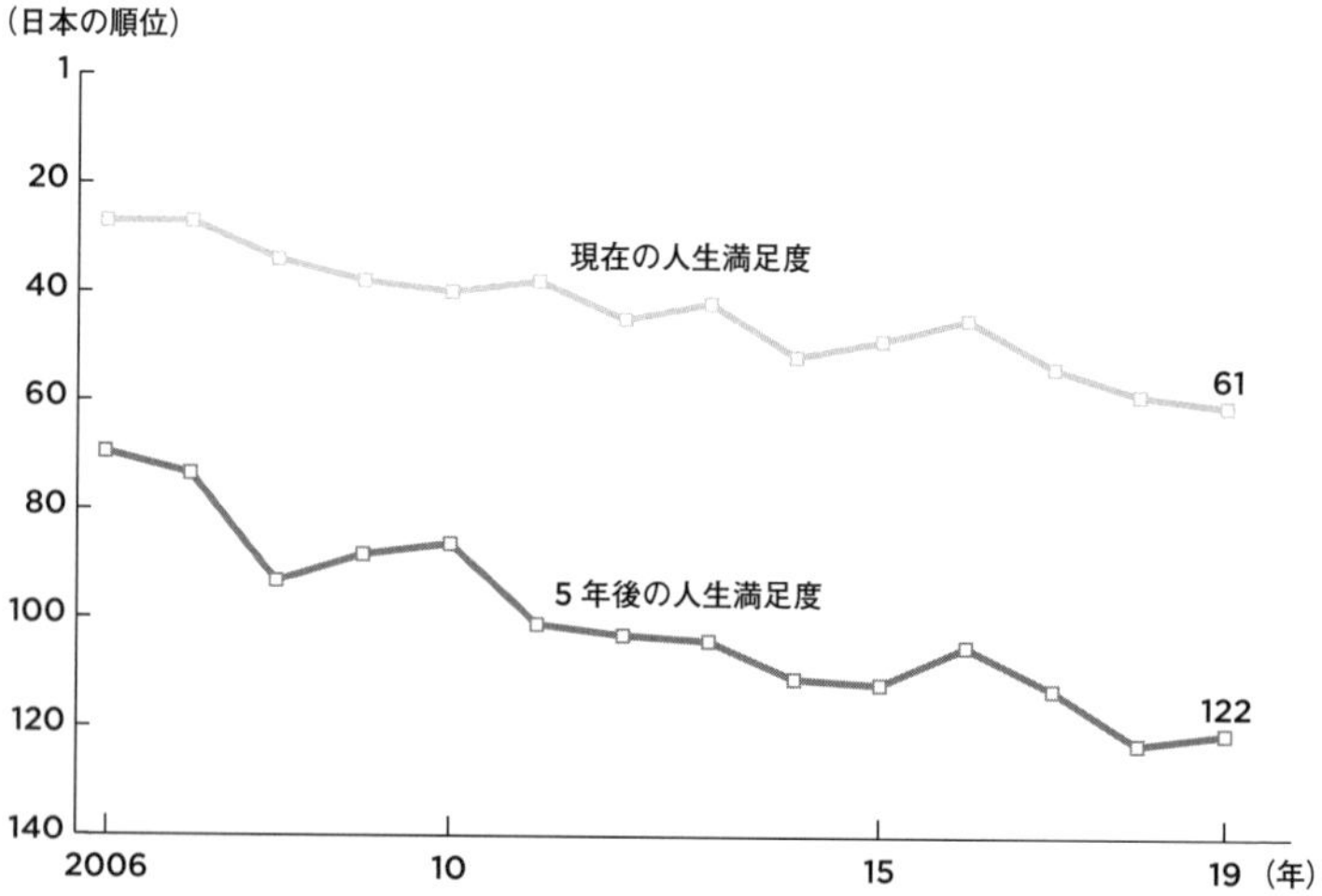

データソース：Global Wellbeing Initiative

ところが現状を見ると、日本のウェルビーイングの水準は決して高くない。19年のGlobal Wellbeing Initiativeの調査によると、日本に住む人の現在の「ウェルビーイング実感」は世界の国々の中で61位にとどまる。これは、最も理想的な生活を10、最悪の生活を0として、自分がどの程度の点数かを答えてもらってウェルビーイングの度合いを測定した結果だ。

さらに驚くべきは、同じ調査で5年後を想像して答えてもらった数値だ。なんと日本は１２２位と、最下位グループに属しているのだ。しかも現在の満足度も5年後の満足度も、日本は世界の中で年々順位が下がっている。

居場所が多いほど介護状態になりにくい

居場所の数と介護状態のなりやすさの関係

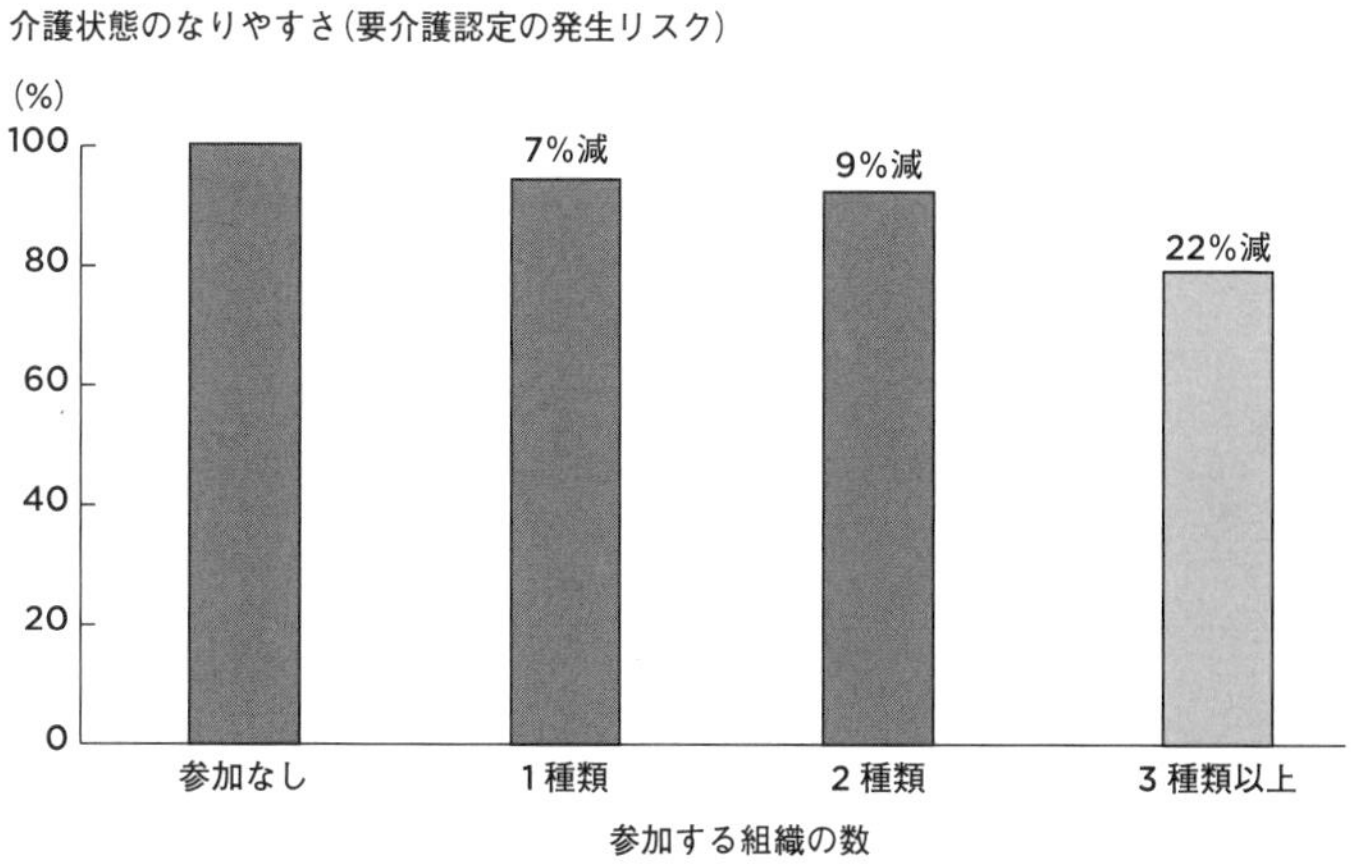

データソース：Kanamori S, Kai Y, Aida J, Kondo K, Kawachi I, Hirai H, et al. (2014)
注：65歳以上の約1万3000人を4年間追跡調査。参加する組織がない人の介護状態のなりやすさを100としたときの割合を示した

ウェルビーイング向上の処方箋

では、ウェルビーイングのレベルをどのように高めていけばいいのだろうか。国内の公益財団法人Well-being for Planet Earthによると、人は居場所の数が増えるほどウェルビーイングの度合いが高まるという。

興味深いデータをいくつか紹介しよう。内閣府の「子供・若者の意識に関する調査」によると、居場所の数が増えるほど、自己肯定感や将来への希望、チャレンジ精神などが高まる傾向にあるという。また「愛知老年学的評価研究」プロジェクトの14年の論文によれば、65歳以上の約1万3000人を4年間追跡調査したところ、3つ以上居場所がある人は1つもない人より22％も介護状態になりにくいという。つまり、ウェルビーイングの度合いを高めるためには、複数の居場所をつくることが有効である可能性が高い。

「生きがい」の実感も、日本ならではのウェルビーイング実現の要素となる。17年にスペイン人作家が「ＩＫＩＧＡＩ」と題した本を出版し、世界的なベストセラーとなった。その本では日本語の「生きがい」を「存在理由」と解釈し、日本人が長寿なのは「生きがい」を持っているからだ、と説いている。[2] 人生の意義や目的を持つことは、健康リスクを減らし生活の質を向上させるという研究もある。[3] 蓄積した経験を社会に還元して貢献しているという実感を持ち、人と人とのつながりや居場所を増やすことができれば、一人ひとりの人生はさらに豊かで充実したものとなっていくはずだ。

自然との共生もウェルビーイングの観点では重要な意味を持つ。自然の保護・強化を経済成長につなげる「ネイチャーポジティブ」の発想は、地球環境を犠牲にしながら成長してきた世界にとって、達成すべき次なるゴールの１つになる。

日本には古来より自然と調和し、共生してきた文化的背景がある。これから本格化するネイチャーポジティブ経済に向け、これまで培ってきた技術を活用し、あらゆる意思決定に「いかに自然を生かすか」という視点を取り入れることで、いち早く自然と調和した成長モデルを世界に示すチャンスがある。

どのような一歩を踏み出すべきか

ウェルビーイングな社会を目指す上で、これからは世界の一員としての立場をより強く意識し、国内外の垣根を取り払って自在に交流していくことが大切だ。「課題解決先進国」としての日本の認知を獲得し、社会課題のソリューションを研究開発する中核の拠点として、海外からの人材や投資を盛んに日本に呼び込む動きをより強めていく。こうしたグローバルでの「価値循環」を通じて、日本は22世紀型の成長モデルのフロントランナーとして世界から敬意を集める存在になれるはずだ。

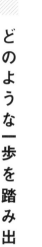

このような2050年の日本の姿に向け、今、どんな一歩を踏み出すべきか。国や企業、個人のそれぞれの立場で、価値循環を通じた成長を実現するための変革を足元から始める必要がある。

まず、大小様々なレベルで循環が生まれる環境を整えることだ。そのために国は、ヒト、モノ、データ、カネのそれぞれのリソースについて円滑な循環を妨げている規制を取り払う必要がある。

企業のレベルでは、従来の自前主義にとらわれた「囲い込み」から「オープン化」への方向転換が求められる。企業や産業の枠を超えてつながっていく「脱・自前」が循環を生み、これからの成長に結び付くことを認識しなければならない。循環を起こすために、時にはライバルとも手を組む必要もあるだろう。

個人のレベルでは、今の立場や状況に安住せず、新たな「機会」を増やそうと挑戦することが大切だ。今までの既成概念や行動範囲の殻を打ち破り、新しい仕事や活動に挑戦すると、多様な人や機会とのつながりが増え、ヒトの循環が生まれる。さらに自らの居場所を増やすことがウェルビーイングな暮らしを送るために役立つ。自らがヒトの循環をつくり出す当事者になることが大切だ。


本書では、日本が「価値循環」という新たな成長モデルを実装することで、人口減少を過度に恐れることなく明るい未来を描けると示してきた。そしてこの日本発のモデルは、22世紀型成長の見本として、グローバル規模で展開できるものになるだろう。

国のレベルでも、企業のレベルでも、そして個人のレベルでも、現在の日本は不安ばかりが先行し、将来に期待している人は多くない。だが私たち一人ひとりが発想を転換し、意識を変えて日々の行動や意思決定を積み重ねれば、必ずや日本は明るい将来へ向けて変わっていくはずだ。

1945年。敗戦直後の日本は、焼け野原から再び立ち上がった。それから約50年で「東洋の奇跡」と呼ばれる急成長を遂げ、世界をリードする経済大国となった。その次の50年、つまり2050年に向けての期間は、それまでの延長線上ではない新たな発想による成長が求められている。

2050年まで、まだ30年近くある。日本が過ごしてきた「失われた30年」から学びを得て、価値循環による成長へと方向転換ができれば、過去の30年は「始まりの30年」になる。そして、日本は歴史上初めて人口減少局面で経済成長を遂げることに成功した国となる。日本にはまだ、資本も技術力も知識や経験も山ほど残っている。今こそ、その宝の山を生かして新たな成長モデルをつくり始めるときではないか。

これから私たちが追求すべき「成長」は、単なる経済的な成長ではなく、ウェルビーイングも含めた、人類にとって本当の意味で幸福になれる「成長」だ。誰もが幸せを感じながら長く生きる社会。豊かな自然に囲まれ、自然と共生する社会。

そんな未来を実現するために、第一歩を踏み出そう。

おわりに

「悲観主義は気分によるものであり、楽観主義は意志によるものである」[1]

これはフランスの哲学者アランが著書『幸福論』の最後の章に記した言葉だ。気分に任せて生きる人は皆、悲しみにとらわれる。幸福とは、意志と行動によって自らつかみ取るものであると、約100年前に出版されたこの本の中でアランは喝破した。

この考え方は、まさに今の日本に当てはまる。長期停滞に苦しむ現状を嘆き、「日本は変わらない」と悲観視するその先に明るい未来はない。これを克服するのは意志の力だ。

本書では「人口減少」という日本を覆う厳しい現状を受け止めつつも、発想を転換することで、日本の強みを捉え直し、新たな経済成長に向けた道筋を提示した。すべてのリソースと増加する機会を掛け合わせ、新たな需要を生み出す「価値循環」によって、人口増に頼らない新たな経済成長のモデルを実現できるはずだ。

将来、世界の多くの国が人口減少に向かう。現在の日本の姿は、いわば未来の世界を先取りした姿なのだ。いち早く新たな成長モデルを実現すれば、必ずや日本は羅針盤として世界に指針を示しリードしていく存在になるだろう。

「失われた30年」という言葉は、もうそろそろ終わりにしよう。

今や私たちは、未来を見据えて、22世紀型成長モデルへの歩みを始める出発点に立っている。いずれ将来に過去を振り返ったときに「始まりの30年」だったといえるかどうかは、これからの私たちの意志と行動にかかっている。

本書を手にした方々の一人ひとりが、日本の将来に希望を抱き、未来への成長の道筋を描き、それぞれの場で意志を持って実践していけば、必ずや日本には新たな道が開けるだろう。『価値循環が日本を動かす　人口減少を乗り越える新成長戦略』と題した本書が、きっかけの1つとなれば幸いだ。


本書をつくり出す過程においては、多くの方々から様々なご支援やご助力をいただいた。特に、早稲田大学大学院の入山章栄教授と慶應義塾大学大学院の白坂成功教授には、本書の中での対談掲載にご協力をいただいただけでなく、対談を通じて「価値循環」を軸とする新たな日本の成長戦略の構想を具体化する上において数々の貴重な示唆をくださったことに深く感謝申し上げる。ライターの出雲井亨氏には、企画段階からの議論にも積極的に加わっていただき、執筆協力という枠を超えた本書作成のパートナーとして多大なご貢献をいただいたことに心から御礼を申し上げたい。また、初期的な構想の段階から本書の企画の意義を認め、その刊行を強く後押ししてくださった、日経ＢＰの山崎良兵氏と、「価値循環」というコンセプトに共感いただき、本書の構成を練り上げる段階から常に親身になって寄り添い原稿のとりまとめに一貫して心血を注いでくださった、同社の竹居智久氏にも心から感謝申し上げたい。

本書が皮切りとなって、日本の将来に関する前向きな〝対話の続き〟の輪が広がるとともに、新たな成長のダイナミズムが生み出されていくことを願ってやまない。

２０２３年2月

執筆者を代表して

デロイト トーマツ グループ 執行役

松江英夫

謝辞

本書の著者であるデロイト トーマツ グループは、デロイトというプロフェッショナルファームのグローバル規模のネットワークに属しながらも、これまでも一貫して「日本のファーム」としての固有性を堅持してきた。１９６８年に日本で初めての全国規模の監査法人として誕生して以来、私たちのグループの事業活動の根底には、プロフェッショナルサービスを通じて日本の企業と経済社会全体の発展に貢献するという使命感が脈々と流れている。このような使命感に基づき、私たちはこれまでも、グループとしてカバーする専門領域の幅を着実に広げ、個々のクライアントへのサービス提供体制を拡充・強化してきた。

私たちが日々仕事で接するクライアント企業の経営者や現場の担当者の方々は、誰もが優秀でやる気に満ちあふれている。それにもかかわらず、どうしてその集合体としての「日本という国」全体が停滞感や閉塞感に覆われ、なかなか明るい未来を構想しきれないでいるのだろうか。悲観的な将来予測がますます幅を利かせる状況の中で、こうした時代を覆う「空気」そのものを変えていくことにチャレンジすることも、私たち自身の使命なのではないか。

本書は、こうした問題意識を共有するデロイト トーマツ グループのプロフェッショナルメンバーが、監査・保証業務、リスクアドバイザリー、コンサルティング、ファイナンシャルアドバイザリー、税務・法務などの専門領域の垣根を越え、グループ全体で保有するシンクタンク機能であるデロイト トーマツ インスティチュート（DTI）を軸に結集して対話と共同作業を重ねる中で生み出されたものである。本書が、一人でも多くの方の目に触れることで、足元の厳しい現実を踏まえながらも、日本の将来に関する明るく建設的な議論を呼び起こしていくための土台となることを祈っている。

私たちは「日本のファーム」として、この国の持つポテンシャルを信じ、それをより大きく開花させる力となりたいと願っている。本書の出版を契機として、読者の皆様からの忌憚《きたん》のないご意見やご示唆に真摯に耳を傾けながら、これからの日本の成長可能性に関する私たちの構想を、質量ともにより一層豊かで骨太なものに鍛え上げる努力を続けていきたい。

末筆ながら、本書の刊行に当たり様々な面からご支援・ご協力をいただいたすべての皆様に深く感謝し、心より御礼申し上げる。

デロイト トーマツ グループ ＣＥＯ
木村研一

執筆者一覧

■ 第1・3章

勝藤 史郎 Katsufuji Shiro

有限責任監査法人トーマツ
リスクアドバイザリー
マネージングディレクター

2017年から現職でマクロ経済分析、リスク管理に関するアドバイザリーに従事。経済シナリオ策定、国際金融規制調査、リスク管理高度化支援等を提供する。2011年から約6年半、メガバンクリスク統括部署でグローバルリスク管理とバーゼルⅢ当局協議を推進。2004年から6年間同行ニューヨーク駐在チーフエコノミストとして米国経済調査予測に従事した。著書に『9つのカテゴリーで読み解くグローバル金融規制』(中央経済社、共著)『非財務リスク管理の実務』(金融財政事情研究会、共著)など。

■ 第1〜4章

川中 彩美 Kawanaka Ayami

デロイト トーマツ
コーポレート ソリューション合同会社
マネジャー

国内系コンサルティングファームを経て現職。官公庁向け調査プロジェクトに従事する他、組織内のナレッジマネジメントシステム立ち上げや業務プロセス導入を経験。現在はデロイト トーマツ インスティテュート(DTI)において、幅広いテーマに関して官公庁・経済団体やマス向けの対外発信活動や調査業務に従事。

■ 第1〜4章

柳川 素子 Yanagawa Motoko

デロイト トーマツ
コーポレート ソリューション合同会社
マネジャー

メディア関連シンクタンクでの調査研究業務を経て現職。TMT(テクノロジー・メディア・通信)セクター担当として、インダストリーの情報収集・個別案件のリサーチ、「TMT Predictions」「Digital Consumer Trends」をはじめとするレポートの編集・発行、関連領域のナレッジマネジメントなどに携わっている。

■ 企画・全体監修|第1・2・5・6章

松江 英夫 Matsue Hideo

デロイト トーマツ グループ
執行役 CETL
(Chief Executive Thought Leader)

経営戦略および組織変革、経済政策が専門、産官学メディアにおいて多様な経験を有する。デロイト トーマツ グループに集う多様なプロフェッショナルの知見をグループ全体で共有し、より高い次元のインサイトやソリューションを継続的に創出・発信するためのグループ横断的なプラットフォームであるデロイト トーマツ インスティテュート(DTI)の代表も務める。フジテレビ『Live News α』コメンテーター、中央大学ビジネススクール客員教授、事業構想大学院大学客員教授、経済同友会幹事、国際戦略経営研究学会常任理事、経済産業省「成長志向型の資源自律経済デザイン研究会」委員。著書に『「脱・自前」の日本成長戦略』(新潮社)『GX グリーン・トランスフォーメーション戦略』(日本経済新聞出版、監修)など多数。

■ 編集|第3・4・5・6章

金山 亮 Kanayama Ryo

デロイト トーマツ
コーポレートソリューション合同会社
パートナー

ブランド戦略、サステナビリティ経営、レピュテーション・マネジメント、企業変革などの分野での豊富な経験に基づき、デロイト トーマツ グループ全体のブランド、マーケティング、Thought Leadership、広報、CSRなどの領域にまたがる統合的なコミュニケーション活動を企画・推進している。著書に、『自身の価値を最大化する最強キャリアアップ術 自分広報力』(イースト・プレス)、訳書に『ウォルマートの成功哲学:企業カルチャーの力』(ダイヤモンド社、共訳)がある。

■ 第5章（環境・エネルギー）

丹羽 弘善 Niwa Hiroyoshi

デロイト トーマツ コンサルティング合同会社
モニター デロイト
パートナー

サステナビリティ、気候変動、官庁業務に従事。環境ベンチャー、商社との排出権取引に関するジョイントベンチャー立ち上げ、取締役を経て現職。官公庁の委員やモデレーターを歴任。システム工学・金融工学を専門とし、政策提言、排出量取引スキームの構築、気候変動経営・サステナビリティ戦略業務に高度な専門性を有す。気候変動・生物多様性および社会アジェンダの政策と経営戦略を基軸としたソリューションを官民双方へ提示している。

■ 第5章（環境・エネルギー）

越智 崇充 Ochi Takamichi

デロイト トーマツ コンサルティング合同会社
ディレクター

会社環境・エネルギー分野の民間シンクタンク、官公庁での温暖化対策担当を経て、現職。市場メカニズムを活用した地球温暖化対策の制度構築や運営支援、環境経営コンサルティング、技術開発動向調査、脱炭素技術のコンピューターシミュレーション評価業務などを経験。近年は水素エネルギーの社会導入や企業のCO_2排出量の見える化に注力。

■ 第5章（モノづくり）

桒原 隆志 Kuwabara Takashi

デロイト トーマツ コンサルティング合同会社
パートナー

欧州系戦略ファームを経て現職。2015年よりタイを拠点にAPAC（アジア太平洋）の幅広い業種に対して企業戦略立案・新規参入などに携わる。2021年より石油・化学／鉱業・金属ユニットに参画し、気候変動対応をリード。シナリオ検討、新規事業創出、業界再編などに従事。2022年『Sustainability 4.0 日本企業が挑戦すべき「気候変動対応」』（東洋経済新報社）を出版、カーボンニュートラルやサーキュラーエコノミーに対する投資・ビジネスチャンス創出に向けた提言をしている。

■ 第3章（データの循環）

山﨑 大樹 Yamazaki Daiki

デロイト トーマツ コンサルティング合同会社
シニアマネジャー

大手通信会社にて海外法人勤務と公共部門担当を経て現職。デロイト トーマツ グループのイニシアチブ Future of Citiesチームとして、スタジアム×まちづくり、スマートシティの構想・戦略策定や官民組織の立ち上げやサービス・PFを活用した地域別事業戦略などを担当。特に、住民を起点とした持続的な都市の循環運営モデルの実行・実装支援やデジタル田園都市国家構想に関わる施策の支援に注力し、従来のアドバイザリーに留まらないまちづくりの伴走支援の実績多数。

■ 第3章（カネの循環）

早竹 裕士 Hayatake Hiroshi

有限責任監査法人トーマツ
リスクアドバイザリー
パートナー

システムベンダーにて国際決済システムを担当後、大手監査法人にて金融機関に対するアドバイザリー業務に従事。2018年に当法人に入社後は、DX支援チームリーダーおよび財務リスクチームリーダーとしてビジネスモデル変革に携わっている。デジタル戦略・デジタルリスク管理、経営管理、データマネジメント、キャッシュマネジメントなどの支援業務に従事。

■ 第3章（カネの循環）

市川 雄介 Ichikawa Yusuke

有限責任監査法人トーマツ
リスクアドバイザリー
マネジャー

2018年より、リスク管理戦略センターにて各国マクロ経済・政治情勢に関するストレス関連情報の提供を担当。以前は銀行系シンクタンクにて、マクロ経済の分析・予測、不動産セクターなどの構造分析に従事。幅広いテーマのレポート執筆、予兆管理支援やリスクシナリオの作成、企業への経済見通し提供などに携わったほか、対外講演やメディア対応も数多く経験。英ロンドン・スクール・オブ・エコノミクスにて修士号取得（経済学）。

■ 第5章（観光）

高柳 良和 Takayanagi Yoshikazu

デロイト トーマツ コンサルティング合同会社
モニター デロイト
マネージングディレクター

政府系金融機関にて大企業ファイナンス、経済産業省（出向）にて産業金融政策立案を経験し、現職。Blue Economyや地域観光エコシステム形成などの産業アジェンダを、中央省庁・自治体と、共感・賛同する事業者との連携を通じて体現する「テーマ先導型官民連携」を推進。官民連携を通じた地域産業変革や、民間企業の地域事業推進を通じた地域課題解決（地域CSV推進）をリード。

■ 第5章（地域創生）

町田 幸司 Machida Koji

デロイト トーマツ コンサルティング合同会社
シニアマネジャー

大手ITベンダー・大手シンクタンクを経て現職。官公庁業界で15年以上従事し、中央省庁の産業・イノベーション政策立案から行政デジタル・トランスフォーメーションの実行支援まで幅広いプロジェクトを手掛ける。公共分野のデータ利活用を得意とし、EBPMや官民データ利活用関連プロジェクトを手掛けるほか、近年はデジタル人財育成と地域の雇用を創出する産業DXに注力している。

■ 第5章（ヘルスケア）

大川 康宏 Okawa Yasuhiro

デロイト トーマツ コンサルティング合同会社
パートナー

ライフサイエンス系スタートアップの上場経験を経て現職。製薬、医療機器、保険、食品、製造業、テクノロジーなどの企業を対象にしたライフサイエンス&ヘルスケア領域の事業支援が専門。イノベーションを通じた持続的成長をコンセプトとし、事業戦略（事業ビジョン、事業戦略、新規事業戦略）、組織変革（オープン・イノベーション戦略、グローバル・ガバナンス）、R&D戦略（技術・領域戦略、データ戦略、デジタル変革）などのプロジェクトを手掛ける。

■ 第5章（ヘルスケア）

増井 慶太 Masui Keita

デロイト トーマツ コンサルティング合同会社
モニター デロイト
パートナー

米系戦略コンサルティング企業を経てモニター デロイトに参画し、ライフサイエンスおよびヘルスケア産業におけるコンサルティングに従事。“イノベーション”をキーワードに、ビジョン策定、全社成長戦略、事業ポートフォリオマネジメント、新規事業開発、機能部戦略、M&A、ライセンシングなど、バリューチェーンを横断して産業・企業の戦略立案から実行支援まで携わる。

■ 第5章（ヘルスケア）

眞砂 和英 Masago Kazuhide

デロイト トーマツ コンサルティング合同会社
シニアマネジャー

製薬企業にて認知症などの慢性疾患領域における創薬研究および学術業務に従事後現職。製薬企業を対象とした最新技術調査や事業戦略立案、患者サポートプログラムのアイデア創出からローンチまでの包括的な支援に加え、最近では民間保険会社や通信系企業といった異業種企業を対象に、最新のデジタル技術や医療データを活用したライフサイエンス・ヘルスケア業界への新規事業参入支援も手掛けている。「Digital Solutionビジネスの成功への道筋」ほか、執筆・講演実績多数。

協力者一覧

梶田 脩斗 Kajita Yuto
有限責任監査法人トーマツ
リスクアドバイザリー

片桐 豪志 Katagiri Tsuyoshi
有限責任監査法人トーマツ
リスクアドバイザリー
パートナー

加藤 彰 Kato Akira
デロイト トーマツ コンサルティング合同会社
モニター デロイト
シニアマネジャー

加藤 萌未 Kato Moemi
有限責任監査法人トーマツ
リスクアドバイザリー

神薗 雅紀 Kamizono Masaki
デロイト トーマツ サイバー合同会社
執行役 CTO（Chief Technology Officer）

川野 雅史 Kawano Masashi
デロイト トーマツ コンサルティング合同会社
シニアマネジャー

北爪 雅彦 Kitazume Masahiko
有限責任監査法人トーマツ
リスクアドバイザリー
パートナー

木村 将之 Kimura Masayuki
Deloitte Private Asia Pacific
Emerging Growth Leader

桐原 祐一郎 Kirihara Yuichiro
デロイト トーマツ サイバー合同会社
代表執行者

桑原 大祐 Kuwabara Daisuke
有限責任監査法人トーマツ
リスクアドバイザリー
パートナー

神津 友武 Kozu Tomotake
有限責任監査法人トーマツ
リスクアドバイザリー
パートナー

赤星 弘樹 Akahoshi Hiroki
デロイト トーマツ コンサルティング合同会社
パートナー

朝日 裕一 Asahi Yuichi
デロイト トーマツ コンサルティング合同会社
パートナー

荒川 大 Arakawa Dai
デロイト トーマツ
ファイナンシャルアドバイザリー合同会社
パートナー

板倉 時生 Itakura Tokio
有限責任監査法人トーマツ
リスクアドバイザリー
マネージングディレクター

井出 潔 Ide Kiyoshi
デロイト トーマツ コンサルティング合同会社
パートナー

伊藤 正彦 Ito Masahiko
有限責任監査法人トーマツ
リスクアドバイザリー
マネジャー

今市 拓郎 Imaichi Takuro
デロイト トーマツ コンサルティング合同会社
ディレクター

宇野 浩太朗 Uno Kotaro
デロイト トーマツ コンサルティング合同会社

榎本 哲也 Enomoto Tetsuya
デロイト トーマツ コンサルティング合同会社
シニアマネジャー

小笠原 啓祐 Ogasawara Keisuke
有限責任監査法人トーマツ
シニアマネジャー

小澤 宝正 Ozawa Takamasa
有限責任監査法人トーマツ
リスクアドバイザリー

越智 隆之 Ochi Takayuki
デロイト トーマツ コンサルティング合同会社
ディレクター

田中 翔太 Tanaka Shota
有限責任監査法人トーマツ
リスクアドバイザリー

田中 公康 Tanaka Tomoyasu
デロイト トーマツ コンサルティング合同会社
パートナー

田中 晴基 Tanaka Haruki
デロイト トーマツ コンサルティング合同会社
モニター デロイト
ディレクター

寺園 知広 Terazono Tomohiro
デロイト トーマツ コンサルティング合同会社
ディレクター

長川 知太郎 Nagakawa Tomotaro
デロイト トーマツ グループ
執行役COO（Chief Operating Officer）

中川 宏之 Nakagawa Hiroyuki
デロイト トーマツ コンサルティング合同会社
マネージングディレクター

根本 直樹 Nemoto Naoki
デロイト トーマツ コンサルティング合同会社
マネージングディレクター

波江野 武 Haeno Takeshi
デロイト トーマツ コンサルティング合同会社
モニター デロイト
パートナー

ハミルトン 純クレーグ
Hamilton Jun Craig
有限責任監査法人トーマツ
リスクアドバイザリー
マネジャー

藤井 剛 Fujii Takeshi
デロイト トーマツ コンサルティング合同会社
モニター デロイト ジャパンリーダー

藤井 行紀 Fujii Yukinori
デロイト トーマツ税理士法人
パートナー

増山 達也 Masuyama Tatsuya
有限責任監査法人トーマツ
リスクアドバイザリー
マネージングディレクター

香野 剛 Kono Tsuyoshi
有限責任監査法人トーマツ
パートナー

小林 秀和 Kobayashi Hidekazu
デロイト トーマツ コンサルティング合同会社
ディレクター

齊藤 洸 Saito Ko
有限責任監査法人トーマツ
リスクアドバイザリー
ディレクター

斎藤 祐馬 Saito Yuma
デロイト トーマツ ベンチャーサポート株式会社
代表取締役社長

佐藤 通規 Sato Michinori
デロイト トーマツ コンサルティング合同会社
パートナー

徐 思婷 Xu Siting
デロイト トーマツ
コーポレートソリューション合同会社

白鳥 聡 Shiratori Satoshi
デロイト トーマツ コンサルティング合同会社
モニター デロイト
パートナー

須永 康太 Sunaga Kota
デロイト トーマツ コンサルティング合同会社

園部 光宏 Sonobe Mitsuhiro
デロイト トーマツ コンサルティング合同会社
ディレクター

高田 真紀 Takada Maki
有限責任監査法人トーマツ
マネージングディレクター

高橋 敦 Takahashi Atsushi
デロイト トーマツ コンサルティング合同会社
シニアマネジャー

竹内 正子 Takeuchi Masako
デロイト トーマツ
コーポレート ソリューション合同会社

松本 敬史 Matsumoto Takashi
デロイト トーマツ コンサルティング合同会社
シニアスペシャリストリード

松山 知規 Matsuyama Tomoki
デロイト トーマツ コンサルティング合同会社
パートナー

三室 彩亜 Mimuro Saia
デロイト トーマツ コンサルティング合同会社
モニター デロイト
パートナー

森 修一 Mori Shuichi
デロイト トーマツ コンサルティング合同会社
パートナー

森 正弥 Mori Masaya
デロイト トーマツ コンサルティング合同会社
パートナー

森 亮 Mori Ryo
デロイト トーマツ コンサルティング合同会社
パートナー

森本 陽介 Morimoto Yosuke
有限責任監査法人トーマツ
リスクアドバイザリー
シニアマネジャー

山脇 伶王 Yamawaki Reo
デロイト トーマツ コンサルティング合同会社

参考文献一覧

■ 第３章

1. 「サントリー社員、自治体へ出向　ESG事業の視点学ぶ」, 日経電子版, 2022/9/13: https://www.nikkei.com/article/DGXZQOUC261240W2A820C2000000/
2. 「『出戻り社員』どう受け入れる？ 中外製薬『アルムナイ制度』運用2年で見えた効果と課題」, AnswersNews, 2022/6/15: https://answers.ten-navi.com/pharmanews/23338/
3. 石井正純, 「『頭脳流出』から『頭脳循環』の時代へ、日本は"置き去り"なのか」, EE Times Japan, 2018/12/20: https://eetimes.itmedia.co.jp/ee/articles/1812/17/news020.html
4. デロイト トーマツ グループ, 「GX グリーン・トランスフォーメーション戦略」, 2021/10/26
5. 伊藤雄一郎・瀧塚寧孝・藤原茂章 (2017), 日本銀行ワーキングペーパーシリーズ「家計の資産選択行動――動学的パネル分析を用いた資産選択メカニズムの検証――」, 2017/4/6: https://www.boj.or.jp/research/wps_rev/wps_2017/wp17j02.htm
6. Global Steering Group for Impact Investment (GSG), 「日本におけるインパクト投資の現状と課題　2021年度調査」, 2022/3: http://impactinvestment.jp/user/media/resources-pdf/gsg-2021.pdf

■ 第４章

1. Global Impact Investing Network, "2020 Annual Impact Investor Survey", 2020/6/11: https://thegiin.org/research/publication/impinv-survey-2020/
2. double jump.tokyo, 「手塚プロダクション初のデジタルアートNFT『鉄腕アトム』が120ETH(約5300万円)で落札!」, 2021/12/20: https://prtimes.jp/main/html/rd/p/000000068.000034671.html
3. 「ゆくぞ、アトム×『ご当地NFT』トレカ　世界の市場で地域を救え」, 朝日新聞デジタル, 2022/4/18: https://www.asahi.com/articles/ASQ4G6455Q4DOXIE00K.html

■ 第５章

1. 日本鉄鋼連盟, 「カーボンニュートラルに挑戦する3つのエコ　エコプロセス」, 2023/2/16アクセス: https://www.jisf.or.jp/business/ondanka/eco/process.html
2. 日本自動車工業会, 「四輪車生産」, 2023/2/15アクセス: https://www.jama.or.jp/statistics/facts/four_wheeled/index.html
3. 阿部新, 「EUおよびドイツにおける抹消登録台数の内訳の現状」, SEIBIKAI, 2020/10/29: https://www.seibikai.co.jp/archives/recycle/9659

4. "Healthcare Access and Quality Index based on mortality from causes amenable to personal health care in 195 countries and territories, 1990–2015: a novel analysis from the Global Burden of Disease Study 2015", Lancet, 2017/7/15: https://www.thelancet.com/action/showPdf?pii=S0140-6736%2817%2930818-8
5. みずほコーポレート銀行,「高齢者向け市場～来るべき『2025年』に向けての取り組みが求められる～」, 2012: https://www.mizuhobank.co.jp/corporate/bizinfo/industry/sangyou/pdf/1039_03_03.pdf
6. 「温泉街で予約状況を共有、需要予測し宿泊代にメリハリ…観光庁が新システム普及へ」, 読売新聞オンライン, 2023/1/11: https://www.yomiuri.co.jp/economy/20230111-OYT1T50137/
7. 沖縄県,「沖縄空手振興ビジョン」, 2018/3: https://www.pref.okinawa.jp/site/bunka-sports/karate/documents/vision2.pdf
8. 「地方こそ今すぐメタバースに参入すべき。沖縄発『空手×メタバース』の事例に見るこれからの地域コンテンツ発信」, Re-Innovate Japan, 2022/3/16: https://re-innovate.jp/seminarreport/okinawametaverse/
9. 東京都産業労働局,「オンライン稽古からオフラインの沖縄観光誘客へ。コロナ禍で進化する空手ツーリズム」, 2021/8/31: https://www.sangyo-rodo.metro.tokyo.lg.jp/tourism/newnormal/jp/case/case_76.html
10. 「"ソーラーシェアリングの郷" 『農業×電気』で地域活性化 "移住する若者"も増加」, テレビ朝日, 2023/2/5: https://news.tv-asahi.co.jp/news_society/articles/000285654.html

■ 第6章

1. D・H・メドウズ、D・L・メドウズ、J・ランダース、W・W・ベアランズ三世,「成長の限界 ローマ・クラブ『人類の危機』レポート」, 1972/5
2. "What Japan makes of ikigai", The Economist, 2022/10/27: https://www.economist.com/asia/2022/10/27/what-japan-makes-of-ikigai
3. 順天堂大学,「『人生における意味や目的』が循環器疾患の発症リスクを抑制する～ 英国公務員の5年間にわたる大規模縦断調査で明らかに ～」, 2020/8/20: https://www.juntendo.ac.jp/news/20200820-02.html

■ おわりに

1. 神谷幹夫訳,「アラン 幸福論」, 1998/1/16

デロイト トーマツ グループ
Deloitte Tohmatsu Group

デロイト トーマツ グループは、日本におけるデロイト アジア パシフィック リミテッドおよびデロイトネットワークのメンバーであるデロイト トーマツ合同会社ならびにそのグループ法人（有限責任監査法人トーマツ、デロイト トーマツ コンサルティング合同会社、デロイト トーマツ ファイナンシャルアドバイザリー合同会社、デロイト トーマツ税理士法人、DT弁護士法人およびデロイト トーマツ コーポレート ソリューション合同会社を含む）の総称です。デロイト トーマツ グループは、日本で最大級のプロフェッショナルグループのひとつであり、各法人がそれぞれの適用法令に従い、監査・保証業務、リスクアドバイザリー、コンサルティング、ファイナンシャルアドバイザリー、税務、法務などを提供しています。また、国内約30都市以上に約1万7000名の専門家を擁し、多国籍企業や主要な日本企業をクライアントとしています。

価値循環が日本を動かす
人口減少を乗り越える新成長戦略

2023年3月20日　第1版第1刷発行

著者	デロイト トーマツ グループ
発行者	北方雅人
発行	株式会社日経BP
発売	株式会社日経BPマーケティング
	〒105-8308 東京都港区虎ノ門4-3-12
ブックデザイン	小口翔平＋後藤司＋嵩あかり（tobufune）
制作・DTP	クニメディア
校正	聚珍社
印刷・製本	図書印刷株式会社

本書籍に関するお問い合わせ、ご連絡は下記にて承ります。
https://nkbp.jp/booksQA

ISBN 978-4-296-20167-9
Printed in Japan